U0915951

中国高等职业教育面向2035系列丛书

高职创新发展有作为

《高等职业教育创新发展行动计划（2015—2018年）》

绩效评价报告

童卫军　池云霞　庄榕霞　等　著

高等教育出版社·北京

内容简介

本书是中国高等职业教育面向2035系列丛书之一。

本书是对《高等职业教育创新发展行动计划（2015—2018年）》（以下简称《行动计划》）三年执行绩效的全面分析与评价：对各地承接的65个任务和22个项目的建设成效进行了研究梳理，对项目管理的经验与做法做出了客观评价，对新时代我国高等职业教育的奋进与再出发作了思考展望。本书以省级、校级《行动计划》实施方案为基础，以2016年、2017年、2018年各地及行业职业教育教学指导委员会（以下简称行指委）执行绩效报告为依据，以管理平台、省级教育行政部门和行指委的当年执行绩效数据采集为依托，完成执行绩效的定量评价，并通过对各地（行指委）的总结报告、典型案例等文本进行挖掘，补充、支撑和解释了定量数据结论，全面客观反映了《行动计划》在推动高等职业教育管理方式转变、专项引导投入、创新驱动发展等方面的实际情况。本书详尽回顾三年建设历程，将得与失置于新时代高等职业教育再出发背景下审视，将为《国家职业教育改革实施方案》与“中国特色高水平高职学校和专业建设计划”的落实与突破提供重要的指引。

本书可供教育行政部门领导和工作人员，职业院校领导、中层干部、专业负责人、骨干教师，以及职业教育研究学者、关心职业教育的行业企业人士等借鉴和参考。

图书在版编目（CIP）数据

高职创新发展有作为：《高等职业教育创新发展行动计划（2015—2018年）》绩效评价报告 / 童卫军，池云霞，庄榕霞著. -- 北京：高等教育出版社，2019.11

（中国高等职业教育面向2035系列丛书）

ISBN 978-7-04-052935-7

Ⅰ. ①高…　Ⅱ. ①童…　②池…　③庄…　Ⅲ. ①高等职业教育－教育改革－研究－中国　Ⅳ. ①G719.21

中国版本图书馆CIP数据核字（2019）第241897号

GAOZHI CHUANGXIN FAZHAN YOUZUOWEI
——《GAODENG ZHIYE JIAOYU CHUANGXIN FAZHAN XINGDONG JIHUA(2015—2018 NIAN)》
JIXIAO PINGJIA BAOGAO

策划编辑　叶　波　　责任编辑　夏　宇　　封面设计　姜　磊　　版式设计　张　杰
插图绘制　于　博　　责任校对　吕红颖　　责任印制　毛斯璐

出版发行	高等教育出版社	网　　址	http://www.hep.edu.cn
社　　址	北京市西城区德外大街4号		http://www.hep.com.cn
邮政编码	100120	网上订购	http://www.hepmall.com.cn
印　　刷	三河市骏杰印刷有限公司		http://www.hepmall.com
开　　本	787mm×1092mm　1/16		http://www.hepmall.cn
印　　张	17		
字　　数	370千字	版　　次	2019年11月第1版
购书热线	010-58581118	印　　次	2019年11月第1次印刷
咨询电话	400-810-0598	定　　价	45.00元

本书如有缺页、倒页、脱页等质量问题，请到所购图书销售部门联系调换

物 料 号　52935-00

“中国高等职业教育面向 2035 系列丛书”编委会

《高等职业教育创新发展行动计划（2015—2018年）》绩效评价课题组名单

策　划：林　宇　任占营

组　长：童卫军

成　员（按姓氏笔画排序）：

马和平　王　博　王如荣　牛晓艳　方灿林　石范锋
庄榕霞　刘　阳　刘引涛　刘任熊　刘其兵　池云霞
孙　辉　孙凯瑞　李　礼　李忠华　李俊雅　李晓秋
吴升刚　张启明　张啸宇　张崇生　张淑艳　陈　鹏
陈　潇　尚维来　周　俊　贺建锋　郭庆志　唐振华
黄慧婷　龚小涛　韩　昱　谢　园

前　言

2019 年 2 月，中共中央、国务院印发《中国教育现代化 2035》，提出“到 2035 年，总体实现教育现代化，迈入教育强国行列，推动我国成为学习大国、人力资源强国和人才强国”。为忠实记录这一历史进程中我国高等职业教育的发展轨迹，在教育部职业教育与成人教育司指导下，全国高职高专校长联席会议决定成立专门的编委会，围绕高等职业教育战线的重大改革项目和发展成果，持续编撰出版“中国高等职业教育面向 2035 系列丛书”。

2019 年 7 月，《高等职业教育创新发展行动计划（2015—2018 年）》（以下简称《行动计划》）圆满收官。教育部正式发文公布《行动计划》项目认定结果（教职成函〔2019〕10 号），认定了 200 所优质专科高等职业院校、2919 个骨干专业、1164 个生产性实训基地、440 个“双师型”教师培养培训基地、46 个虚拟仿真实训中心、480 个应用技术协同中心、98 个技能大师工作室。

受教育部职业教育与成人教育司委托，《行动计划》绩效评价课题组在启动阶段即着手研制评价指标体系、拟定评价方案，并全程参与了绩效数据采集的设计和管理平台的开发工作；通过参与《行动计划》管理平台数据维护，查阅各地教育主管部门政策文件，持续跟踪各地的落实情况；利用《行动计划》管理平台、状态数据平台、质量年报等数据，对各地（行指委）的绩效数据进行统计分析，完成执行绩效的定量评价，连续三年通报各地（行指委）的《行动计划》执行情况。在《行动计划》收官之际，课题组通过对各地（行指委）的三年总结报告、典型案例等文本进行挖掘，结合绩效监控平台数据分析，撰写完成了本书，即《高职创新发展有作为——〈高等职业教育创新发展行动计划（2015—2018 年）〉绩效评价报告》。同时，课题组还收集整理与《行动计划》有关的系列解读文章和政策文件，汇编形成《高职创新发展在行动——〈高等职业教育创新发展行动计划（2015—2018 年）〉专家系列解读》和《高职创新发展强保障——〈高等职业教育创新发展行动计划（2015—2018 年）〉政策文件汇编》两本书，与本书共同构成“中国高等职业教育面向 2035 系列丛书”的第一个子系列。

本书具有三个特点：一是全景式展示了高职战线近三年的奋斗历程。从《行动计划》编制的初心，到各地各校争先承接、勇于创新的使命担当，全面客观反映了《行动计划》推动高职教育发展的重要催化作用。二是全链式反映了高职数据的发展逻辑。报告以管理平台、省级教育行政部门和行指委的当年执行绩效数据采集为依托，以数据说话，用数据描述。三是全局式审视了高职发展的得失所在。以新时代高职教育再出发为背景，为《国家职业教育改革实施方案》与“中国特色高水平高职学校和专业建设计划”的落实与突破提供重要指引和启示。

全书共有九章：第一章，评价说明；第二章，行动计划总体绩效；第三章，扩大优质教育资源；第四章，增强院校办学活力；第五章，加强技术技能积累；第六章，完善质量保障机制；第七章，提升思想政治教育质量；第八章，项目管理评价；第九章，思考与展望。温州职业技术学院童卫军研究员、海南经贸职业技术学院周俊讲师主要负责撰写第一章、第八章和第九章；南京工业职业技术学院王博副教授主要负责撰写第二章；河北工业职业技术学院池云霞教授、唐振华讲师、张淑艳副教授、谢园副教授、牛晓艳副教授主要负责撰写第三章；陕西工业职业技术学院刘其兵副教授、刘引涛副教授和南京工业职业技术学院张啸宇副教授主要负责撰写第四章；北京师范大学庄榕霞副教授和韩昱、孙凯瑞、黄慧婷、陈潇主要负责撰写第五章；江苏经贸职业技术学院刘任熊副研究员、湖南铁道职业技术学院李忠华教授、长沙航空职业技术学院刘阳副教授、扬州工业职业技术学院王如荣副研究员、南京科技职业学院尚维来副教授主要负责撰写第六章；芜湖职业技术学院马和平教授、杭州职业技术学院张崇生教授、西安航空职业技术学院贺建锋教授主要负责撰写第七章。

在《行动计划》绩效评价报告研制和项目管理过程中，教育部有关司局、相关教育行政主管部门和行业职业教育教学指导委员会、北京师范大学智慧学习研究院、北京师范大学教育信息技术协同创新中心、河北工业职业技术学院、温州职业技术学院、日照职业技术学院、南京工业职业技术学院、江苏经贸职业技术学院、扬州工业职业技术学院、海南经贸职业技术学院、深圳信息职业技术学院、常州工程职业技术学院、领航未来（北京）科技有限公司等给予了大力的支持和帮助；王博、张启明、孙辉、龚小涛、方灿林、石范锋在高职发展处借调期间，直接参与《行动计划》项目管理与实施，做了大量艰苦细致的工作；孙晓雷、吴升刚、王理凡、杨靖、王学东、李建民、何承、周源、乔哲、郭庆志参与了《行动计划》前期项目设计和文件研制工作；董兴、王学利、刘向红、吉家文、李一源、吉国庆、杨剑静、朱正茹、姜涛、陆华、姜宏煜、朱晓晖等都给予了无私的指导和帮助，高等教育出版社给予了出版工作的大力支持，在此一并表示感谢。

大型项目的绩效评价是一个复杂的系统工程，涉及教育教学、统计分析、信息技术等多个领域，课题组成员展现了较高的专业素养和务实的工作态度，但难免有不妥与疏漏之处，敬请读者批评指正。

课题组
2019 年 7 月

目 录

第六章　完善质量保障机制

第七章　提升思想政治教育质量

第八章　项目管理评价

第九章　思考与展望

案 例 目 录

第一章　评价说明

为贯彻落实《国务院关于加快发展现代职业教育的决定》（以下简称《决定》）和《现代职业教育体系建设规划（2014—2020年）》（以下简称《体系规划》），顺应全国人大常委会在《中华人民共和国职业教育法》执法检查中对加快发展现代职业教育提出的新要求，2015年10月，教育部印发了《高等职业教育创新发展行动计划（2015—2018年）》（以下简称《行动计划》）。这是面向"十三五"布局改革任务，引导和推动高职院校制定和执行好"十三五"规划，实现创新发展的重要行动指南，也是继国家示范性高等职业院校建设计划、高等职业教育专业教学资源库建设项目之后教育部出台的第一个专门针对高职教育全面系统规划改革发展的指导文件[①]。

《行动计划》以"高等职业教育整体实力显著增强，人才培养的结构更加合理、质量持续提高"为主要目标，坚持政府推动与引导社会力量参与相结合、顶层设计与支持地方先行先试相结合、扶优扶强与提升整体保障水平相结合、教学改革与提升院校治理能力相结合的原则，注重问题导向，直面发展难题，总结各地实践经验，将难以量化执行的归类为任务，将可以量化执行的细化为项目。《行动计划》共发布了65项任务和22个项目，分解到部门、地方、行业协会、行业职业教育教学指导委员会和高职院校，明确了各方的职责和时限要求，旨在从整体上提升高职教育发展质量。

2016年12月，教育部印发《关于开展〈高等职业教育创新发展行动计划（2015—2018年）〉2016年执行绩效数据采集工作的通知》，针对承接任务的32个省级教育行政部门（后简称"各地"）和47个行业职业教育教学指导委员会（后简称"行指委"）开展执行数据绩效采集工作。2017—2019年，教育部连续三年印发《高等职业教育创新发展行动计划（2015—2018年）》执行情况及有关工作完成情况的通报。本报告是根据各地（行指委）填报的2016年、2017年和2018年三年绩效总报告、绩效数据和典型案例撰写而成。

一、项目背景

（一）管理方式转变

《国家中长期教育改革和发展规划纲要（2010—2020年）》要求"加强省级政府教育统

① 林宇.准确把握和落实高等职业教育创新发展行动计划[J].中国职业技术教育，2016,(04):10－14.

筹”。《体系规划》提出“完善分级管理、地方为主、政府统筹、社会参与的管理体制”“各级政府加强发展战略、规划、政策、标准等制定和实施，统筹区域职业教育发展”“赋予省级政府更大权限，扩大省级政府在现代职业教育体系建设中的统筹权”。在此基础上，《行动计划》探索“教育部规划管理、省级统筹保障、院校自主实施”的高等职业教育管理新模式，强调地方统筹作用。其中，教育部负责协调国务院相关部门牵头制定国家层面的政策、制度和标准；省级政府是实施行动计划的责任主体；各地教育行政部门充分发挥统筹规划、宏观管理作用，主动协调配合发展改革、财政、人社、农业、扶贫等有关部门，协调项目预算、保证任务落实。这是《体系规划》管埋方式上的突出特征，也是教育部顺应政府职能转变和国家财税体制改革要求，创新高职教育管理方式的新尝试。

在具体的管理监督上，教育部明确改革发展任务，引导各地（行指委）结合自身需要，正确认识、积极承担相关任务、参与相关项目，并与各地及各部门沟通协调，部署启动各地（行指委）的任务（项目）确认工作，研制相关实施方案。同时汇总整理各地申请承担的任务及量化指标、统筹梳理各地自主申请的项目及建设方案予以发布；启动《行动计划》管理系统，利用信息技术平台做好事中监督管理、事后检查验收；将各地实际任务及项目的完成情况作为中央财政改革绩效奖补、国家职业教育改革发展试验区和“国家教育体制改革试点”布局和验收的重要依据。

各地（行指委）根据实际条件和情况自主提出承担意愿、自行落实保障措施，在此基础上编制总体落实方案，纳入教育部统一管理后实施；逐级按照职能分工量化落实方案，逐级分解任务、明确目标、落实责任，确定时间表和任务书，实行项目管理；每年在规定的时间按照《行动计划》管理平台的要求报告进度。省级政府作为计划实施的责任主体，充分发挥统筹和保障作用，将落实方案执行情况列入督查范围，将目标责任完成情况作为督查对象业绩考核的重要内容。同时，省级教育行政部门充分发挥业务指导作用，会同有关部门加强对相关工作的日常指导、检查与跟踪，及时总结经验、发现问题，根据实际需要不断完善工作要求。“在所列65项任务和22个项目中，由省级政府牵头落实或参与落实的有71项，占到81.61%，体现了地方的落实主体地位。”

（二）引导专项投入

《决定》提出“各相关部门要有效运用总体规划、政策引导等手段以及税收金融、财政转移支付等杠杆，加强对职业教育发展的统筹协调和分类指导”。《行动计划》既是高职事业改革发展的路线图，也是引导高职教育中央财政下达地方的一般性转移支付和地方财政资金投向的指南针。“根据中央深化财税体制改革的要求，今后一个时期，中央财政主要按照因素分配法核定对各省的资金投入，实施目标管理，不再直接确定具体项目与资金额度。2014年起，中央财政已经开始根据各地生均拨款制度的建立完善情况、事业改革发展绩效、经费投入和管理情况等因素给予高职教育综合奖补，分为拨款标准奖补和改革绩效奖补两部分，由地方统筹用于高职教育改革发展，即中央财政对高职的投入主要以一般性转移支付的方式下给了省级政府。”作为《行动计划》落实主体的各地方按照国家财政体制改革要求，统筹各类教育培训经费，保证任务及项目落实方案的顺利实施。“计划的资金保障以改革和绩效为导向。各地明确逐步健全多渠道筹措经费和财政生均拨款稳定投入机制，加大总体投入水平，缩小区域差异；进一步改革预算拨款方式，向改革力度大、办学效益好、就业质量高、校企合作紧密的学校倾斜，向管理水平高的学校倾斜，向紧贴产业转型升级亟须的专业以及农林水地矿油等艰苦行业专业倾斜。”

（三）创新驱动发展

改革开放以来，我国职业教育改革发展取得了巨大成就，中等、高等职业教育快速发展，高等职业教育逐渐占领了高等教育的“半壁江山”。但是，必须清醒地看到，我国高等职业教育的发展仍面临着严峻的内外部发展困境。一方面，高等职业教育社会吸引力不强、行业企业参与不足；另一方面，高等职业教育本身也存在着人才培养模式相对陈旧、基础能力相对薄弱、人才培养脱离市场以及服务区域主动性不强等发展困境。这些困境的存在影响了高等职业教育的人才培养质量，严重阻碍了我国高等职业教育的发展。

创新是突破教育发展困境的有效途径。《行动计划》坚持创新驱动发展理念，适应新形势新要求，聚焦突破高等职业教育内外发展困境，明确了未来三年高等职业教育创新发展的六个方面：通过实现发展动力由政府主导向院校自主的转变，激发高职院校办学活力；通过实现高职院校发展模式从规模扩张向内涵建设的转变，促进高职院校的质量提升；通过实现办学状态从相对封闭向全面开放的转变，提升高等职业教育的社会影响力；通过实现评价体系从硬件指标为主向内涵指标为主的转变，完善高等职业教育的质量保障机制；通过实现教师队伍从注重高学历、高职称向注重双师结构的转变，优化高等职业教育教师队伍结构；通过实现社会服务从由教学培训为主向教学培训与应用研发并重转变，增强高职院校的社会服务能力。

《行动计划》将现代职业教育体系理念贯穿始终，以指导推动专科层次高等职业教育创新发展作为主要任务，兼顾应用技术类型本科和专业学位研究生教育改革，涵盖了高等职业院校技术技能人才培养、服务企业技术研发和产品升级、服务社区教育和终身学习三大功能。其中，产教融合是高等职业教育创新发展必由之路。专科高等职业院校密切产学研合作，培养服务区域发展的技术技能人才，重点服务企业特别是中小微企业的技术研发和产品升级，形成校企协同创新发展的动力机制，提高科研成果产出与成果转化率，提升学校科研与社会服务的整体水平。同时，积极探索发展本科层次与研究生层次的职业教育，扩大职业教育人才成长空间，完善现代职业教育体系。通过扩大优质教育资源、增强院校办学活力、加强技术技能积累、完善质量保障机制等措施，优化高等职业教育的人才培养质量与模式，增强服务企业技术研发与产品升级的能力，不断地为我国经济的转型升级创造更大的人才红利。

千里之行，始于足下。《行动计划》作为我国高等职业教育改革发展的纲领性文件，以

“增强高职教育整体实力”为主要目标，通过系统实施关键任务和项目，将高职创新发展落到实处，开启了高职教育整体质量提升的新时期。

二、评价设计

（一）绩效评价指标体系

评价团队研读了《行动计划》相关政策文件，详细分析了各地（行指委）的实施方案、年度总结报告、绩效数据和典型案例，确立了本次绩效评价的指标体系（表 1–2–1）。

表 1–2–1 项目绩效评价指标体系

类别	序号	工作任务	绩效评价指标
提升专业建设水平	XM–1	骨干专业建设（3000 个左右）	定量指标： 1. 骨干专业数量及学生培养情况（学徒制试点量） 2. 骨干专业校企合作情况（订单班数量、在校生数） 3. 骨干专业教师队伍建设情况 4. 骨干专业社会服务情况（培训、技术服务、教师学生获奖数） 定性指标： 5. 骨干专业布局与区域产业发展对应情况（主要是与本地“十三五”规划对应情况）
	XM–2	校企共建的生产性实训基地建设（1200 个左右）	定量指标： 1. 生产性实训基地规模（占地面积、工位数） 2. 指导教师数量（专兼职教师） 3. 社会服务情况（鉴定、技术服务、培训） 定性指标： 4. 合作企业的技术先进程度、管理规范程序等 5. 生产性实训基地的制度建设情况 6. 各地的政策文件
优质专科高等职业院校建设	XM–3	优质专科高等职业院校建设（200 所左右）	定性指标： 1. 各地的政策文件 2. 典型案例
引进境外优质资源	RW–1	加强与信誉良好的国际组织、跨国企业以及职业教育发达国家开展交流与合作	定量指标： 1. 各级财政投入资金支持力度 2. 交流与合作项目数量 3. 人员交流情况

续表

类别	序号	工作任务	绩效评价指标
引进境外优质资源	RW-2	学习和引进国际先进成熟适用的职业标准、专业课程、教材体系和数字化教育资源	定量指标： 1. 各级财政投入资金支持力度 2. 各类资源引进情况（类型及数量） 3. 资源覆盖情况（国家分布，覆盖专业大类等）
	RW-3	选择类型相同、专业相近的国（境）外高水平院校联合开发课程，共建专业、实验室或实训基地，建立教师交流、学生交换、学分互认等合作关系	定量指标： 1. 各级财政投入资金支持力度 2. 联合开发的项目情况（类型及数量） 3. 合作国家（地区）数量 4. 师生交换交流数量 5. 学分互认开展情况（专业布点数，人数）
	RW-4	支持高等职业院校申办聘请外国专家（文教类）许可	定量指标： 1. 各级财政投入资金支持力度 2. 聘请的外国专家国籍分布情况 3. 专家服务情况（类型及数量） 4. 聘请专家在华工作总时间
	RW-5	举办高水平中外合作办学项目和机构	定量指标： 1. 各级财政投入资金支持力度 2. 境外合作国家（地区）数量 3. 境外合作单位情况（类型及数量） 4. 合作办学项目和机构情况（数量、名称、招生人数）
加强师资队伍建设	RW-6	完善以老带新的青年教师培养机制，建立教师轮训制度，专业教师每 5 年企业实践时间累计不少于 6 个月	定量指标： 1. 教师轮训培训开展情况 2. 实施“教师到行业、企业进行专业实践的规定”院校数量 3. 新老教师结对数量
	RW-7	高等职业院校专业骨干教师国家级、省级培训计划	定量指标： 1. 承担的各类培训计划开展情况 2. 承办的培训项目教师数量 3. 培训费用总金额
	RW-8	加强职业技术师范院校建设	定量指标： 1. 各级财政投入资金支持力度 2. 职业技术师范院校数量及教师数量 3. 学生就业情况（毕业生数、毕业半年后工资水平等）

续表

类别	序号	工作任务	绩效评价指标
加强师资队伍建设	RW-9	支持专科高等职业院校按照有关规定自主聘请兼职教师；加强兼职教师的职业教育教学规律与教学方法培训；支持兼职教师或合作企业牵头申报教学研究项目、组织实施教学改革；把指导学生顶岗实习的企业技术人员纳入兼职教师管理范围；核算教师总数时，兼职教师数按每学年授课160学时为1名教师计算	定量指标： 1. 兼职教师数量 2. 兼职教师年度培训量及经费总额 3. 兼职教师主持或参与教科研项目及获奖情况（级别、数量、资助金额） 定性指标： 4. 兼职教师参与“职业教育教学规律与教学方法培训”的内容及作用
	RW-10	在有关民族地区加强双语双师型教师队伍建设	定量指标： 1. 民族地区双语双师教师数量 定性指标： 2. 民族地区双语双师教师建设情况
	XM-4	“双师型”教师培养培训基地建设（500个左右）	定量指标： 1. “双师型”教师培养培训基地建设情况（数量、类型） 2. 开展培训情况（数量、人数、总学时数）
推进信息技术应用	RW-11	推动落实《职业院校数字校园建设规范》，建设高等职业教育人才培养工作状态数据管理系统	定量指标： 1. 网络带宽 2. 院校信息点数 3. 数字化校园建设的硬件准备情况。 定性指标： 4. 高等职业教育人才培养工作状态数据管理系统建设与应用情况
	RW-12	将信息技术应用能力作为教师评聘考核的重要依据	定性指标： 是否将信息技术应用能力作为教师评聘考核的重要依据
	RW-13	办好全国职业院校信息化教学大赛	定量指标： 职业院校信息化教学大赛获奖情况（等级、数量等）
	XM-5	新建一批国家级职业教育专业教学资源库和国家精品在线开放课程	—
	XM-6	立项建设省级高等职业教育专业教学资源库（200个左右）和精品在线开放课程（1000门左右）	定量指标： 1. 省级高等职业教育专业教学资源库和精品在线开放课程建设情况（数量、类别） 2. 使用情况（各类型用户数量、访问与交流量）

续表

类别	序号	工作任务	绩效评价指标
推进信息技术应用	XM-7	建成一批职业能力培养虚拟仿真实训中心（50个左右）	定量指标： 1. 虚拟仿真实训中心建设情况（数量、开设实训项目数量、工位数、年实训总量） 定量指标： 2. 虚拟仿真实训中心使用情况
完善高等职业教育结构	RW-14	发布实施“关于引导部分地方普通本科高校向应用型转变的指导意见”，探索本科层次职业教育实现形式和培养模式	定量指标： 1. 实行本科层次职业教育的院校数量 定性指标： 2. 本科层次职业教育的实现形式和培养模式
	RW-15	开展设立专科高等职业教育学位的可行性研究	—
	RW-16	编制“高等职业学校建设标准”，研究修订《普通高等学校设置暂行条例》	—
	RW-17	修订一批《专科高等职业教育专业教学标准》和《实验实训装备技术标准》	定量指标： 1.《专科高等职业教育专业教学标准》修订数量 2.《实验实训装备技术标准》修订数量
	RW-18	修订《高等职业院校专业目录》和《高等职业院校专业设置管理办法》，到2017年，专科职业教育在校生达到1420万人	定量指标： 专科职业教育在校生数量
	RW-20	持续缩减本科高校举办专科高等职业教育的规模	定量指标： 1. 办专科高等职业教育的本科高校数量 2. 本科高校举办专科高职招生计划数量
推动职业教育集团化发展	RW-19	落实《教育部关于深入推进职业教育集团化办学的意见》，研制“示范性职业教育集团建设方案与管理办法”	定量指标： 1. 职教集团数量 2. 出台制度情况（主题及数量） 3. 集团化办学建设情况（类型、服务面向、覆盖情况、投入资金总额）
	XM-8	建设一批骨干职业教育集团（180个左右）；遴选10个省份开展多元投入主体依法共建职业教育集团的改革试点	定量指标： 1. 职业教育集团建设情况（类型及数量） 2. 成员单位情况（分布及数量） 定性指标： 3. 运行情况（学生培养、社会服务）
	XM-9	建设一批连锁型职教集团（20个左右）	定量指标： 1. 连锁型职教集团情况（类型及数量） 2. 连锁型职教集团建设情况（学生培养数量、社会服务类别及数量）

续表

类别	序号	工作任务	绩效评价指标
促进区域协调发展	XM-10	支持东中部地区高职院校（职教集团）对口支援西部职业院校；支援革命老区、西藏及四省藏区、新疆和集中连片特殊困难地区的专科高等职业院校提升办学基础能力和人才培养水平（400校次左右）	定量指标： 1. 支援西部院校（集团）数量 2. 支援四个地区院校（集团）数量 3. 输出支援院校（集团）支援情况（方式与数量）
推进分类考试招生	RW-21	规范落实《教育部关于积极推进高等职业教育考试招生制度改革的指导意见》研究制订《职业院校学生进入高层次学校学习的办法》；2016年通过分类考试录取的学生占高等职业院校招生总数的一半左右，2017年成为主渠道；逐步提高专科高等职业院校招收中等职业学校毕业生的比例和本科高等学校招收职业院校毕业生的比例	定量指标： 1. 本省实施分类招生学校数量 2. 本省本年度各类别招生学生总人数（其中基于高考的“知识+技能”招生数量、对口招生数量、单独考试招生数量、综合评价招生数量、中高职贯通招生数量、技能拔尖人才免试招生数量、其他方式招生数量） 3. 本省高职院校招生中职学生总数 4. 本省高职院校学生升入本科院校学生人数 5. 专科高等职业院校招收中等职业学校毕业生的比例 6. 本科高等学校招收职业院校毕业生的比例。 定性指标： 7. 本省落实《教育部关于积极推进高等职业教育考试招生制度改革的指导意见》，推进实施分类招生的系列制度 8. 本省职业院校学生进入高层次学校学习的办法
建立学分积累与转换机制	RW-22	研制“关于推进学习成果积累与转换工作的指导意见”	定量指标： 1. 高等学历继续教育规模 定性指标： 2. 教育部出台的政策制度、推进学习成果积累与转换工作的措施 3. 典型案例
探索混合所有制办学	RW-23	试点社会力量通过购买、承租、委托管理等方式参与办学活力不足的公办高等职业院校改革；鼓励民间资本与公办优质教育资源嫁接合作，在经济欠发达地区扩大优质高等职业教育资源；鼓励探索建立行业企业办和民办高等职业院校教师年金制度；探索在营利性民办高等职业院校实行职工持上市股	定量指标： 1. 各类社会力量参与办学情况（类型及数量） 2. 各地社会力量办学数量 3. 各类社会力量办学开展情况（人员、资金、实习学生、就业学生、实训基地、科研项目等数量）

续表

类别	序号	工作任务	绩效评价指标
探索混合所有制办学	RW-24	开展建设混合所有制高等职业院校的理论与实践课题研究	定量指标： 1. 各级各类立项课题数量 2. 各地立项课题分布情况
	RW-25	成立混合所有制高等职业院校联盟	—
	XM-11	支持公办高等职业院校和企业合作举办适用公办学校政策、具有混合所有制特征的二级学院（100个左右）	定量指标： 1. 合作办学企业情况（国有企业数量、集体企业数量、非公有企业数量、外资企业数量） 2. 具有混合所有制特征的二级学院的类型及数量 3. 具有混合所有制特征二级学院的外资企业、招生专业、在校生、订单班学生、录用毕业生数量
鼓励行业参与职业教育	RW-26	以购买服务方式支持行业职业教育教学指导委员会在规定的领域范围内自主开展工作	定量指标： 1. 工作开展情况及购买的服务类型及数量（其中服务类型包括基本公共服务、社会管理性服务、行业管理与协调性服务、技术性服务、政府履职所需辅助性事项、其他适宜由社会力量承担的服务事项） 2. 本年度用于购买服务的金额（其中包括基本公共服务、社会管理性服务、行业管理与协调性服务、技术性服务、政府履职所需辅助性事项、其他适宜由社会力量承担的服务事项） 定性指标： 3. 行业职业教育教学指导委员会工作开展情况
	RW-27	每年举办一次全国职业院校技能大赛，推进全国职业院校技能大赛国际化	定量指标： 1. 承办全国职业院校技能大赛的赛项名称及赛项数量 2. 参加承办的全国职业院校技能大赛的赛项名称、院校名称及赛项数量 3. 参加承办的全国职业院校技能大赛的获奖赛项名称、院校名称及赛项数量 4. 组织院校参加国（境）外职业院校技能大赛的赛项名称、院校名称及数量 5. 组织院校参加国（境）外职业院校技能大赛的获奖赛项名称、院校名称及数量 定性指标： 6. 支持职业院校技能大赛的政策措施落实情况 7. 推进全国职业院校技能大赛国际化的政策措施

续表

类别	序号	工作任务	绩效评价指标
鼓励行业参与职业教育	XM-12	与行业联合召开行业职业教育工作会议（5个以上），联合制定行业职业教育改革发展指导意见	定量指标： 1. 召开行业职业教育工作会议次数（次） 定性指标： 2. 与行业联合召开行业职业教育工作会议开展情况 3. 联合制定行业职业教育改革发展指导意见执行情况
	XM-13	发布行业人才需求预测和专业设置指导报告（40个左右）	定量指标： 1. 专业设置指导报告（名称及数量） 定性指标： 2. 制定并发布行业人才需求预测情况
发挥企业办学主体作用	RW-28	落实《教育部、人力资源社会保障部关于推进职业院校服务经济转型升级，面向行业企业开展职工继续教育的意见》	定量指标： 1. 院校设立继续教育专门机构（所） 2. 开展职工继续教育培训人数（人） 定性指标： 3.《教育部、人力资源社会保障部关于推进职业院校服务经济转型升级，面向行业企业开展职工继续教育的意见》落实情况
	RW-29	地方各级政府在安排职业教育专项经费、制定支持政策、购买社会服务时，将企业举办的公办性质高等职业院校与其他公办院校同等对待	定性指标： 地方各级政府支持企业举办的公办性质高等职业院校的政策措施及实施成效
	RW-30	研制“职业教育校企合作促进办法”	—
落实高等职业院校办学自主权	RW-31	贯彻落实国家教育体制改革领导小组《关于进一步落实和扩大高校办学自主权完善高校内部治理结构的意见》，落实和扩大专科高等职业院校办学自主权，支持学校自主确定教学科研行政等内部组织机构的设置和人员配备，支持高校面向社会依法依规自主公开招聘教学科研行政管理等各类人员、自主选聘教职工、自主确定内部收入分配	定性指标： 1.《关于进一步落实和扩大高校办学自主权完善高校内部治理结构的意见》落实情况 2. 支持院校自主确定教学科研行政等内部组织机构、人员配备、内部收入分配的政策措施 3. 支持院校自主选拔学生、优化专业结构、开展教育教学活动、选聘教职工、开展科学研究、技术开发、社会服务、管理使用院校财产经费和扩大国际交流合作的情况
支持民办教育发展	RW-32	落实教育、财税、土地、金融等支持政策，鼓励各类办学主体通过独资、合资、合作等形式举办民办高等职业教育，稳步扩大优质民办职业教育资源	定性指标： 1. 支持举办民办高等职业教育的政策措施 2. 民办高等职业院校举办情况的变化

续表

类别	序号	工作任务	绩效评价指标
支持民办教育发展	RW–33	以政府规划、社会贡献和办学质量为依据，探索政府通过“以奖代补”、购买服务等方式支持民办高等职业教育发展和鼓励社会力量参与高等职业教育办学的办法	定性指标： 1. 政府通过“以奖代补”、购买服务支持民办高等职业教育的政策措施与落实情况 2. 政府通过“以奖代补”、购买服务支持社会力量参与高等职业教育办学的情况
	RW–34	社会声誉好、教学质量高、就业有保障的民办专科高等职业院校，可由省级政府统筹、在核定的办学规模内自主确定招生方案	定量指标： 1. 自主确定招生方案的民办高职院校数（所） 定性指标： 2. 支持和完善民办专科高等职业院校分类管理情况
服务社区教育与终身学习	RW–35	专科高等职业院校积极开展社区教育、老年教育活动，建立专科高等职业院校和社区教育机构联席会议制度	定量指标： 1. 专科高等职业院校与社区教育机构联席会议 2. 老年教育、社区教育专业布点数 定性指标： 3. 教育教学、技能培训及各类活动开展情况与成效 4. 社区学院的建设情况
	XM–14	研制“关于进一步推进社区教育改革发展的意见”，公布一批全国社区教育实验区和示范区	定量指标： 全国社区教育实验区和示范区
服务中国制造 2025	RW–36	优化院校布局、调整专业结构	定量指标： 1. 新建高职院校数 2. 关停高职院校数 3. 搬迁高职院校数 4. 合并高职院校数 5. 名称变更高职院校数 6. 全省当年专业大类布点数 7. 当年专业调整数量
	RW–37	建立产业结构调整驱动专业设置与改革、产业技术进步驱动课程改革的机制	定量指标： 1. 出台相关文件政策的院校数量 2. 建立专业改革对接产业、课程改革对接技术机制的院校数量 3. 校企合作共建专业数量
	RW–38	重点服务中国制造 2025，主动适应数字化、网络化、智能化制造需要，围绕强化工业基础、提升产品质量、发展制造业相关的生产性服务业调整专业、培养人才	定量指标： 1. 中国制造 2025 相关的生产性服务业专业大类数量 2. 中国制造 2025 相关的生产性服务业专业当年就业学生数量

续表

类别	序号	工作任务	绩效评价指标
服务中国制造 2025	RW-39	优先保证新一代信息技术产业、高档数控机床和机器人、航空航天装备、海洋工程装备及高技术船舶、先进轨道交通装备、节能与新能源汽车、电力装备、农机装备、新材料、生物医药及高性能医疗器械产业相关专业的布局与发展	定量指标： 1. 相关产业本年度新增专业数量 2. 相关产业本年度新增专业招生数量 3. 相关产业本年度改造专业数量 4. 相关产业本年度改造专业招生数量
	RW-40	加强现代服务业亟须人才培养，加快满足社会建设和社会管理人才需求	定量指标： 1. 本年度现代服务业新增专业数量 2. 本年度现代服务业新增专业招生数量 3. 本年度现代服务业改造专业数量 4. 本年度现代服务业改造专业招生数量
支持优质产能走出去	RW-41	扩大与“一带一路”沿线国家的职业教育合作；服务“走出去”企业需求，培养具有国际视野、通晓国际规则的技术技能人才和中国企业海外生产经营需要的本土人才；配合“走出去”企业面向当地员工开展技术技能培训和学历职业教育；支持专科高等职业院校国（境）外办学，为周边国家培养熟悉中华传统文化、当地经济发展亟须的技术技能人才	定量指标： 1. 本年度中外合作办学培养学生数量 2. 本省本年度国（境）外办学开设中华传统文化课程门数 定性指标： 3. 本年度办学地点在国内的中外合作办学情况 4. 本年度办学地点在国外的中外合作办学情况
深化校企合作	XM-16	以市场为导向多方共建应用技术协同创新中心（500个左右）	定性指标： 1. 本年度各类协同创新中心建设情况 2. 本年度协同创新中心运行情况
	XM-17	与技艺大师、非物质文化遗产传承人等合作建立技能大师工作室（100个左右）	定量指标： 1. 技能大师工作室数量 2. 技能大师数量
加强创新创业教育	RW-42	促进专业教育与创新创业教育有机融合，利用各种资源建设大学科技园、大学生创业园、创业孵化基地和小微企业创业基地，作为创业教育实践平台	定量指标： 1. 本年度设置创新创业教育工作机构的院校数量 2. 本年度创新创业平台数量 3. 本年度创新创业平台使用面积 4. 本年度创新创业教育专兼职教师数量

续表

类别	序号	工作任务	绩效评价指标
加强创新创业教育	RW-43	探索将学生完成的创新实验、论文发表、专利获取、自主创业等成果折算为学分，将学生参与课题研究、项目实验等活动认定为课堂学习；优先支持参与创新创业的学生转入相关专业学习；实施弹性学制，放宽学生修业年限，允许调整学业进程、保留学籍休学创新创业	定量指标： 1. 高职院校建设分类创新创业平台数量 2. 本年度各类创新创业平台数量 3. 各类方式创办的创新创业平台数量 4. 本年度各级别创新创业成果数量 定性指标： 5. 本年度创新创业开展情况
	RW-44	地区、有关部门整合发改、财政和社会资金，支持高校学生创新创业活动；高等职业院校优化经费支出结构，多渠道统筹安排资金，支持创新创业教育教学，资助学生创新创业项目	定量指标： 本年度各类创新创业资金投入情况
	RW-45	举办全国大学生创新创业大赛	定量指标： 1. 承办创新创业大赛的项目数量 2. 承办创新创业大赛参赛队伍数量 3. 承办创新创业大赛参赛人数量
	XM-18	开发建设一批创新创业教育专门课程（群）	定量指标： 1. 设置专门创新创业机构的院校数量 定性指标： 2. 院校平均创业创新课程开课情况 3. 本年度创新创业教育师资队伍建设情况 4. 本年度创新创业教材建设情况
开展现代学徒制培养	XM-15	开展现代学徒制试点（500个左右），校企共建以现代学徒制培养为主的特色学院	定性指标： 1. 现代学徒制试点情况 2. 校企共建以现代学徒制培养为主的特色学院情况
培育新型职业农民	XM-19	新组建一批农业职教集团；省部共建一批国家涉农职业教育改革试验区	定量指标： 1. 各级财政投入资金情况 2. 职教集团成员共建专业数量 3. 职教集团成员共建实训基地数量 4. 职教集团内部师资队伍数量 5. 职教集团社会服务到款额度

续表

类别	序号	工作任务	绩效评价指标
促进文化传承创新与传播	XM-20	建设一批全国职业院校民族文化传承与创新示范专业点（100 个左右）	定量指标： 1. 民族文化传承创新示范专业数量 2. 民族文化传承创新示范专业本年度招生人数 3. 民族文化传承创新示范专业在校生数量 4. 截至 9 月 1 日民族文化传承创新示范专业平均就业率
	RW-46	加强文化创意、影视制作、出版发行等重点文化产业技术技能人才的培养；提升民族地区的高等职业院校支持当地特色优势产业、基本公共服务、社会管理的能力	定量指标： 1. 文化产业专业布点数 2. 文化产业专业招生人数 3. 文化产业就业人数 4. 服务当地特色优势产业技术开发次数 5. 为本地开展技能培训人次 6. 学生到本地区就业人数
扩大职业教育国际影响	RW-47	加强与职业教育发达国家的政策对话，探索对发展中国家开展职业教育援助的渠道和政策	定量指标： 1. 本年度开展与职业教育政策对话的国家数量 定性指标： 2. 本年度各类政策对话情况 3. 本年度开展职业教育研究立项课题情况 4. 本年度对发展中国家开展职业教育援助情况
	RW-48	鼓励示范性和沿边地区高等职业院校利用学校品牌和专业优势，积极吸引境外学生来华学习	定性指标： 1. 本年度招收留学生情况 2. 本年度留学生培养情况
提高经费保障水平	RW-49	落实高等职业院校生均拨款政策，引导激励地市级政府（单位）建立高职生均经费制度。到 2017 年本省专科高等职业院校生均拨款平均水平不低于 12000 元	定量指标： 1. 各省生均拨款额 2. 各省及学校生均经费的组成情况及比例 3. 学费收入在学校基本教学方面的支出情况 定性指标： 4. 各地生均拨款制度及动态调整机制的建立与落实情况
完善院校治理结构	RW-50	完成高等职业院校章程制定、修订工作	定性指标： 1. 高等职业院校章程制定、修订及核准情况，落实党委领导下的校长负责制及高校内部治理体系建设的情况等 2. 高等职业院校章程的落实运行情况

续表

类别	序号	工作任务	绩效评价指标
完善院校治理结构	RW-51	推动高等职业院校参照《高等学校学术委员会规程》设立学术委员会，一批（不少于20%）专科高等职业院校参照《普通高等学校理事会规程（试行）》设立理事会或董事会机构	定量指标： 1. 高等职业院校设立学术委员会、理事会（董事会）数 定性指标： 2. 高等职业院校设立学术委员会、理事会（董事会）制度制定、机构设立及运行情况 3. 校级学术委员会主任的行政职务情况 4. 设立理事会（董事会）制度的学校属性（公办、民办） 5. 学术委员会的主要职责、理事会或董事会的主要职责，相关的规章制度等
完善质量年报制度	RW-52	巩固学校、省和国家三级高等职业教育质量年度报告制度，进一步提高年度质量报告的量化程度、可比性和可读性，强化对报告发布情况和撰写质量的监督管理	定量指标： 1. 各省报送院校高等职业质量年度报告、企业报告数量 定性指标： 2. 校企联合发布学校质量年度报告情况，推进质量年报公开发布的措施，引入第三方评价，加强审核监管提高撰写质量的举措等
建立诊断改进机制	RW-53	加强分类指导，以人才培养工作状态数据为基础，开展高职院校教学诊断和改进工作	定性指标： 1. 教学诊断和改进工作机制建立和专家委员会成立情况 2. 教学诊断和改进工作实施方案制定与实施情况 3. 院校实际开展情况等 4. 省级或学校开展诊断理论研究的情况 5. 相关标准的制定情况
	XM-21	支持对用人单位影响力大的行业组织开展专业层面的教学诊改试点	定性指标： 各省行业组织开展专业层面的教学诊改试点情况
改进高职教师管理	RW-54	一批省份发布实施职业院校教师专业技术职务评聘办法	定性指标： 各省针对职业院校教师的专业技术职务评聘办法制定及落实情况
	RW-55	一批国家示范（骨干）高等职业院校制定执行反映自身发展水平、不低于国家规定标准的“双师型”教师标准	定量指标： 1.“双师型”教师数量 2.“双师型”教师占全省及学校专任教师的比重情况 3.“双师型”教师在专业建设、科学研究、社会服务等方面的突出贡献等 定性指标： 4. 国家示范（骨干）高等职业院校校本“双师型”教师标准制定情况 5.“双师型”教师的认定和考核情况

续表

类别	序号	工作任务	绩效评价指标
改进高职教师管理	RW-56	推动教师分类管理、分类评价的人事管理制度改革；全面推行按岗聘用、竞聘上岗	定性指标： 1. 校内教师分类管理、分类评价的人事管理制度改革及机构设置情况 2. 按岗聘用、竞聘上岗实施情况及效果等，相关的文件制定情况
	RW-57	制订体现高等职业教育特点的教师绩效评价标准；55 岁以下的教授、副教授每学期至少讲授一门课程	定性指标： 1. 省级及各高职院校制定体现高等职业教育特点的教师绩效评价标准制定及落实情况 2. 绩效评价标准的主要内容或特色 3. 55 岁以下的教授、副教授每学期至少讲授一门课程落实情况
加强相关理论研究	RW-58	加强高等职业教育研究机构和队伍建设，加大投入支持相关研究工作有条件的高等职业院校建立专门教育研究机构，开展教学研究	定量指标： 1. 省级及各高职院校成立教育研究机构的数量 2. 研究机构人员的数量 3. 省级及学校的工作经费投入情况 4. 研究机构人员参与教育教学改革与实践的情况 5. 各级财政支持力度 6. 相关研究项目设立、评审及成果推广情况等
加强和改进学生思想政治教育工作	RW-59	贯彻落实《高等学校辅导员职业能力标准（暂行）》	定量指标： 1. 辅导员职业培训情况（人均天数） 2. 辅导员参与各级竞赛情况（各级获奖数） 定性指标： 3. 辅导员职业能力的发展与《高等学校辅导员职业能力标准（暂行）》关联
	RW-60	健全学生思想政治教育长效机制，高职院校按师生比 1:200 配备辅导员，心理健康教育全覆盖	定量指标： 1. 辅导员按师生比配备情况（辅导员人数） 2. 心理健康教育的场地建设情况（场地生均面积） 3. 心理健康的师资建设情况（生均人数） 定性指标： 4. 各地健全学生思想政治教育长效机制的情况（制定规定制度） 5. 辅导员师生比是否符合相关规章制度 6. 心理健康教育是否符合相关规章制度
	RW-61	全面推进《全国大学生思想政治教育质量测评体系（试行）》	定量指标： 1. 各地全面推广《测评体系（试行）》的情况（学校数量） 定性指标： 2. 各地落实《测评体系（试行）》的情况等

续表

类别	序号	工作任务	绩效评价指标
加强和改进学生思想政治教育工作	RW–62	创建平安校园、和谐校园	定量指标： 1. 各项国家安全、校园安全、学生安全等指标实施的院校数量 定性指标： 2. 落实相关制度的情况
	XM–22	深入开展中国特色社会主义和中国梦教育，在广大师生中积极培育和践行社会主义核心价值观，遴选一批特色校园文化品牌（100个左右）	定量指标： 特色校园文化品牌的建设情况（数量、类型）
促进职业技能培养与职业精神养成相融合	RW–63	落实《高等学校体育工作基本标准》	定量指标： 1. 本年度体育活动开展情况（机构设置院校数量、方案制定院校数量） 2. 本年度体育必修课总学时不少于108学时的院校数量 3. 本年度将课外体育活动纳入人才培养方案的院校数量 4. 本年度院校体育场所建设情况（院校场馆平均面积、经费总投入） 5. 本年度院校学生购买校园体育活动意外伤害保险比例 6. 本年度将体育测试成绩作为毕业条件的院校数量 7. 本年度院校体育测试情况（学生平均测试率、学生平均达标率）
	RW–64	加强文化素质教育，加强校园文化建设，支持学生社团活动	定量指标： 1. 本年度校园文化建设成果省级及以上获奖情况（国家级、省级） 2. 本年度学校社团活动开展情况（社团数量、学生数量、经费） 3. 本年度公共选修课建设开设情况（增加课程门数 – 含线上线下、选修人次、经费投入） 4. 本年度文化素质讲座学术活动情况（场次、人次、经费投入） 5. 本年度校园主题文化活动情况（数量、人数、经费） 6. 本年度省级以上媒体新闻报道情况（篇数） 7. 本年度校园宣传思想工作阵地建设情况（传统媒体数量 – 校报、电视台、广播台，新媒体数量 – 微信、微博） 8. 本年度学生社团参与各级技能竞赛情况（获奖情况、获奖人次、经费投入）

续表

类别	序号	工作任务	绩效评价指标
促进职业技能培养与职业精神养成相融合	RW-65	促进职业技能培养与职业精神养成相融合	定量指标： 1. 本年度应届毕业生职业资格证书平均获取率 2. 上一年度应届毕业生工作半年后用人单位平均满意度 3. 本年度开展“大国工匠进校园”活动情况（次数、人次） 4. 本年度学校博物馆、校史馆、图书馆、档案馆等建设情况（数量、投入、学生参加人次） 5. 本年度优秀毕业生先进事迹进校园情况（毕业生宣讲人次、学生参与人数）

（二）数据来源与评价范围

数据来源：一是绩效报告，来自各地（行指委）对照承接的任务（项目）参考绩效要点，撰写的年度绩效报告。二是绩效数据，来自《行动计划》管理平台，包括“必采数据项”“选采数据项”和“自定义数据项”三类。三是典型案例，来自各地（行指委）结合实际任务（项目）进展情况推选的典型案例。

评价范围：承接任务的32个省级教育行政部门和47个行业职业教育教学指导委员会。

（三）评价过程

本次绩效评价与各地承接《行动计划》任务（项目）同时启动。在启动阶段，评价团队即着手研制评价指标体系、拟定评价方案，并全程参与了绩效数据采集的设计和管理平台的开发工作。在推进阶段，评价团队通过参与《行动计划》管理平台数据维护，查阅各地教育主管部门政策文件，持续跟踪了各地的落实情况。三年来，评价团队利用《行动计划》管理平台、高职院校人才培养工作状态数据采集与管理平台（以下简称“状态数据平台”）、质量年报等数据，对各地（行指委）的绩效数据进行统计分析，完成了执行绩效的定量评价。同时，通过对各地（行指委）的绩效报告、典型案例等文本进行挖掘，补充、支撑、解释了定量数据结论，最终形成本绩效评价报告。

第二章　行动计划总体绩效

一、执行情况概述

根据《行动计划》执行情况通报显示，各地和行指委三年执行情况如下。

（一）2016 年执行情况

2016 年为《行动计划》开局之年，承接任务的 32 个省份（含新疆生产建设兵团，后简称“兵团”）和 47 个行指委，除内蒙古自治区及公安、食品药品、外经贸行指委未启动承接的任务（项目）外，31 个省份和 44 个行指委 2016 年启动承接任务 1 327 项，执行率 80%；启动承接项目 501 个，执行率 70%；启动项目布点 12 283 个，执行率 87%，省级财政专项资金和行指委共计投入资金 47.06 亿元。

多数承接单位积极作为，敢于担当，履行契约精神，安排专项资金，启动了承接的多数任务（项目），实现了《行动计划》的良好开局。2016 年执行绩效统计显示，省级教育行政部门承接任务（项目）启动情况良好，行指委承接任务（项目）启动情况亟须加强。

1. 各地任务（项目）启动情况　各地实际启动任务 1 158 项，执行率 87%；实际启动项目 330 个，执行率 66%；实际启动项目布点 11 344 个，执行率 92%。内蒙古自治区未启动承接的任务（项目）；河南、新疆 2 个省份任务执行率低于 60%；黑龙江、海南、贵州、西藏、甘肃 5 个省份项目执行率低于 60%；北京、黑龙江、浙江、山东、海南、西藏、甘肃、新疆 8 个省份项目布点执行率低于 60%。28 个省份省级财政合计安排专项经费 45.2 亿元。河北、安徽、江西 3 个省份尚未安排省级财政专项经费。山西、内蒙古、江苏、山东、湖南、重庆、四川、贵州、甘肃 9 个省份尚未启动优质专科高等职业院校建设；内蒙古和西藏 2 个自治区尚未启动骨干专业建设。

2. 行指委任务（项目）启动情况　行指委实际启动任务 169 项，执行率 51%；实际启动项目 171 个，执行率 57%；实际启动项目布点 939 个，执行率 52%。公安、食品药品、外经贸 3 个行指委未启动所承接的任务（项目）。报关、包装、餐饮、船舶工业、电子商务、供销、广播影视、航空工业、建材、煤炭、轻工、食品工业、卫生、文化艺术、文物保护、邮政、中医药 17 个行指委任务执行率低于 60%，测绘、环境保护、粮食 3 个行指委未启动承接任务；报关、包装、餐饮、船舶工业、工业和信息化、航空工业、环境保护、粮食、煤炭、文物保护、验光与配镜、有色金属、中医药 13 个行指委项目执行率低于60%，电子商务、轻工、食品工业、文化艺术4个行指委未启动承接项目；报关、包装、餐饮、船舶工业、工业和信息化、广播影视、航空工业、环境保护、机械、粮食、美发美容、民政、石油和化工、水利、卫生、文物保护、验光与配镜、有色金属、外语类19个行指委项目布点执行率低于60%，电子商务、轻工、食品工业、文化艺术4个行指委未启动承接的项目布点。安全等25个行指委合计安排专项经费18.6亿元。餐饮、船舶工业、电子商务、工业和信息化、广播影视、环境保护、粮食、煤炭、农业、轻工、食品工业、水利、文化艺术、新闻出版、验光与配镜、外语类16个行指委未安排专项经费。

3. 省级实施方案印发情况　2016年，20个省份（含兵团）印发了《行动计划》实施方案，具体为：天津、河北、山西、吉林、上海、浙江、安徽、江西、河南、湖北、湖南、广东、海南、四川、贵州、云南、陕西、青海、宁夏、新疆生产建设兵团。12个省份和44个行指委制定但未印发《行动计划》实施方案。

（二）2017年执行情况

截至2018年3月15日，31个省份（含兵团）完成数据填报并函报了绩效数据采集汇总表和年度绩效报告；北京市未填报（函报）。截至2018年3月15日，安全等37个行指委完成数据填报并函报了绩效数据采集汇总表和年度绩效报告；轻工、环境保护、艺术设计等3个行指委完成数据填报，但未函报绩效数据采集汇总表和年度绩效报告；报关、餐饮、公安、航空工业、食品工业、新闻出版、中医药、信息化教学等8个行指委未填报（函报）。

1. 各地任务（项目）执行情况　各地共启动任务1 234项，执行率93%；启动项目367个，执行率88%；启动项目实际布点19 895个，布点率160%。新疆维吾尔自治区任务执行率低于70%；黑龙江、海南、西藏、宁夏4个省份项目执行率低于70%；黑龙江、海南、西藏3个省份启动项目实际布点率低于70%。

30个省份（含兵团）2017年省级财政投入经费80.6亿元，西藏自治区未安排投入经费。

31个省份（含兵团）已启动优质专科高等职业院校和骨干专业建设项目，西藏自治区尚未启动；北京、上海、宁夏、新疆4个省份未确定优质专科高等职业院校和骨干专业建设名单；海南省未确定优质专科高等职业院校建设名单；云南省未确定骨干专业建设名单。

2. 行指委任务（项目）执行情况　行指委共启动任务244项，执行率74%；启动项目241个，执行率79%；启动项目实际布点1 245个，布点率69%。包装、广播影视、粮食、煤炭、美发美容、文物保护、邮政7个行指委任务执行率低于70%；环境保护行指委未启动承接任务；煤炭、外经贸、文物保护3个行指委项目执行率低于70%；包装、船舶工业、电子商务、工业和信息化、环境保护、煤炭、美发美容、轻工、食品药品、卫生、文物保护、有色金属、艺术设计类13个行指委启动项目实际布点率低于70%。

安全等34个行指委合计安排投入经费13.1亿元。民航、农业、铁道、文物保护4个行指委未安排投入经费。

（三）2018 年执行情况

截至 2019 年 2 月 28 日，32 个省份（含兵团）完成数据填报并函报了绩效数据采集汇总表和绩效报告。截至 2019 年 2 月 28 日，42 个行指委完成数据填报并函报了绩效数据采集汇总表和绩效报告；餐饮、公安、环境保护、煤炭、轻工、信息化教学 6 个行指委未填报且未函报。

1. 各地任务（项目）执行情况　经过三年实施，各地共启动任务 1 310 项，执行率 99%；启动项目 397 个，执行率 96%；启动项目实际布点 22 806 个，布点率 184%。北京、黑龙江、海南、西藏 4 个省份任务执行率未达到 100%，海南、贵州、西藏 3 个省份项目执行率未达到 100%。2018 年，31 个省份省级财政投入经费合计 139.05 亿元，西藏自治区未安排投入经费。

截至 2019 年 2 月 28 日，32 个省份（含兵团）发文立项建设优质专科高等职业院校 490 所、骨干专业（群）4 208 个。

2. 行指委任务（项目）执行情况　行指委共启动任务 286 项，执行率 86%；启动项目 277 个，执行率 91%；启动项目实际布点 1 553 个，布点率 86%。包装、广播影视、美发美容、食品工业、卫生 5 个行指委任务执行率未达到 100%；包装、船舶工业、纺织服装、航空工业、外经贸 5 个行指委项目执行率未达到 100%。

二、实施成效

《行动计划》明确了扩大优质教育资源、增强院校办学活力、加强技术技能积累、完善质量保障机制、提升思想政治教育质量五大发展目标，以优质学校、骨干专业等重点项目为“支柱”重点突破，以教师队伍、优质资源等核心能力建设为“栋梁”横向支撑，架构了高职教育创新发展的主体框架，以细化的 65 项工作任务和 22 个建设项目为抓手，由各地（行指委）结合本地（行指委）实际自愿承接、专项支持，持续深化教育教学改革，大幅提升技术创新服务能力，实质性扩大国际交流合作，高等职业教育对地方和产业发展的贡献度持续提升，推动高等职业教育新一轮创新发展，取得了显著的成效。

（一）优质教育资源不断扩大

《行动计划》引导各地、各高职院校以优质学校、骨干专业等项目建设为重点，提升区域高职教育的均衡程度和社会认可度，优质教育资源的总量得到明显增加，优质教育资源的覆盖面实现持续扩大。

一是树立了高质量发展“新标杆”　全国所有省份均启动了优质学校建设，实际建设优质校 490 所，项目执行率达 156.55%；比计划承接数增加 177 所，增幅为 56.55%。优质校建设带动各级各类经费投入 362 亿元。教育部认定的 200 所优质校，70% 为国家示范校（骨干校），另有 30% 为非国家示范校（骨干校）。经过三年建设，优质校基础条件得到进一步优化，杰出技术技能人才培养质量进一步提升，技术创新服务能力和对产业发展的贡献度进一步增强，国际合作水平和影响力进一步提升，企业深度参与院校办学的能力进一步增强。

二是助力区域产业转型发展　所有省份启动了骨干专业建设，实际建设骨干专业 4 918 个，项目执行率达 129.42%，共带动各级各类经费投入 157 亿元。教育部认定的 2 919 个骨干专业覆盖 834 所高职院校的 400 个专业。认定的骨干专业布局主要集中在装备制造、现代服务、电子信息等产业，主要面向第三产业和第二产业，适应我国建设制造强国、加快产业结构升级需要，服务区域产业发展能力明显增强。有 105 个专业的建设特色与所属院校办学特色基本一致，具有鲜明的行业、产业特色，服务本地支柱产业发展。

三是促进产教融合实训基地建设　多数省份、院校建立了良好的校企合作机制，采取校企多元投入，企业注入资金与技术建设实训基地。越来越多的技术先进、管理规范、社会责任感强的规模以上企业参与了院校生产性实训基地建设，生产性实训基地平均合作企业数为 1.25 个以上。行业企业对生产性实训基地的经费投入 2018 年比 2017 年增长了 55.76%，且生产性实训基地中合作企业投入设备值占生产性实训基地设备总值的 15.48%，兼职教师中企业技术人员明显增多，高水平产教融合实训基地建设已具备较好基础。到 2018 年，生产性实训基地平均开展职业技能鉴定工种 2.72 项、平均鉴定 503.9 人次，平均开展专业技术和专项技能培训 1 167.1 人次，年产品和服务平均收入 314.48 万元，实训基地不断筑牢专业建设基础。

四是有效推进高水平双师队伍建设　27 个省份建设了 855 个“双师型”教师培养培训基地，比计划承接数多出 510 个，增幅 147.83%。教育部认定双师型教师培养培训基地 440 个。高职院校全面加强师德师风建设，涌现出一批师德师风标兵，2016—2018 年有 2 名高职院校教师入选“全国教书育人楷模”；有 5 名高职院校教师获“全国五一劳动奖章”；有 25 名高职院校教师入选第三批国家“万人计划”教学名师；有 10 个高职院校的教学团队被确定为首批黄大年式教学团队。“十三五”期间中央财政计划投入 27 亿元，组织 25 万名职业院校教师参加了国家级培训、企业实践和省级培训，近半数教师参加培训结束时取得更高一级职业资格证书或专业技术资格证书。打造了一批高水平结构化教师教学创新团队，提升了教师模块化教学设计实施能力、课程标准开发能力、教学评价能力、团队协作能力和信息技术应用能力，提升了教师实习实训指导能力和技术技能积累创新能力。各高职院校通过完善聘任与建设机制，加强以企业技术和管理人才、高技能人才为主的兼职教师队伍建设，聘请行业企业领军人才、大师名匠兼职任教，兼职教师深度参与教学活动能力得到增强。

五是助力教育服务供给模式升级　目前，教育部立项建设了 112 个国家级资源库（含 11 个民族文化传承与创新资源子库），包括 241 万余条资源，注册用户 304 万余人，其中社会、企业学习者26万余人，新增199个国家级资源库备选库，立项建设15个资源库升级改进项目。国家级资源库带动建设616个省级资源库，涵盖7 262门课程。资源库建设惠及大批中西部学生、惠及三农、惠及特殊群体。立项建设的资源库第一主持单位中，东部地区职业院校占比71.4%，但中西部注册用户比例达到42%。通过资源库，东中西部平等地享有优质教学资源，缩小了区域之间的信息化教学鸿沟。资源库建设了11个民族文化传承与创新子库，将传统民族文化转化为数字化资源，将口传身授的民间民族技艺整理成规范、系统、科学的教学内容，开发特色课程、项目和资源，推进优秀传统文化传承和发展。

六是打造中国职业教育国际品牌　各院校通过技能大赛、专业人才培养交流与合作项目、海外技术输出服务、开展国际科研项目合作等方式，同国（境）外高水平教育机构、知名企业开展交流合作，形成多样化的对外合作与交流格局。高职院校从原来单纯学习引进国（境）外高水平专业教学标准、课程标准、各类教师等资源为主，转向“引进”与“合作开发”并重，高职院校积极参与制订、自主开发专业标准和课程体系，努力打造中国职业教育国际品牌。

（二）院校办学活力持续释放

各地政、行、企、校四方协同联动，聚焦高等职业教育创新发展的重点领域和关键环节，在推进分类考试招生、建立学分积累与转换制度、探索混合所有制办学、鼓励行业参与职业教育、发挥企业办学主体作用、落实高职院校办学自主权、支持民办教育、服务社区教育和终身教育等方面创新工作模式和工作方法，取得显著成效。不完全统计，与《行动计划》相配套，各地出台的深化高等职业教育改革的文件达到近400个。

一是分类考试招生制度日趋完善　按照“推进分类招考成为高职院校招生主渠道”的要求，各地强化专业技能导向，加大技能测试和技能大赛结果运用力度，优化“知识＋技能”考试结构，健全完善技能拔尖人才免试入学等政策。全国32个省份1 304所院校实行了“文化素质＋职业技能”的分类考试招生办法。2018年，全日制招生录取数410.74万人，其中高职分类考试招生人数212.02万人，占当年全日制招生录取数的51.62%。分类考试招生制度改革持续推进，基于高考的“知识＋技能”招生、对口招生、单独考试招生、综合评价招生、中高职贯通招生、技能拔尖人才免试招生等已成为高职院校招生的主渠道。通过分类考试招生形式录取的人数持续递增，为社会大众接受职业教育提供了多元化途径。

二是学分积累转换制度成效初显　教育部加强终身教育体系的顶层设计，强化制度建设与理论研究，积极推进职业教育国家学分银行建设。国家开放大学先后组织140多个机构800多人参与了学分银行建设的研究与实践，形成研究报告500多万字、实践报告300多万字，出版著作2部，发表论文50余篇，为开展学习成果认证、积累与转换提供了丰富的理论支撑。30余家单位加入全国学习成果互认联盟，拥有250个学习成果，开发了涉及信息技术、信息安全、物流、金融、教育、机械等领域认证单元1 500个，形成转换规则30多条。河北、山东、安徽、黑龙江、浙江、内蒙古等省份出台专项文件，指导学分积累与转换工作。

三是社会力量参与办学机制更加健全　各地积极出台相关政策，为社会力量参与公办学院体制改革提供政策依据和制度保障，行业企业积极参与公办高职院校改革，发挥资源融合优势，积极探索混合所有制办学等体制改革试点，并将其作为激发高职院校办学机制改革创新的重要途径。2018年，共有34所公办院校采用购买、承租、委托管理等方式在办学体制机制层面上实现社会力量参与办学；全国举办具有混合所有制特征的二级学院达253个。教育部组建61个行指委，涉及的行业基本覆盖了国民经济行业分类中的所有门类，覆盖了中高等职业院校95%的专业，举办职业教育与行业对话活动240余场次，向社会发布了97个《行业人才需求与专业设置指导报告》、13个《行业职业教育年度报告》、38个《毕业生就业报告》，形成了教育行政部门、行业主管部门、行业组织、企事业单位、职业院校合力共同推进职业教育改革发展的良好局面。全国已组建1 400多个职教集团，覆盖100多个行业部门、近1 000个科研机构、90%的高职和70%的中职学校，约3万家企事业单位参与。

四是学校办学自主权持续扩大　各地认真落实发布《关于进一步落实和扩大高校办学自主权完善高校内部治理结构的意见》，先后出台相关文件，不断扩大高职院校办学自主权。承接任务省份有564所院校自行确定内部管理机构设置，551所院校实施内部两级管理，616所院校成立学术委员会并制定相关规则，587所院校自主公开招聘教师及管理人员，563所院校自主确定内部分配制度，激发了院校办学活力。各地在加大放权力度的同时，坚持放管结合、优化服务，综合运用法律、政策、规划等必要的行政措施，进一步发挥政府的宏观管理和监督规范作用，健全高校办学自主权监管体系。

（三）服务发展能力逐渐提升

各地准确把握社会需求，主动服务国家和社会发展，建立与经济社会发展同频共振的职业教育发展格局，各高职院校充分发挥专业特色优势和技术优势，依托行业企业，整合校内外资源，坚持以服务求合作，实现人才培养、企业盈利与社会效益共赢发展。

一是助力中国制造2025　各地调整优化职业院校区域布局，各高职院校科学合理设置专业、健全专业随产业发展动态调整的机制，主动对接十大重点领域，重点提升面向先进制造业、生产性服务业、现代服务业、战略性新兴产业等领域的人才培养能力。2018年，各地承接服务“中国制造2025”各项任务执行率达到100%,《制造业人才发展规划指南》十大重点产业相关专业布点超过1万个。2018年高职院校相关生产性服务业专业设置布点数达2.4万个，实现了专业发展与产业升级同步。

二是扩大职教国际影响　《行动计划》实施后，各高职院校全方面加强与世界各国和地区的教育合作，主动探索多种职业教育合作模式，在扩大职业教育国际影响力方面取得了一定的成效。2018年，300多所高职院校与“一带一路”沿线等国家（地区）在国（境）内开展国际合作项目602项，在国（境）外开展国际合作项目616项；2018年对外开发并被国（境）外采用的专业教学标准近 600 个、课程标准 3 300 余个。2016—2018 年，共有 470 多所院校招收留学生，涉及专业 940 多个，其中 2018 年全日制来华留学生达 1.7 万余人，覆盖 18 个专业大类，多元协同培养模式和管理规范逐步形成。此外，高职院校牵头成立的职业教育合作发展平台已经超过 15 个，“鲁班工坊”成为中国职业教育国际交流合作新名片。2017 年职业教育“走出去”试点工作依托中国有色矿业集团，试点的 8 所高职院校共同在赞比亚建立职业教育海外办学基地。

三是促进创新驱动发展 深化高等学校创新创业教育改革，是国家实施创新驱动发展战略、促进经济提质增效升级的迫切需要。高职院校通过健全创新创业教育课程体系、营造创新创业环境、强化创新创业实践等措施将创新创业教育贯穿人才培养全过程，不断推进创新创业教育与专业人才培养有效融合。2018 年，各地高职院校开设创新创业课程 8 155 门，其中必修课程 3 456 门，开发创新创业教材 1 074 种；727 所院校设置了创新创业教育工作机构，建设高职创新创业平台 1 092 个。在创新创业大赛中，159 所职业院校在第一至第四届“互联网 +”大学生创新创业大赛中获奖，24 所高职高专院校被认定为“深化创新创业教育改革示范高校”，8 所高职高专院校被评为 2018 年度“全国创新创业典型经验高校”。各地也积极举办各类科技创新、创意设计、创业计划等专题竞赛，联通大学生创新创业项目与社会投资，创新创业建设成果丰富。

四是服务“乡村振兴” 各地高职院校积极响应国家号召，通过多种途径实施职业教育精准扶贫。全国涉农高职院校对接现代农业产业链和流通链，面向农民和返乡下乡人员开展职业培训、农业技术服务、农业生产经营培训成为高职服务发展新热点。各地大力培养培训适应科技进步和农业产业化需要的学生和新型职业农民，积极共建农业职教集团和涉农职教改革试验区，高职院校也逐步成为乡村振兴人才培养主阵地。250 余所高职院校开设了近 1 000 个涉农专业点，在校生人数超过 16 万人；2018 年，高职院校积极与涉农企业合作，共建农业职教集团或涉农职业教育改革试验区近 30 个。

五是深化校企合作 根据相关政策对于深化职业教育校企合作的要求，各地以共建应用技术协同创新中心、合作建立技能大师工作室为载体逐步推进校企合作发展。在协同创新中心共建上，2016 年各地建设各级协同创新中心 478 个，2017 年建设各级协同创新中心 727 个，2018 年建设各级协同创新中心 976 个，2019 年教育部认定了 480 个国家级协同创新中心。各地通过校地、校校、校所、校企等合作，围绕行业、企业共性关键技术问题，协同开展技术创新攻关与开发，构建应用技术协同创新中心，促进了校企资源共享和企业发展服务。在建立技能大师工作室上，2016 年建设了 549 个，2017 年建设各类大师工作室 902 个，2018 年建设各类大师工作室 983 个，2019 年教育部认定了 98 个国家级技能大师工作室。大师工作室在校内指导学生、抢救非物质文化遗产及挖掘传统工艺、承担科研课题、成果转化上取得了丰富成果。

六是全面推进现代学徒制 《行动计划》项目实施以来，31 个承接省份（含兵团）深入实施现代学徒制试点，促进产教融合，2018 年建设试点 592 个，参与企业 4 700 多家，试点专业点 2 100 多个，涉及学生 13.6 万人，参与现代学徒制培育的企业师傅近 3 万人，校企共建以现代学徒制培养为主的特色学院 650 个，推动高职院校与当地企业合作办学、合作育人、合作发展。2018 年参与骨干专业现代学徒制试点的合作企业共有 7 771 家，参与学生人数为 190 355 人，开展现代学徒制试点的骨干专业平均与约 2 家企业深度合作，平均参与学生数约为 39 人，均比 2017 年有较为明显的增长。

（四）质量保障机制日趋完善

各地自觉履行政府责任，落实生均拨款制度，建立多渠道筹资机制，保障高职院校持续发展；不断深化“放管服”改革，推进高职院校人事制度改革，保障学校用人自主权；统筹高职教育研究工作，加强高职教育研究机构和队伍建设，加大支持研究工作，取得了一系列高职教育研究成果。高职院校不断完善内部治理结构，逐步建立现代大学制度，积极吸收社会力量参与，推进民主管理，完善依法治校；自觉树立质量意识，巩固国家、省、院校（企业）三级质量年度报告发布制度，扎实推进内部质量保证体系建设，开展教学诊断与改进工作（以下简称诊改）。逐步形成政府依法履职、院校自主保证、社会广泛参与，教育内部保证与教育外部评价协调配套的现代职业教育质量保障机制。

一是落实高职生均拨款制度 《中国教育经费统计年鉴》显示，全国各地高职高专学校生均公共财政预算教育经费支出的平均水平数据，2015 年为 12 751.14 元，2016 年为 13 274.17 元，2017 年为 15 455.13 元，年平均增长率超过 15%，总体呈逐年递增趋势。各地生均公共财政预算教育经费支出平均水平已超过 12 000 元，基本落实了《财政部教育部关于建立完善以改革和绩效为导向的生均拨款制度加快发展现代高等职业教育的意见》有关“2017 年各地高职院校年生均财政拨款水平应当不低于 12 000 元”的要求。《2019 中国高等职业教育质量年度报告》显示，生均财政经费保障水平各地区差异仍然较大，北京、上海、西藏、青海、甘肃、内蒙古 6 个省份的高职院校生均公共财政预算教育经费支出水平超过 2 万元；尚有 50 所独立设置的公办高职院校生均财政拨款不足 3 000 元。生均拨款作为高职院校的办学基本保障仍需各地持续发力、不断强化。

二是优化高职院校治理结构 高职院校不断完善以章程为核心的现代职业学校制度体系，健全学校理事会或董事会、校级学术委员会、校级专业建设委员会和教材选用委员会等，形成学校自主管理、自我约束的体制机制，不断推进院校治理能力现代化。截至 2018 年底，共有 1 157 所院校制定（修订）高等职业院校章程，1 093 所院校章程经省级教育主管部门核准发布。各高职院校规范行政、学术和民主管理等权力运行方式，设立校级学术委员会，作为校内最高学术机构，统筹行使学术事务的决策、审议、评定和咨询等职权。高职院校从地方经济特点及人才需求出发，积极吸收社会力量参与办学，明确利益相关方的权利和责任，推动设立有办学相关方代表参加的理事会或董事会机构。承接任务的 26 个省份中，共有 828 所高职院校成立学术委员会，320 所高职院校成立理事会，179 所高职院校成立董事会。

三是巩固质量年报发布制度　我国高职教育建立了国家、省和院校（企业）三级质量年度报告发布制度，中国高等职业教育质量年报已成为我国高职教育主动向社会展示人才培养水平、公布教育教学质量、接受群众监督、回应社会关切、推行阳光政务的重要渠道与举措。国家高职质量年报从第三方视角，对全国高职教育的投入质量、过程质量和结果质量进行详细分析，以客观公正的角度、翔实的数据、典型的案例，向全社会展示了近年来我国高等职业教育发展的基本状况；各省在组织辖区职业院校报送质量年报的同时，组织相关专家编写高水平的省级质量年报，并对各职业院校编制的质量年报进行合规性审查，强化对质量报告发布情况和撰写质量的监督管理；各职业院校把发布高等职业教育质量年报，作为展示办学水平、体现校务公开、回应社会关切、主动接受群众监督的重要内容和自觉行动。《行动计划》实施以来，发布质量年报的高职院校从 2015 年的 1 277 所增长到 2018 年的 1 352 所，高职质量年报制度全面落实，高职院校实现了应报尽报。

四是建立健全诊断改进机制　高职院校切实履行人才培养工作质量保证主体的责任，不断推进全员、全过程、全方位的内部质量保证体系建设，逐步建立常态化的职业院校自主保证人才培养质量的机制。教育部确定了 9 个省份 27 所高职院校开展教学诊改试点工作。各地成立了省级诊改工作专家委员会，制定了省级高职院校内部质量保证体系诊断与改进工作实施方案，明确了诊改工作推进时间表和工作步骤，确定了 252 所省级诊改试点院校，部分省份开展了省级诊改复核。高职院校积极开展诊改工作，扎实推进内部质量保证体系建设。

五是改进高职教师管理　各地深化师资队伍建设改革，突出教师的思想政治素质、师德师风建设；推动固定岗和流动岗相结合的职业院校教师人事管理制度改革。围绕完善专业技术职务评聘办法，突出职业教育特点；加强“双师素质”建设，整体优化教师素质；推动分类管理分类评价人事管理制度改革，推行按岗聘用竞聘上岗；完善教师绩效评价标准，保障学校用人自主权等方面开展工作，取得一系列突出成效。

六是加强相关理论研究　高职教育研究机构建设得到加强，形成了国家、省级、市（地）、学院四级研究机构体系，560 所高职院校设立了高等职业教育研究机构，配备了全职专业研究工作人员，高等职业教育研究经费逐年递增。《行动计划》实施以来，各研究机构和高职院校围绕“优质校”“骨干专业”“现代学徒制”“诊断与改进”“工匠精神”等高职教育发展核心问题开展研究，在核心期刊中发表论文数量和研究课题立项数量呈现逐年增加，取得了丰硕的研究成果。

（五）思政教育质量稳步提高

高职教育战线贯彻落实习近平总书记在全国教育大会、全国高校思想政治工作会议和学校思想政治理论课教师座谈会上重要讲话精神，聚焦立德树人根本任务，对标《高校思想政治工作质量提升工程实施纲要》要求，把思想政治工作贯穿教育教学全过程，实现全员育人、全程育人、全方位育人。

一是推动高职院校党建工作迈上新台阶 各院校着力基层党建创新，激发党建工作活力，认真执行《普通高等学校学生党建工作标准》《关于加强新形势下高校教师党支部建设的意见》，大力推进高校教师党支部建设的制度化、规范化、科学化，扩大高校基层党组织覆盖面，增强学生党支部、教师党支部的战斗堡垒作用。2018年教育部推动开展全国党建工作示范高校、标杆院系、样板支部培育创建工作，湖南化工职业技术学院党委入选“全国党建工作示范高校”培育创建单位，深圳信息职业技术学院软件学院党总支入选首批“全国党建工作标杆院系”培育创建单位，安徽职业技术学院机电工程学院教工党支部、西安航空职业技术学院航空制造工程学院教工党支部等76个单位入选首批“全国党建工作样板支部”培育创建单位。

二是推进“思政课程”和“课程思政”同向同行 思想政治工作是学校各项工作的生命线。各地遵循思想政治工作规律、教书育人规律和学生成长规律，推进思政理论课机构建设攻坚、师资质量攻坚、网络教学攻坚、教学成效攻坚，充分发挥了思政理论课铸魂育人关键课程的主渠道作用。大力推进“课程思政”改革，促进各类课程与思想政治理论课同向同行，形成协同效应，实现了知识传授、价值引领和能力提升的有机统一。抓住推进课程思政改革的契机，积极构建“三全”育人格局。河北工业职业技术学院入选教育部“三全育人”综合改革试点高校、安徽医学高等专科学校护理学部、南京信息职业技术学院士官学院、江苏农牧科技职业学院动物医学院入选教育部“三全育人”综合改革试点院（系）。截至2018年年底，全国高职院校共建马克思主义学院267所，其中广东31所、江苏28所、山东20所。《行动计划》“加强和改进学生思想政治教育工作”各项任务执行率达到100%。

三是培育和践行社会主义核心价值观教育呈现新气象 各地不断创新形式与路径，丰富内容与载体，深入组织开展社会主义核心价值观和中国梦主题宣传教育活动，开展社会主义核心价值观专项调研、领导干部上讲台宣讲等活动，推进社会主义核心价值观培育融入人才培养全过程。山西省发布《关于开展培育和践行社会主义核心价值观示范校创建工作的通知》，安徽省出台《关于深化高校教学改革加强大学生社会责任教育的意见》，把培育和践行社会主义核心价值观推向深入。各地组织师生深入学习贯彻习近平总书记在中国政法大学、北京大学考察时的重要讲话精神，开展纪念建党、建国、红军长征胜利、抗战胜利等宣传教育活动。湖南省各高职院校组织开展“学习贯彻十九大精神专题活动”，共举办学习党的十九大精神专题活动、报告会2 531场次，打造了习近平新时代中国特色社会主义思想“天天见”“天天新”“天天深”活动品牌。

四是促进职业技能培养与职业精神养成融合发展 高职院校聚焦立德树人根本任务，不断优化文化育人顶层设计，将文化育人工作落细、落小、落实。加强文化素质教育，坚持知识学习、技能培养与品德修养相统一，将人文素养和职业素质教育纳入人才培养方案。切实加强实践育人工作，把社会实践活动与课堂教学摆在同等重要的位置，引导学生在深入实践中锻炼本领，增长才干，升华职业精神。5所高职院校入选“全国高校实践育人创新创业基地”。学生社团数量、学生参与社团活动人数、社团活动经费投入实现大幅度增长，社团活动更加丰富多彩，各类社团的育人平台作用更加突出。高职院校牢固树立健康第一思想，高度重视体育运动在培养学生团队合作意识、坚强意志品质等方面的重要作用，切实加大《高等学校体育工作基本标准》落实力度，促进了学校体育运动发展和学生体质健康水平提升。

2005 年，国务院提出重点建设 100 所国家示范性高等职业院校；2006 年，启动国家示范性高职院校建设计划，先后遴选了 100 所高职院校给予重点支持，使其在短时间内改善办学条件、提升办学水平；2010 年，国家骨干高职院校建设计划启动，中央财政重点支持学校增加至 200 所，高职院校办学体制机制、环境政策显著优化，服务能力持续增强。持续 10 年的示范（骨干）高职院校建设计划通过扶优扶强，助推一批优秀高职院校成为“改革的示范、发展的示范和管理的示范”，取得了显著的点上改革成效，亟须在面上推动高职教育整体质量提升。《行动计划》是教育部第一个专门针对高职教育全面系统规划改革发展的指导文件，它适应高职改革发展大势，沿着既定改革方向、与示范（骨干）高职院校建设计划一脉相承、逐步推进，实现了高职教育改革从典型引路到全面质量提升的转型升级。同时，《行动计划》为高职教育战线落实《国家职业教育改革实施方案》各项任务、加快推进“双高计划”实施，凝聚了创新共识、夯实了发展基础、储备了改革动力，成为高职教育承前启后、持续提升的重要行动，在高职教育发展历史中书写了重要一页。

第三章 扩大优质教育资源

《行动计划》发挥优质高职院校标杆引领作用，创新形式推进高水平高职院校建设，一批高水平高职院校逐渐显现，中国特色职业教育发展模式初步搭建。各地紧贴产业发展布局骨干专业，各院校面向区域或行业重点产业建设骨干专业，依托优质规模企业共建生产性实训基地，专业建设水平得到整体提升。持续探索中外合作办学新途径、新模式，逐步由引进优质教育资源向输出高质量专业教学标准、课程体系、教学资源转变，国际化水平得到有效提升，具备打造中国职业教育国际品牌的基础条件。以“四有”标准打造数量充足、专兼结合、结构合理的高水平双师队伍，专兼职教师队伍建设水平得到进一步增强。全面推进信息技术在高职教育教学中的应用，管理效能和水平得以提升，优质教育资源的总量和覆盖面得到持续扩大，助力教育服务供给模式升级。开展本科层次职业教育试点，高等职业教育结构不断完善。围绕区域经济发展的人才需求组建多类职教集团，治理结构与运行机制进一步健全，集团化办学覆盖面进一步扩大，实体化运作有序推进，资源共建共享得到完善。全面实施东中西部区域间联动与区域内帮扶，区域高等职业教育均衡程度和社会认可度明显提高。

《行动计划》“扩大优质教育资源”包含20个任务（RW–1到RW–20）、10个项目（XM–1到XM–10）。

一、提升专业建设水平

各地服务国家发展战略，面向区域或行业重点产业，以骨干专业建设为核心，校企深度合作共建生产性实训基地，持续促进专业资源整合和结构优化，高水平专业（群）的集聚效应和服务功能得到不断发挥，人才培养供给侧和产业需求侧结构要素逐步实现全面融合，专业（群）水平整体提升。

“提升专业建设水平”包括骨干专业建设（编号：XM–1）、校企共建的生产性实训基地建设（编号：XM–2）两个项目。

（一）骨干专业项目执行情况

1. 总体执行情况　根据《关于确定〈高等职业教育创新发展行动计划（2015—2018年）〉任务（项目）承接单位的通知》（下文简称《任务（项目）承接通知》），全国32个省份[①]计划承接骨干专业 3 800 个。《行动计划》管理平台、教育部通报数据显示，2016 年有 30 个省份，执行建设 3 159 个；2017 年有 31 个省份，执行建设 3 930 个，增加 771 个；2018 有 32 个省份，执行建设 4 918 个，比 2016 年增加 1 759 个（增幅 55.68%），比计划承接数增加 1 118 个（表 3–1–1）。

表 3–1–1 骨干专业项目执行与布点情况

执行时间	执行省份数量	骨干专业布点数
2016 年	30	3 159
2017 年	31	3 930
2018 年	32	4 918

据表 3–1–2 数据分析各省份骨干专业计划承接数、实际执行数、国家认定数，以及本省骨干专业的院校平均计划承接数、院校平均执行数、院校平均认定数。骨干专业院校平均承接数超过 5 个的有广西（5.26 个）、西藏（5 个）2 个自治区。骨干专业院校平均执行数超过 5 个的有浙江（7.29 个）、广西（5.5 个）、辽宁（5.41 个）、福建（5.13 个）4 个省份。

表 3–1–2 各省份骨干专业计划数、执行数、认定数情况

序号	省份	高职院校数	计划承接数	院校平均承接数	实际执行数	院校平均执行数	执行数与承接数的差异值	国家认定数	院校平均认定数	所属区域
1	北京	25	100	4	71	2.8	–29	70	2.8	东部
2	天津	27	120	4.44	134	4.96	14	72	2.67	东部
3	河北	60	120	2	138	2.3	18	120	2	东部
4	山西	47	100	2.13	100	2.13	0	56	1.19	中部
5	内蒙古	36	60	1.67	60	1.67	0	59	1.64	西部
6	辽宁	51	50	0.98	276	5.41	226	95	1.86	东部
7	吉林	25	50	2	97	3.88	47	35	1.4	中部
8	黑龙江	42	100	2.38	109	2.6	9	50	1.19	中部
9	上海	26	20	0.77	93	3.58	73	86	3.31	东部
10	江苏	90	300	3.33	300	3.33	0	265	2.94	东部
11	浙江	48	150	3.13	350	7.29	200	145	3.02	东部

① 如无特别说明，下文省份统计均包含新疆生产建设兵团。

续表

序号	省份	高职院校数	计划承接数	院校平均承接数	实际执行数	院校平均执行数	执行数与承接数的差异值	国家认定数	院校平均认定数	所属区域
12	安徽	74	300	4.05	304	4.1	4	105	1.41	中部
13	福建	52	200	3.84	267	5.13	67	100	1.92	东部
14	江西	57	100	1.75	148	2.6	48	90	1.57	中部
15	山东	78	300	3.85	385	4.94	85	200	2.56	东部
16	河南	79	200	2.53	201	2.54	1	130	1.64	中部
17	湖北	61	200	3.28	319	5.23	119	135	2.21	中部
18	湖南	73	150	2.05	211	2.89	61	155	2.12	中部
19	广东	87	300	3.44	274	3.14	–26	175	2.01	东部
20	广西	38	200	5.26	209	5.5	9	73	1.92	西部
21	海南	12	30	2.5	14	1.16	–16	14	1.16	东部
22	重庆	40	150	3.75	150	3.75	0	64	1.6	西部
23	四川	58	100	1.72	100	1.72	0	98	1.69	西部
24	贵州	41	80	1.95	86	2.09	6	60	1.46	西部
25	云南	45	35	0.78	160	3.56	125	60	1.33	西部
26	西藏	3	15	5	1	0.33	–14	2	0.67	西部
27	陕西	38	150	3.95	184	4.84	34	80	2.11	西部
28	甘肃	27	30	1.11	51	1.88	21	50	1.85	西部
29	青海	8	12	1.5	17	2.13	5	12	1.5	西部
30	宁夏	11	40	3.64	45	4.09	5	28	2.55	西部
31	新疆	27	36	1.33	62	2.3	26	55	2.04	西部
32	兵团	2	2	1	2	1	0	2	1	西部
合计		1 388	3 800	2.74	4 918	3.54	1 118	2 741	1.97	

* 数据来源：2017 年全国高职高专院校数据，教育部发展规划司

各省份骨干专业院校平均承接数、平均执行数与全国骨干专业院校平均认定数对比情况见图 3-1-1、图 3-1-2。

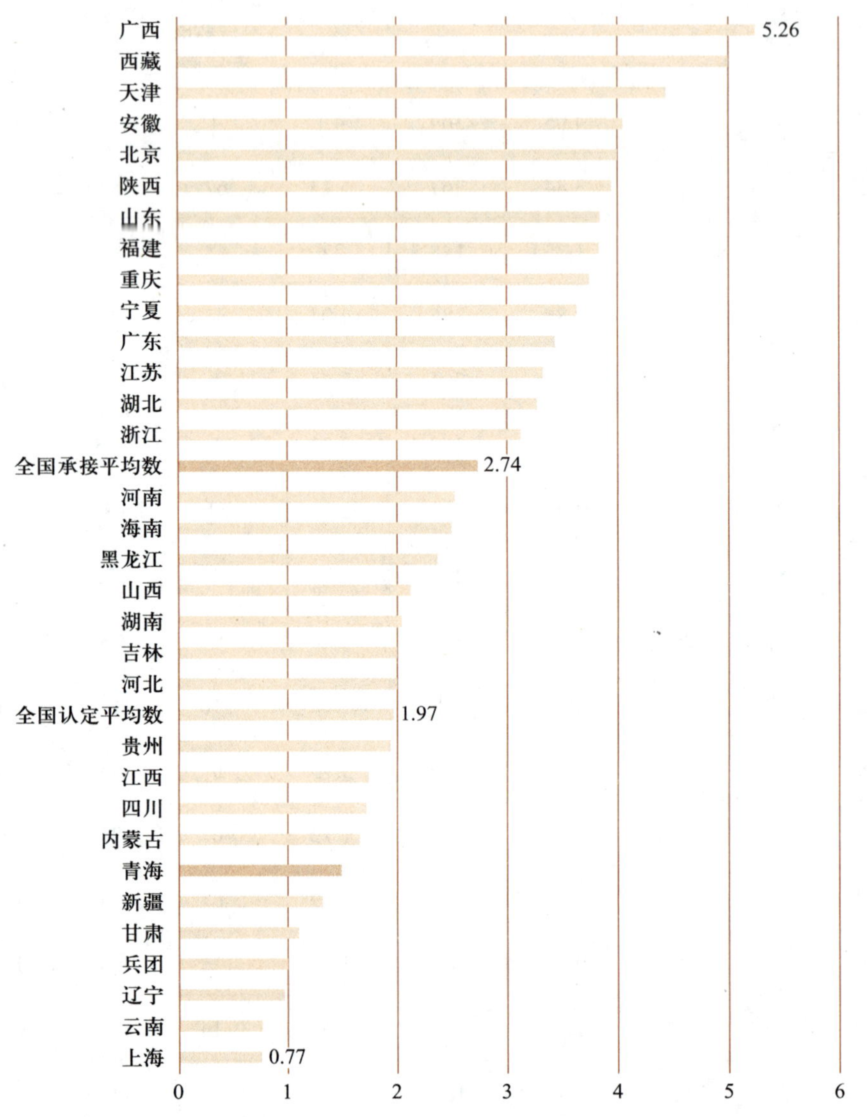

图 3-1-1　各省份骨干专业院校平均承接数分布情况（单位：个）

此外，从全国整体情况看，有 27 个省份骨干专业院校平均承接数与平均执行数基本一致，也存在一些省份骨干专业院校平均承接数与院校平均执行数差异值较大，如辽宁省院校平均承接数 0.98 个，平均执行数 5.41 个；上海市院校平均承接数 0.77 个，平均执行数 3.58 个；西藏自治区院校平均承接数 5 个，平均执行数 0.33 个；云南省院校平均承接数 0.78 个，平均执行数 3.56 个；浙江省院校平均承接数 3.13 个，平均执行数 7.29 个。

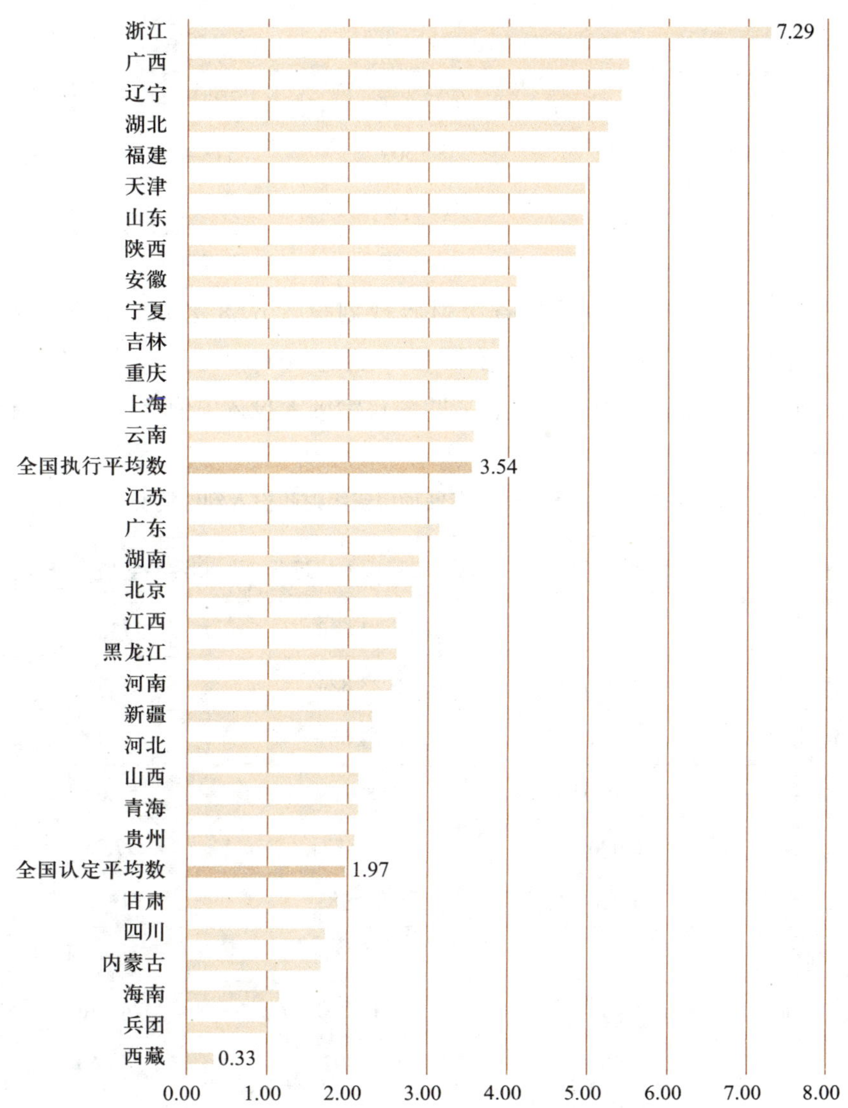

图 3-1-2 各省份骨干专业院校平均执行数分布情况（单位：个）

2. 总体经费投入及省级专项经费到位情况 骨干专业建设带动各级各类经费投入 2017 年为 65.6 亿元，2018 年为 87.7 亿元，共计 153.3 亿元[①]。由表 3–1–3 所知，省级财政专项、学校自筹、地市财政专项资金是骨干专业建设的主要经费来源。

表 3-1-3 骨干专业项目总体经费投入情况

序号	经费来源	2017 年	2018 年	2 年合计
1	省级财政专项资金 / 万元	258 011	366 191	624 202
2	地市级财政专项资金 / 万元	69 906	119 552	189 458
3	行业企业专项资金 / 万元	36 389	66 295	102 684

① 下文如无特殊说明，经费数据均为 2017 年、2018 年数据。

续表

序号	经费来源	2017 年	2018 年	2 年合计
4	学校自筹资金 / 万元	281 309	313 498	594 807
5	其他资金 / 万元	10 350	11 652	22 002
合计 / 万元		655 965	877 188	1 533 153

从表 3–1–4 可知，骨干专业项目省级财政计划投入 67.8 亿元，实际投入 62.4 亿元，总经费到位率为 92.03%。有 18 个省份实际投入超过 10 000 万元，广东省投入最多，为 97 353 万元；新疆生产建设兵团、四川省、西藏自治区无投入。有 14 个省份省级财政投入到位率超过 100%。

表 3–1–4　各省份骨干专业项目省级财政投入到位情况

序号	省份	计划投入 / 万元	实际投入 / 万元	经费到位率 /%	所属区域
1	北京	5 000	13 668	273.36	东部
2	天津	30 000	23 824	79.41	东部
3	河北	24 000	24 681	102.84	东部
4	山西	15 000	8 193	54.62	中部
5	内蒙古	6 000	5 877	97.95	西部
6	辽宁	5 000	38 983	779.66	东部
7	吉林	—	9 837	—	中部
8	黑龙江	5 000	12 273	245.46	中部
9	上海	2 000	4 892	244.60	东部
10	江苏	50 000	40 597	81.19	东部
11	浙江	60 000	44 877	74.80	东部
12	安徽	90 000	14 441	16.05	中部
13	福建	10 000	17 139	171.39	东部
14	江西	20 000	3 932	19.66	中部
15	山东	60 000	31 321	52.20	东部
16	河南	10 000	44 254	442.54	中部
17	湖北	10 000	24 665	246.65	中部
18	湖南	15 000	21 785	145.23	中部
19	广东	45 000	97 353	216.34	东部

续表

序号	省份	计划投入 / 万元	实际投入 / 万元	经费到位率 /%	所属区域
20	广西	100 000	68 258	68.26	西部
21	海南	3 600	345	9.58	东部
22	重庆	15 000	14 747	98.31	西部
23	四川	27 200	0	0.00	西部
24	贵州	8 000	9 022	112.78	西部
25	云南	7 000	4 149	59.27	西部
26	西藏	3 000	0	0.00	西部
27	陕西	30 000	14 442	48.14	西部
28	甘肃	150	16 765	11 176.67	西部
29	青海	2 400	8 687	361.96	西部
30	宁夏	5 000	2 134	42.68	西部
31	新疆	14 400	3 061	21.26	西部
32	兵团	527	0	0.00	西部
合计		678 277	624 202	92.03	

上海、福建等 11 个东部省份骨干专业省级财政投入 33.8 亿元，占比 54.10%；黑龙江、安徽等 8 个中部省份投入 13.9 亿元，占比 22.33%；四川、甘肃等 13 个西部省份投入 14.7 亿元，占比 23.57%。如图 3–1–3 所示，中部省份、西部省份骨干专业省级财政投入与东部省份差距较大，西部省份投入超过了中部省份。

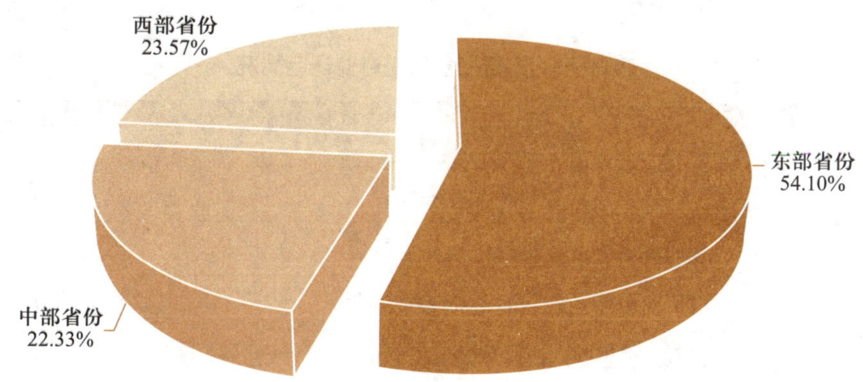

图 3-1-3　骨干专业项目省级专项经费投入区域分布情况

（二）骨干专业项目认定情况

1. 总体认定情况　2019 年 4 月，《教育部办公厅关于开展〈高等职业教育创新发展行动计划（2015—2018 年）〉项目认定的通知》（下文简称《项目认定通知》）确定骨干专业认定限额数为 3 000 个，其中各省份限额 2 746 个，行指委限额 254 个。2019 年 7 月，教育部公布国家骨干专业最终认定数为 2 919 个，其中 32 个省份认定 2 740 个，28 个行指委认定 179 个。

2 919 个骨干专业点覆盖 897 所高职院校，占 1 017 所承接项目建设院校的 88.2%，占 2018 年全国 1 418 所高职院校的 63.25%。

2. 骨干专业省份、区域、行指委分布情况 从区域分布来看，江苏、山东等 11 个东部省份骨干专业认定数为 1 342 个，占比 48.96%；湖南、湖北等 8 个中部省份认定数为 756 个，占比 27.58%；四川、陕西等 13 个西部省份认定数为 643 个，占比 23.46%。如图 3–1–4 所示，西部地区骨干专业认定数与中部地区相差不大，而西部、中部地区与东部地区差距较大。四川、广西等西部省份骨干专业认定数甚至高于部分东、中部省份。

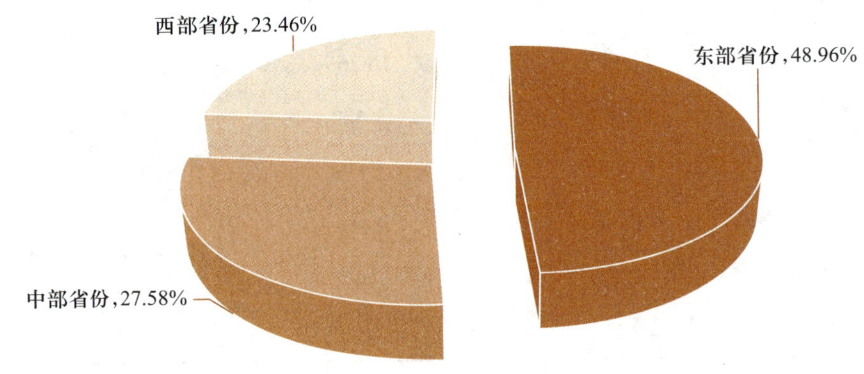

图 3–1–4 骨干专业认定数的区域分布情况

从行指委分布看，有 28 个行指委共认定了 179 个骨干专业，认定数前五位分别为机械职业教育教学指导委员会、交通运输职业教育教学指导委员会、电子商务职业教育教学指导委员会、住房和城乡建设职业教育教学指导委员会、中医药职业教育教学指导委员会（表 3–1–5）。

表 3–1–5 行指委骨干专业认定情况

序号	行指委名称	认定数量
1	机械职业教育教学指导委员会	22
2	交通运输职业教育教学指导委员会	20
3	电子商务职业教育教学指导委员会	18
4	住房和城乡建设职业教育教学指导委员会	12
5	中医药职业教育教学指导委员会	12
6	物流职业教育教学指导委员会	10
7	石油和化工职业教育教学指导委员会	9

续表

序号	行指委名称	认定数量
8	林业职业教育教学指导委员会	9
9	文化艺术职业教育教学指导委员会	8
10	食品药品职业教育教学指导委员会	8
11	全国建材职业教育教学指导委员会	5
12	工业和信息化职业教育教学指导委员会	5
13	职业院校外语类专业教学指导委员会	4
14	冶金职业教育教学指导委员会	4
15	食品工业职业教育教学指导委员会	4
16	有色金属职业教育教学指导委员会	3
17	全国民政职业教育教学指导委员会	3
18	旅游职业教育教学指导委员会	3
19	供销合作职业教育教学指导委员会	3
20	船舶工业职业教育教学指导委员会	3
21	职业院校艺术设计类专业教学指导委员会	2
22	卫生职业教育教学指导委员会	2
23	水利职业教育教学指导委员会	2
24	商业职业教育教学指导委员会	2
25	粮食职业教育教学指导委员会	2
26	广播影视职业教育教学指导委员会	2
27	纺织服装职业教育教学指导委员会	1
28	测绘地理信息职业教育教学指导委员会	1
合计		179

（三）服务区域产业转型发展

当前经济处在转型升级的关键时期，需要大量的技术技能人才。2019 年 4 月，孙春兰副总理在全国深化职业教育改革电视电话会议上指出“到 2020 年，制造业人才缺口大约 2 200 万，其中信息技术产业缺口 750 万，服务业缺口更大，仅家政、养老、护理服务人员，至少缺口要 2 000 多万”。骨干专业是高素质技术技能人才培养的重要载体，由骨干专业总体布局、专业大类布局、对接产业结构分布等情况可知，骨干专业主要集中在装备制造、现代服务、电子信息等产业，与我国建设制造强国，加快产业结构升级密切相关。同时，骨干专业分布与我国产业结构吻合度高。

1. 骨干专业总体布局情况　2 919 个骨干专业点涉及 400 个专业，占《普通高等学校高等职业教育（专科）专业目录》（含 2016—2018 年新增专业）770① 个专业数的 51.95%。其中，超过 50 个专业点的专业有 12 个，分别为机电一体化技术、会计、护理、电子商务、物流管理、电气自动化技术、建筑工程技术、软件技术、学前教育、机械制造与自动化、数控技术、汽车检测与维修技术专业，共有 875 个专业点，占总专业点的 29.99%，见图 3–1–5。

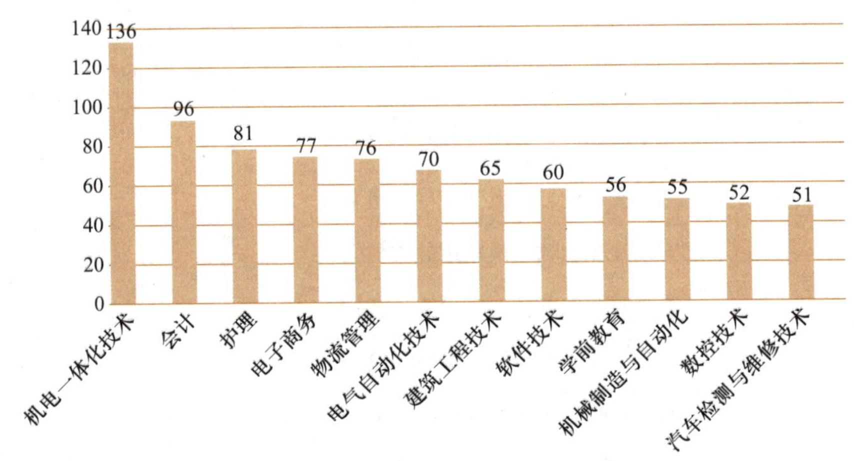

图 3–1–5　布点数超过 50 个院校的骨干专业情况（单位：个）

2. 专业大类布局情况　如表 3–1–6 所示，2 919 个骨干专业点中，装备制造大类专业布点 548 个，占比 18.77%；财经商贸大类专业布点 407 个，占比 13.94%；电子信息大类专业布点 304 个，占比 10.41%。公安与司法大类、水利大类、新闻传播大类专业布点最少。

表 3–1–6　骨干专业的专业大类分布情况

序号	专业大类名称	专业数量	占比
1	装备制造大类	548	18.77%
2	财经商贸大类	407	13.94%
3	电子信息大类	304	10.41%
4	医药卫生大类	246	8.42%
5	交通运输大类	224	7.67%
6	土木建筑大类	188	6.44%
7	农林牧渔大类	170	5.82%
8	文化艺术大类	137	4.69%

① 2015 年专业目录是总专业数为 748 个，2016 年新增 3 个、2017 年新增 6 个、2018 年新增 13 个。

续表

序号	专业大类名称	专业数量	占比
9	教育与体育大类	125	4.28%
10	旅游大类	104	3.60%
11	生物与化工大类	92	3.15%
12	食品药品与粮食大类	76	2.60%
13	能源动力与材料大类	74	2.53%
14	资源环境与安全大类	74	2.53%
15	轻工纺织大类	46	1.58%
16	公共管理与服务大类	32	1.10%
17	公安与司法大类	27	0.92%
18	水利大类	24	0.82%
19	新闻传播大类	21	0.72%

3. 专业结构对接产业结构分布情况　如图 3–1–6 所示，2 919 个骨干专业点中面向第三产业的布点数最多，为 1 726 个，占比 59.18%；面向第二产业的布点数次之，为 1 022 个，占比 35.00%；面向第一产业的布点数最少，为 170 个，占比 5.82%。与我国目前第一、第二、第三产业占比发展趋势一致。

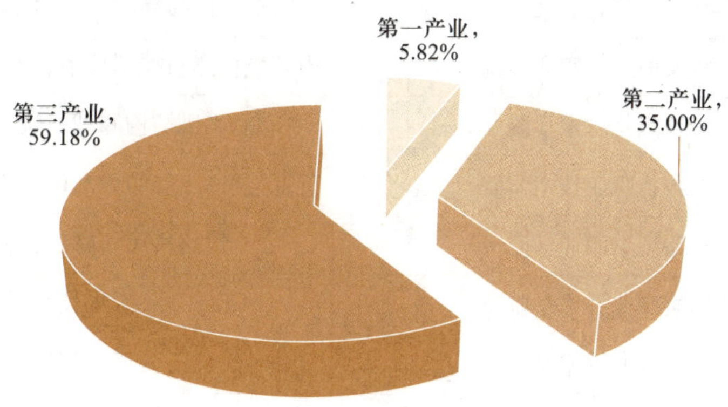

图 3-1-6　面向三次产业的骨干专业布点占比情况

案例 1：打造特色专业（群），服务区域产业发展

甘肃省对接装备制造、新材料新能源、地质矿产等支柱产业与特色产业，建设 63 个骨干专业；黑龙江省对接“龙江制造 2025”“打造现代农业排头兵”“两座金山银山”等重大战略建设骨干专业；福建省紧贴电子信息、石油化工、机械装备、现代物流、金融服务、文化创意等重点支柱产业布局骨干专业；湖南省着力打造“湘字牌”特色专业群，目前已建成“湘字牌”特色专业群 9 个，覆盖“湘绣”“湘瓷”“湘菜”“湘茶”“湘戏”5 大专业群。

湖南工艺美术职业学院聚力打造湖湘工艺美术特色专业群，湘绣特色专业群助推湖南湘绣产业年产值从 2006 年的 6.5 亿元增长到 2017 年的 28.5 亿元。长沙商贸旅游职业技术学院着力打造服务湘菜中下游产业链的“湘菜”专业群，开发了百余种湘菜新品种，培养了上万名湘菜产业技术技能人才，有力助推了湘菜产业发展。湖南高速铁路职业技术学院紧密对接高铁产业，组建了高铁运营与维护等 6 个专业群，培养技术技能型人才 7 万余名，培训铁路员工 20 万余人。

廊坊职业技术学院畜牧兽医专业依托“伟嘉”“首农”等名企，面向京津冀养殖业，与企业共建“动物健康检测与评价中心”和“中地奶业学院”，自办企业和社团常年为养殖企业服务，接受企业技术咨询 3 万余次。技术服务辐射范围涉及京津冀 20 多个县区，对区域畜牧经济发展起到了重要支撑作用。

4. 具有鲜明特色的骨干专业布局情况 2 919 个骨干专业点中，只有 2 个布点的专业有 56 个，只有 1 个布点的专业有 138 个，其中有 105 个专业的建设特色与所属院校的办学特色基本一致，这些骨干专业体现学校鲜明的行业、产业特色，如表 3–1–7 所示。部分特色鲜明的骨干专业与本地支柱产业紧密关联。

表 3–1–7 特色鲜明的骨干专业布局情况（部分）

序号	院校名称	只有 1 个布点的骨干专业
1	上海出版印刷高等专科学校	印刷设备应用技术、数字印刷技术、数字出版
2	四川水利职业技术学院	水利水电工程技术
3	渤海船舶职业学院	船舶通信与导航、船舶涂装工程技术
4	广东环境保护工程职业学院	室内环境检测与控制技术、工业节能技术专业
5	广州民航职业技术学院	飞机结构修理、航空物流
6	浙江纺织服装职业技术学院	纺织品设计
7	武汉铁路桥梁职业学院	铁路桥梁与隧道工程技术
8	山西煤炭职业技术学院	选煤技术
9	江西建设职业技术学院	城乡规划
10	湖南铁道职业技术学院	铁道机车车辆制造与维护
11	湖南安全技术职业学院	安全生产监测监控、烟花爆竹技术与管理
12	湖南现代物流职业技术学院	物流工程技术、物流信息技术
13	安徽广播影视职业技术学院	广播电视技术
14	满洲里俄语职业学院	应用俄语
15	山东畜牧兽医职业学院	食品检测技术、饲料与动物营养
16	石家庄邮电职业技术学院	邮政通信管理

案例 2：对接地方支柱产业，真正体现“当地离不开”

服务区域支柱产业是高职院校骨干专业建设的重要使命。河北工业职业技术学院的轧钢工程技术专业，服务河北省支柱产业——钢铁冶金产业；云南林业职业技术学院的木材加工技术、野生植物资源保护与利用专业，服务云南省支柱产业——农林牧渔业及农林牧渔服务业。酒泉职业技术学院风力发电工程技术、太阳能光热技术与应用专业，服务酒泉市支柱产业——新能源装备制造业、节能环保产业；克拉玛依职业技术学院油气开采技术、油气地质勘探技术专业，服务克拉玛依市支柱产业——能源产业；南通航运职业技术学院的船舶机械工程技术等专业，服务南通市重点支柱产业——船舶海工产业。

（四）创新人才协同培养模式

各高职院校不断优化校企协同育人机制，实施现代学徒制、订单培养等人才培养模式，共同推进骨干专业校企深度合作。

1. 现代学徒制试点成为骨干专业深化工学结合人才培养模式的重要方式 2015 年以来，教育部持续推进三批现代学徒制试点，共立项确定试点高职院校 411 所、试点专业 1 035 个。从全国整体情况看，有 29 个省份的 223 所院校将本校骨干专业作为现代学徒制试点专业，并以此来促进人才培养模式创新。北京交通运输职业学院、徐州工业职业技术学院各有 6 个现代学徒制试点专业均为骨干专业；广西农业职业技术学院、青岛酒店管理职业技术学院、新疆农业职业技术学院等院校各有 4 个现代学徒制试点专业均为骨干专业；黄河水利职业技术学院、沈阳职业技术学院、潍坊职业学院等院校各有 3 个现代学徒制试点专业均为骨干专业。数据显示，2018 年参与骨干专业现代学徒制试点的合作企业共有 7 771 家，参与学生人数为 190 355 人，开展现代学徒制试点的骨干专业平均与约 2 家企业深度合作，平均参与学生数约为 39 人，均比 2017 年有较明显增长。

2. 企业参与度广，订单班数量和在校生人数持续增长 2016 年全国骨干专业订单班总量为 5 933 个，在校生人数为 144 389 人，班均学生数为 24.34 人。2018 年订单班总数为 7 998 个，在校生人数为 252 879 人，班均学生为 31.62 人。数据表明，大部分院校骨干专业建设过程均有企业的深度参与，随着时间推移，参与度大幅提升，持续推动人才培养模式创新。

案例 3：联合行业龙头企业，创新专业人才培养模式

陕西工业职业技术学院机电一体化技术、机械制造与自动化等骨干专业与世界 500 强企业亿滋（中国）公司全面深度合作，通过合作定位培养目标、制定培养方案，合作打造教学团队、开发课程及教材、构建评价体系，合作跟踪毕业生职业发展等途径形成了“1+10”亿滋订单人才培养模式，形成了“三维六位一体”顶岗实习管理模式。

安徽医学高等专科学校药品生产技术专业与企业组成订单班“金斯瑞班”，采取“双轮实训，学训交替，在岗培养，岗位成才”的模式，根据企业需求开设特色课程，由企业老师入校讲授。顶岗实习期间，实施企业班组化管理模式，根据不同岗位特点，1 个师傅带

2~5 个徒弟，组成学习小组，确保学生熟练掌握每个轮训岗位所需的技能。

辽宁城市建设职业技术学院依托辽宁建设职业教育集团优势资源，建筑工程技术专业与中国北方建设有限公司、华润置地集团等特级资质企业和大型企业合作，构建“四双、五平台”人才培养模式，共建土建模拟实训场等校内外实训基地，成立特级企业质量安全订单班，共建双核心“3+3”模式的课程体系。

（五）提升专业整体发展水平

各高职院校通过建设骨干专业，在人才培养质量、社会服务能力等方面实现有效提升。

1. 骨干专业对考生和家长的吸引力持续增强　2016 年全国高职院校骨干专业平均在校生人数约为 548 人，2018 年增长到 561 人，远超一般专业平均在校生数。2016 年骨干专业招生平均人数约为 208 人，2018 年基本持平。截至 12 月 31 日骨干专业平均参加就业人数 2017 年为 204 人，2018 年为 220 人，招生就业规模呈现递增趋势。

2. 骨干专业的整体发展水平持续提高　2017 年骨干专业平均有实训基地 8.71 个，2018 年为 9.59 个；2017 年平均有专任教师 19.83 人，2018 年为 19.84 人；2017 年专任教师中“双师型”教师数平均为 15.6 人，2018 年为 16 人；2017 年骨干专业平均有 2.37 人在国家级技能大赛获奖，2018 年为 2.43 人；2017 年平均 6.57 人在省级技能大赛获奖，2018 年为 7.15 人，均高于全国平均数。

3. 骨干专业社会服务能力持续提升　2016 年骨干专业平均提供社会培训 1 368 人•天，2018 年为 3 564 人•天，增长了 160.53%。2017 年横向技术服务到款额平均为 19.61 万元，2018 年为 22.67 万元，增长了 15.6%。2018 年纵向科研经费到款额平均为 22.10 万元，技术交易到款额平均为 11.98 万元，比 2016 年有所增加。

（六）生产性实训基地项目执行情况

1. 总体执行情况　根据《任务（项目）承接通知》，全国 29 个省份计划承接生产性实训基地 1 652 个。2016 年有 27 个省份，执行建设 1 551 个；2017 年有 29 个省份，执行建设 1 993 个，增加 442 个；2018 年有 29 个省份，执行建设 2 567 个，比 2016 年增加 1 016 个（增幅 65.61%），比计划承接数增加 915 个（表 3–1–8）。

表 3–1–8　2016—2018 年生产性实训基地项目执行情况表

执行年份	执行省份数量	执行数量
2016 年	27	1 551
2017 年	29	1 993
2018 年	29	2 567

表 3–1–9 数据显示，各省份生产性实训基地院校平均承接数超过 3 个的省份仅有北京（4 个）；院校平均执行数超过 3 个的省份有重庆（3.23 个）、广东（3.13 个）、天津（3 个）。

各省院校平均认定数介于0.33个至2个之间，全国院校平均认定数为0.83个。

表3-1-9 各省份生产性实训基地计划数、执行数、认定数情况

序号	省份	本省高职院校数	本省计划承接数	院校平均承接数	本省实际执行数	院校平均执行数	执行数与承接数的差异值	国家认定数	院校平均认定数	所属区域
1	北京	25	100	4	38	1.52	−62	27	1.08	东部
2	天津	27	60	2.22	81	3	21	42	1.56	东部
3	河北	60	50	0.83	48	0.8	−2	45	0.75	东部
4	山西	47	90	1.91	125	2.66	35	25	0.53	中部
5	吉林	25	30	1.2	17	0.68	−13	17	0.68	中部
6	黑龙江	42	80	1.9	85	2.02	5	30	0.71	中部
7	上海	26	15	0.58	42	1.62	27	30	1.15	东部
8	江苏	90	100	1.11	227	2.52	127	100	1.11	东部
9	浙江	48	100	2.08	142	2.96	42	80	1.67	东部
10	安徽	74	120	1.62	126	1.7	6	50	0.68	中部
11	福建	52	50	0.96	102	1.96	52	38	0.73	东部
12	江西	57	40	0.7	62	1.09	22	36	0.63	中部
13	山东	78	60	0.77	201	2.58	141	70	0.9	东部
14	河南	79	100	1.27	100	1.27	0	52	0.66	中部
15	湖北	61	100	1.64	153	2.51	53	60	0.98	中部
16	湖南	73	30	0.41	144	1.97	114	40	0.55	中部
17	广东	87	150	1.72	272	3.13	122	75	0.86	东部
18	广西	38	30	0.79	48	1.26	18	30	0.79	西部
19	海南	12	15	1.25	4	0.33	−11	4	0.33	东部
20	重庆	40	50	1.25	129	3.23	79	30	0.75	西部
21	四川	58	100	1.72	100	1.72	0	40	0.69	西部
22	贵州	41	30	0.73	19	0.46	−11	15	0.37	西部
23	云南	45	24	0.53	108	2.4	84	25	0.56	西部
24	陕西	38	80	2.11	104	2.74	24	45	1.18	西部
25	甘肃	27	15	0.56	41	1.52	26	30	1.11	西部
26	青海	8	8	1	11	1.38	3	7	0.88	西部

续表

序号	省份	本省高职院校数	本省计划承接数	院校平均承接数	本省实际执行数	院校平均执行数	执行数与承接数的差异值	国家认定数	院校平均认定数	所属区域
27	宁夏	11	3	0.27	8	0.73	5	8	0.73	西部
28	新疆	27	22	0.81	28	1.04	6	25	0.93	西部
29	兵团	2	4	2	4	2	0	4	2	西部
合计		1 298	1 656	1.28	2 569	1.98	913	1 080	0.83	

2. 总体经费投入及省级财政投入到位情况　生产性实训基地项目各级各类财政专项经费投入 2017 年为 40.2 亿元，2018 年为 49.7 亿元，共计 89.9 亿元。如表 3–1–10 所示，学校自筹、省级财政专项资金是生产性实训基地建设主要经费来源。

表 3-1-10　生产性实训基地项目总体经费投入情况

序号	经费来源	2017 年	2018 年	2 年合计
1	省级财政专项资金 / 万元	136 040	161 789	297 829
2	地市级财政专项资金 / 万元	22 235	41 084	63 319
3	行业企业专项资金 / 万元	66 089	102 943	169 032
4	学校自筹资金 / 万元	167 351	174 981	342 332
5	其他资金 / 万元	10 299	15 979	26 278
合计 / 万元		402 014	496 776	898 789

从表 3–1–11 可知，生产性实训基地项目省级财政计划投入 31.7 亿元，实际投入 24.7 亿元，总经费到位率是 77.95%。有 7 个省份实际投入超过 1 亿元，浙江省投入最多，为 6.6 亿元；新疆生产建设兵团无投入。有 6 个省份省级经费到位率超过 100%。

表 3-1-11　生产性实训基地项目省级财政投入到位情况

序号	省份	计划经费投入 / 万元	实际经费投入 / 万元	经费到位率 /%	所属区域
1	北京	50 000	15 448	30.90	东部
2	天津	18 000	17 319	96.22	东部
3	河北	10 000	7 308	73.08	东部
4	山西	18 000	13 169	73.16	中部
5	吉林	—	4 000	—	中部
6	黑龙江	3 200	2 906	90.81	中部
7	上海	1 500	1 196	79.73	东部

续表

序号	省份	计划经费投入 / 万元	实际经费投入 / 万元	经费到位率 /%	所属区域
8	江苏	10 000	22 623	226.23	东部
9	浙江	1 000	66 413	6 641.30	东部
10	安徽	36 000	4 708	13.08	中部
11	福建	5 000	13 337	266.74	东部
12	江西	8 000	1 716	21.45	中部
13	山东	12 000	5 383	44.86	东部
14	河南	10 000	13 899	138.99	中部
15	湖北	5 000	4 548	90.96	中部
16	湖南	3 000	6 253	208.43	中部
17	广东	22 500	7 627	33.90	东部
18	广西	24 000	7 571	31.55	西部
19	海南	1 500	50	3.33	东部
20	重庆	10 000	1 890	18.90	西部
21	四川	14 000	7 000	50.00	西部
22	贵州	16 500	3 363	20.38	西部
23	云南	4 800	1 396	29.08	西部
24	陕西	16 000	9 676	60.48	西部
25	甘肃	7 500	4 732	63.09	西部
26	青海	1 600	2 366	147.88	西部
27	宁夏	3 000	512	17.07	西部
28	新疆	3 600	386	10.72	西部
29	兵团	900	0	0.00	西部
合计		316 600	246 795	77.95	

河北、山东等 10 个东部省份实训基地项目省级财政投入 15.7 亿元，占比 63.5%；黑龙江、江西等 8 个中部省份投入 5.1 亿元，占比 20.75%；四川、贵州等 11 个西部省份投入 3.9 亿元，占比 15.75%。如图 3–1–7 所示，中部省份、西部省份省级财政投入较为接近，中、西部省份与东部省份投入差距较大。

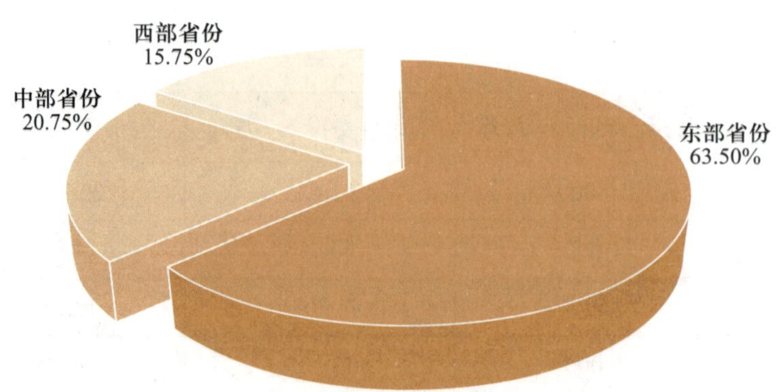

图 3-1-7 生产性实训基地项目省级财政投入区域分布情况

（七）生产性实训基地项目认定情况

1. 总体认定情况 《项目认定通知》确定了生产性实训基地限额数为 1 200 个，其中各省份限额 1 085 个，行指委限额 115 个。2019 年 7 月，教育部公布生产性实训基地最终认定数为 1 164 个，29 个省份认定 1 080 个，28 个行指委认定 84 个。

2. 生产性实训基地区域、行指委、院校分布情况及骨干专业对应情况

从区域分布来看，天津、河北等 10 个东部省份生产性实训基地认定 511 个，占比 47.31%；江西、吉林等 8 个中部省份认定 310 个，占比 28.70%；贵州、甘肃等 11 个西部省份认定 259 个，占比 23.98%。如图 3–1–8 所示，西部地区生产性实训基地认定数与中部地区相差，但西部、中部地区与东部地区差距较大，陕西等西部省份实训基地认定数甚至高于部分东、中部省份。

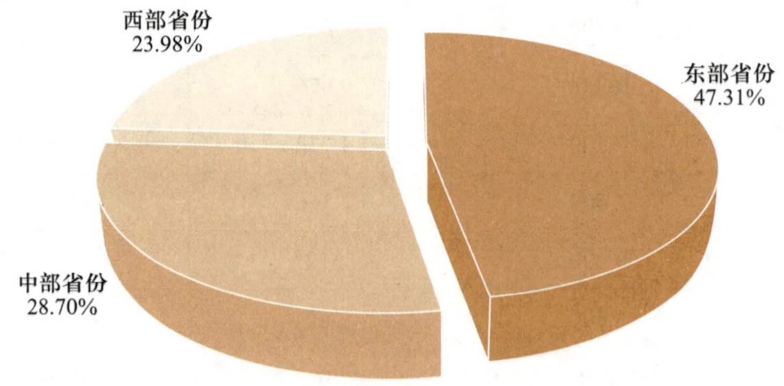

图 3-1-8 认定的生产性实训基地地区分布情况

从行指委分布看，有 26 个行指委共认定了 84 个生产性实训基地，认定数前五位分别为机械职业教育教学指导委员会、文化艺术职业教育教学指导委员会、石油和化工职业教育教学指导委员会、交通运输职业教育教学指导委员会、食品药品职业教育教学指导委员会（表 3–1–12）。

表 3-1-12 行指委生产性实训基地认定情况

序号	行指委名称	认定数量
1	机械职业教育教学指导委员会	9
2	交通运输职业教育教学指导委员会	7
3	石油和化工职业教育教学指导委员会	7
4	文化艺术职业教育教学指导委员会	7
5	食品药品职业教育教学指导委员会	6
6	林业职业教育教学指导委员会	5
7	工业和信息化职业教育教学指导委员会	4
8	住房和城乡建设职业教育教学指导委员会	4
9	供销合作职业教育教学指导委员会	3
10	粮食职业教育教学指导委员会	3
11	食品工业职业教育教学指导委员会	3
12	冶金职业教育教学指导委员会	3
13	有色金属职业教育教学指导委员会	3
14	船舶工业职业教育教学指导委员会	2
15	广播影视职业教育教学指导委员会	2
16	旅游职业教育教学指导委员会	2
17	民政职业教育教学指导委员会	2
18	物流职业教育教学指导委员会	2
19	职业院校外语类专业教学指导委员会	2
20	职业院校艺术设计类专业教学指导委员会	2
21	包装职业教育教学指导委员会	1
22	报关职业教育教学指导委员会	1
23	纺织服装职业教育教学指导委员会	1
24	水利职业教育教学指导委员会	1
25	外经贸职业教育教学指导委员会	1
26	中医药职业教育教学指导委员会	1
合计		84

从院校布局看，1 164 个生产性实训基地共覆盖 723 所高职院校，占 833 所承接项目建设院校的 86.79%，占 2018 年全国 1418 所高职院校的 50.99%。对比发现，依托骨干专业建设生产性实训基地，使实训基地建设更有针对性，是实训基地建设的重要方式。有 511 个生产性实训基地与 634 个骨干专业相对应（存在 1 个生产性实训基地对应 1 个或者多个骨干专业的情况），占生产性实训基地总数的 43.86%。原因是专业建设逐渐向群方向发展，生产性实训基地面对专业群建设，逐步实现实训基地集约性建设、使用，既能提高设备、场地的使用效率，同时促进了群内专业间的沟通交流，真正促进专业群良性发展。如北京交通运输职业学院“城市轨道交通生产性教学实训基地”，对应的骨干专业有城市轨道交通车辆技术、城市轨道交通工程技术、城市轨道交通供配电技术、城市轨道交通机电技术、城市轨道交通通信信号技术、城市轨道交通运营管理 6 个专业；武汉船舶职业技术学院“船舶工程技术专业群实训基地”，对应的骨干专业有船舶工程技术、船舶电气工程技术、船舶动力工程技术、船舶舾装工程技术 4 个骨干专业。

（八）生产性实训基地成为专业发展的重要依托

校企共建的生产性实训基地服务能力显著增强，成为高水平专业化产教融合实训基地的重要基础。

1. 实训基地建设机制更加完善　多数省份、院校建立了良好的校企合作机制，采取校企多元投入，企业注入资金与技术建设实训基地；大部分院校在建设实训基地时充分考虑了教育教学、应用技术研发与服务、师资培养培训、学生创新创业等功能。

一些省份出台了制度文件并加大了对生产性实训基地的资金投入，保障生产性实训基地有序开展。如山西省印发《山西省教育厅关于推进职业院校实训基地和重点专业（含特色专业）项目建设的指导意见》，开发启用了“山西省职业院校实训基地和重点专业建设质量监测系统”，依托该系统对实训基地项目建设过程进行质量监测。广西壮族自治区自 2015 年以来重点打造“示范特色专业 + 实训基地”项目，制定出台了《关于加强我区职业教育示范特色专业及实训基地建设的指导意见》和《广西壮族自治区职业教育示范特色专业及实训基地建设项目管理办法（试行）》，有效推进广西职业教育“特色专业 + 实训基地”建设工程实施。三年来，自治区财政累计投入 11.7 亿元，共建设 117 个高职院校“示范特色专业 + 实训基地建设”项目，建设成与重点专业配套的生产性实训基地 48 个。安徽省开展高职院校、企业举办实习实训基地建设的项目遴选工作，遴选 30 个省属、14 个市属高职院校实习实训基地建设项目，获省财政经费支持 1 亿元，带动地方政府投入近 5 千万元。

2. 高水平产教融合实训基地建设打下良好基础　越来越多的技术先进、管理规范、社会责任感强的规模以上企业参与了院校生产性实训基地建设，如浙江机电职业技术学院与德国 FESTO、SAP，日本 OMRON、三菱，美国 ROCKWELL；大庆职业学院与大庆油田装备制造集团；唐山工业职业技术学院与唐山陶瓷集团；秦皇岛职业技术学院与中信戴卡股份有限公司；潞安职业技术学院与潞安集团；上海旅游高等专科学校与锦江集团。这一定程度提升了实训基地紧跟产业前沿发展、辐射引领的能力和水平。

2017 年生产性实训基地平均合作企业数为 1.27 个，2018 年基本持平。行业企业加大了对生产性实训基地的经费支持力度，由表 3–1–9 可知，支持生产性实训基地建设的行业企业专项资金两年共计 169 031.7 万元，其中 2017 年 66 089.1 万元，2018 年 102 942.6 万元，2018 年增幅达到 55.76%。2018 年生产性实训基地中合作企业投入设备值占到了生产性实训基地设备总值的 15.48%。

兼职教师为生产性实训基地建设提供了重要的师资保障。2017 年全国生产性实训基地共有兼职教师 21 302 人，其中企业技术人员 16 639 人，占比达 78.11%；2018 年兼职教师 29 361 人，其中企业技术人员 22 540 人，占比达 76.77%（表 3–1–13）。2018 年全国生产性实训基地兼职教师中企业技术人员数量比 2017 年增加了 5 901 人，且两年企业技术人员占比均保持在 75% 以上。

表 3–1–13　生产性实训基地兼职教师中企业技术人员占比情况

年份	兼职教师总数	企业技术人员数	企业技术人员占比
2017 年	21 302	16 639	78.11%
2018 年	29 361	22 540	76.77%

综上表明，随着越来越多的规模以上企业参与，行业企业支持经费的增长以及兼职教师中企业技术人员的增加，促进了越来越多的生产性实训基地向高水平产教融合实训基地发展。

3. 实训基地服务能力明显增强　生产性实训基地 2017 年平均实训工位数为 166.7 个，2018 年为 239 个；2017 年每个基地平均有专职实训指导教师 12.5 人，企业兼职教师 11 人，兼职教师中企业技术人员平均为 8.61 人，2018 年分别为 13.6 人、11.6 人、8.78 人，较 2017 年均有不同程度增加。

生产性实训基地 2017 年平均开展职业技能鉴定工种 2.56 项，平均鉴定 472.56 人•次；2018 年分别为 2.72 项、503.9 人•次。2017 年平均开展专业技术和专项技能培训 815.91 人•次，2018 年为 1 167.1 人•次。2017 年平均技术成果获得转化 2.04 项，2018 年持平。2017 年产品和服务平均收入 149.72 万元，2018 年为 314.48 万元。

总体来说，与 2016 年、2017 年相比，优势企业与院校共建共享的生产性实训基地增强了服务能力、辐射能力。

案例 4：携手知名企业集团，共建高水平实训基地

陕西交通职业技术学院与上汽大众 SCEP 校企合作项目，共同建设集教学、培训、技术交流服务为一体的实训中心，占地 3 000 余平方米。按照上汽大众 SCEP 校企合作的规范，每年四月份召开招聘动员会，经过筛选成立预组班，进行上汽大众公共课部分培养。承担上汽大众经销店员工技术培训、大众 NO. one 技能大赛、技术经理进校园服务等活动。

江苏工程职业技术学院与江苏联发集团、张家港利滋纺织公司等企业合作，共同投入

技术与人力资源，共建纺织专业生产性实训基地，以科技中心、创新设计室、研发室、电商网络公司为主要载体，发挥教育教学、技能训练、科学研究、创新创业、社会服务等功能。

唐山工业职业技术学院与唐山陶瓷集团美术瓷厂共建陶瓷设计与工艺生产性实训基地，专业教师参与企业技术研发，企业师傅参与学院教学，学生在学院与实训基地间工学交替，实现了校企一体化育人。专业教师的综合水平得到明显提升，参与多项行业企业的重大项目，获外观专利 6 项；《一种骨质艺术瓷中温玻化晶体釉制作工艺》申报国家发明专利，成果转化实现销售额 2 055 万元。

二、开展优质校建设

《行动计划》提出建设 200 所左右优质专科高等职业院校的工作任务，为高职战线树立起改革发展的“新标杆”。优质高职院校建设，旨在延续扶优扶强政策，对于建设基础好、改革意识领先的院校重点投入，率先突破，起到举旗的作用，形成并向世界展示高职教育的“中国模式”。

示范校建设以工学结合的专业建设为重点，解决了人才培养模式改革问题；骨干校建设以校企合作的体制机制创新为重点，探索了“工学结合、校企合作”的办学体制机制改革问题；优质校建设则以“持续深化教育教学改革、大幅提升技术创新服务能力、实质性扩大国际交流合作、培养杰出技术技能人才，增强专业教师和毕业生在行业企业的影响力，提升学校对产业发展的贡献度”为重点，形成了全面提升内涵建设，争创国际先进水平的发展范式。

（一）优质校项目执行情况

1. 总体执行情况　根据《任务（项目）承接通知》，全国 32 个省份计划承接建设优质校 313 所。2016 年执行建设优质校 142 所，执行省份只有 10 个；2017 年执行建设 412 所，执行省份增至 25 个；截至 2019 年 2 月 28 日，所有省份全部执行优质校建设，实际建设数为 490 所（占 2018 年全国总院校数的 34.56%），比计划承接数增加 177 所。32 个省份实际执行优质校建设情况见表 3–2–1。

表 3–2–1　各省份实际执行优质校建设情况

序号	省份	2016 年	2017 年	2018 年	合计	国家认定数	国家示范（骨干）校数
1	吉林①	4	2	1	7	3	4
2	湖南②	8	8	5	21	10	9

① 吉林省 2015 年启动“现代职业教育示范校建设项目”建设院校 1 所，2016 年并入优质校建设。

② 湖南省 2015 年启动“卓越高职院校建设项目”建设院校 8 所，2016 年并入优质校建设。

续表

序号	省份	2016 年	2017 年	2018 年	合计	国家认定数	国家示范（骨干）校数
3	西藏	1	—	—	1	0	1
4	兵团	2	—	—	2	0	1
5	河北	23	2	—	25	11	8
6	安徽	16	—	—	16	8	8
7	广东	18	—	—	18	14	11
8	江西	20	4	—	24	5	5
9	陕西	12	—	—	12	7	6
10	天津	20	—	—	20	8	7
11	湖北	—	35	—	35	10	9
12	福建	—	12	4	16	6	6
13	甘肃	—	13	—	13	5	5
14	广西	—	21	—	21	6	5
15	浙江	—	20	—	20	12	11
16	贵州	3	10	4	17	3	2
17	河南	15	25	—	40	9	7
18	云南	—	12	—	12	4	3
19	内蒙古	—	10	—	10	4	4
20	山东	—	16	—	16	12	13
21	黑龙江	—	12	—	12	5	7
22	重庆	—	20	—	20	5	6
23	四川	—	23	—	23	9	11
24	辽宁	—	10	—	10	6	7
25	江苏	—	22	—	22	17	15
26	山西	—	—	23	23	4	5
27	海南	—	—	3	3	1	2
28	上海	—	—	10	10	4	7
29	青海	—	—	3	3	2	2
30	宁夏	—	—	4	4	2	3

续表

序号	省份	2016 年	2017 年	2018 年	合计	国家认定数	国家示范（骨干）校数
31	新疆	—	—	6	6	3	5
32	北京	—	—	8	8	5	6
合计		142	277	71	490	200	200

2. 区域分布情况　从区域分布看，福建、广东等 11 个东部省份建设优质校 168 所，占比 34.29%；安徽、河南等 8 个中部省份建设优质校 178 所，占比 36.33%；重庆、云南等 13 个西部省份建设优质校 144 所，占比 29.39%。如图 3–2–1 可看出，东、中、西部省份执行优质校建设数量差异并不是很大。

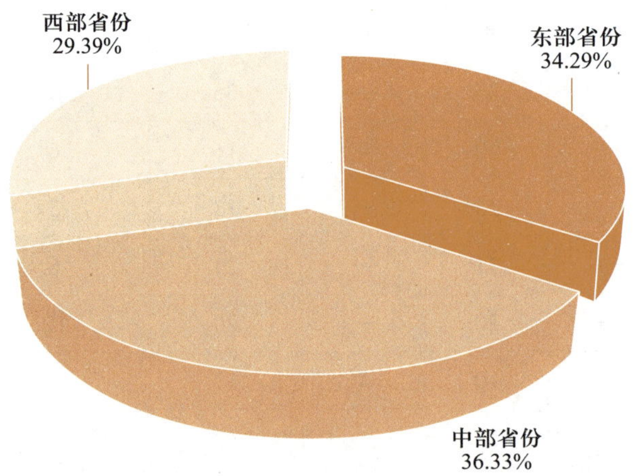

图 3-2-1　优质校实际执行数的区域分布情况

3. 总体经费投入及省级专项经费到位情况　各地给予优质校重点支持，带动了多方经费投入，形成合力，共同推进优质校高水平建设。优质校建设共带动各级各类经费投入 2017 年为 116.3 亿元，2018 年为 246.1 亿元，共计 362.4 亿元。由表 3–2–2 可知，省级财政专项、学校自筹、地市级财政专项资金是优质校建设主要经费来源。

表 3-2-2　优质校总体经费投入情况

序号	经费来源	2017 年	2018 年	合计
1	省级财政专项资金 / 万元	414 013.1	852 314.2	1 266 327.3
2	地市级财政专项资金 / 万元	233 977.5	457 558.0	691 535.5
3	行业企业专项资金 / 万元	35 519.8	124 171.9	159 691.7
4	学校自筹资金 / 万元	423 670.3	949 097.6	1 372 767.9
5	其他资金 / 万元	55 939.2	77 830.5	133 769.7
合计 / 万元		1 163 119.9	2 460 972.2	3 624 092.1

从实际执行情况看，省级财政投入已成为优质校投入主体。由表 3–2–3 可知，优质校项目省级财政计划投入约 64 亿元，实际投入 100.2 亿元，总经费到位率为 156.65%。有 15 个省份实际投入超过 1 亿元，安徽省投入最多，为 11.4 亿元；西藏自治区无投入。有 15 个省份省级专项经费到位率超过 100%。

表 3-2-3 各省份优质校省级财政投入到位情况

序号	省份	本省计划投入 / 万元	本省实际投入 / 万元	经费到位率 /%	所属区域
1	北京	50 000	38 488	76.98	东部
2	天津	24 000	32 464	135.27	东部
3	河北	8 000	81 830	1 022.88	东部
4	山西	25 000	15 280	61.12	中部
5	内蒙古	8 000	31 384	392.30	西部
6	辽宁	10 000	51 510	515.10	东部
7	吉林	5 000	6 000	120.00	中部
8	黑龙江	15 000	34 018	226.79	中部
9	上海	5 000	6 333	126.66	东部
10	江苏	—	68 811	—	东部
11	浙江	15 000	41 699	277.99	东部
12	安徽	120 000	114 484	95.40	中部
13	福建	50 000	21 300	42.60	东部
14	江西	18 000	5 037	27.98	中部
15	山东	40 000	25 893	64.73	东部
16	河南	15 000	61 337	408.91	中部
17	湖北	15 000	83 931	559.54	中部
18	湖南	54 000	30 714	56.88	中部
19	广东	60 000	56 009	93.35	东部
20	广西	30 000	97 386	324.62	西部
21	海南	6 000	3 000	50.00	东部
22	重庆	15 000	8 277	55.18	西部
23	四川	15 000	7 000	46.67	西部
24	贵州	2 500	4 020	160.80	西部
25	云南	4 000	3 790	94.75	西部

续表

序号	省份	本省计划投入 / 万元	本省实际投入 / 万元	经费到位率 /%	所属区域
26	西藏	1 000	0	0.00	西部
27	陕西	15 000	13 136	87.57	西部
28	甘肃	5 000	30 970	619.40	西部
29	青海	3 000	4 667	155.57	西部
30	宁夏	2 000	20 172	1 008.60	西部
31	新疆	3 000	2 813	93.77	西部
32	兵团	1 000	49	4.90	西部
合计		639 500	1 001 802	156.65	

江苏、浙江等 11 个东部省份优质校省级财政投入 42.7 亿元，占比 42.66%；湖北、湖南等 8 个中部省份投入 35.1 亿元，占比 35.02%；云南、贵州等 13 个西部省份投入 22.4 亿元，占比 22.33%。如图 3–2–2 所示，西部省份优质校省级财政投入与中部省份、东部省份有一定差距。

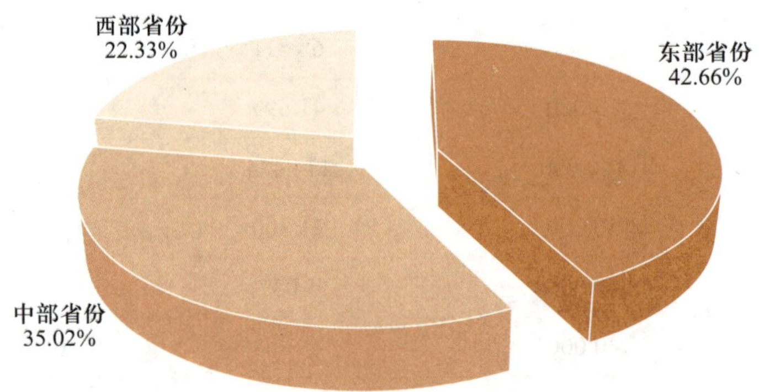

图 3-2-2 优质校省级财政投入区域分布情况

（二）优质校项目认定情况

总体认定情况 《项目认定通知》确定了优质校配额数为 200 所，32 个省份中仅西藏自治区、新疆生产建设兵团未分配优质校。2019 年 7 月，教育部公布优质校最终认定数为 200 所。

江苏、广东等 11 个东部省份优质校认定 96 所，占比 48%；江西、吉林等 9 个中部省份优质校认定 54 所，占比 27%，广西、陕西等 13 个西部省份优质校认定 50 所，占比 25%，如图 3–2–3 所示。认定数量排名前十的省份中有湖南、湖北、河南等中部省份，也有四川等西部省份。

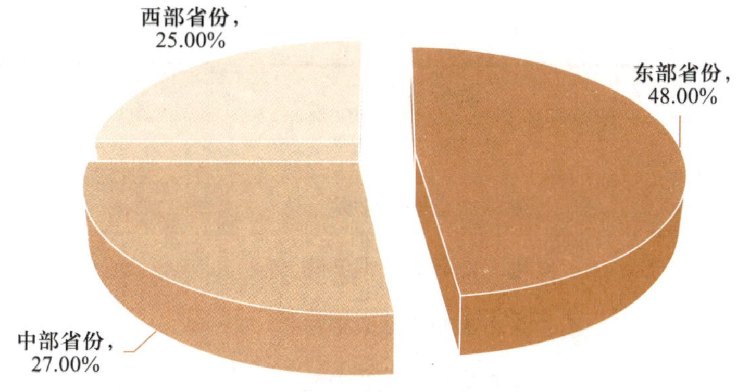

图 3-2-3 优质校认定数的区域分布情况

（三）七成国家示范校（骨干校）入围国家优质校

1. 入围情况分析 分析 200 所国家优质校的基础院校① 发现，有国家示范校 81 所，占比 40.5%；国家骨干校 62 所，占比 31%；省级示范（骨干）校 50 所，占比 25%；一般院校 6 所，占比 3%；另有 1 所民办院校（上海济光职业技术学院），如图 3-2-4 所示。

入围国家优质校的 57 所非国家示范（骨干）校名单见表 3-2-4。

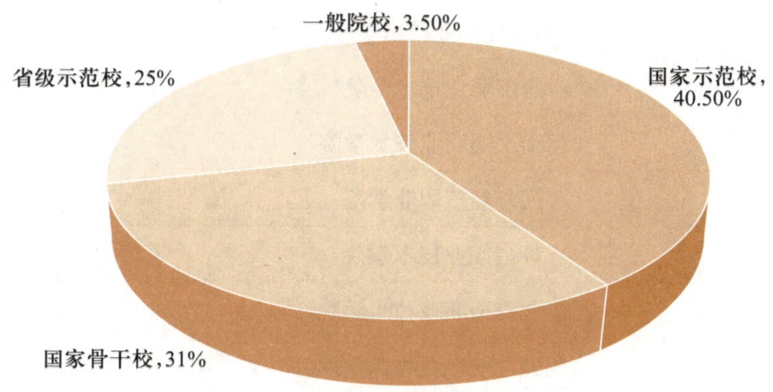

图 3-2-4 优质校建设基础院校统计

表 3-2-4 57 所入围国家优质校的非国家示范（骨干）院校名单

序号	院校名单	所属省份
1	安徽工商职业学院	安徽
2	安徽医学高等专科学校	安徽
3	合肥职业技术学院	安徽
4	福建水利电力职业技术学院	福建
5	福州职业技术学院	福建

① 基础院校包括：国家示范、国家骨干、省级示范、省级骨干、一般校。“国家示范 1”表示第 1 批国家示范高职院校，下同。

续表

序号	院校名单	所属省份
6	黎明职业大学	福建
7	厦门城市职业学院	福建
8	甘肃工业职业技术学院	甘肃
9	广东机电职业技术学院	广东
10	广东食品药品职业学院	广东
11	中山职业技术学院	广东
12	广西电力职业技术学院	广西
13	广西交通职业技术学院	广西
14	贵州轻工职业技术学院	贵州
15	河北交通职业技术学院	河北
16	河北软件职业技术学院	河北
17	石家庄职业技术学院	河北
18	唐山职业技术学院	河北
19	河南交通职业技术学院	河南
20	河南经贸职业学院	河南
21	许昌职业技术学院	河南
22	湖北交通职业技术学院	湖北
23	湖北三峡职业技术学院	湖北
24	武汉城市职业学院	湖北
25	湖南化工职业技术学院	湖南
26	湖南汽车工程职业学院	湖南
27	岳阳职业技术学院	湖南
28	长沙航空职业技术学院	湖南
29	长沙商贸旅游职业技术学院	湖南
30	吉林铁道职业技术学院	吉林
31	常州工程职业技术学院	江苏
32	江苏海事职业技术学院	江苏
33	南京铁道职业技术学院	江苏

续表

序号	院校名单	所属省份
34	苏州农业职业技术学院	江苏
35	无锡商业职业技术学院	江苏
36	江西环境工程职业学院	江西
37	江西外语外贸职业学院	江西
38	辽宁机电职业技术学院	辽宁
39	辽宁经济职业技术学院	辽宁
40	内蒙古商贸职业学院	内蒙古
41	青海建筑职业技术学院	青海
42	山东交通职业学院	山东
43	山东外贸职业学院	山东
44	潍坊职业学院	山东
45	山西药科职业学院	山西
46	陕西交通职业技术学院	陕西
47	上海城建职业学院	上海
48	上海济光职业技术学院	上海
49	成都农业科技职业学院	四川
50	四川工商职业技术学院	四川
51	天津渤海职业技术学院	天津
52	天津机电职业技术学院	天津
53	新疆交通职业技术学院	新疆
54	云南农业职业技术学院	云南
55	浙江经贸职业技术学院	浙江
56	浙江商业职业技术学院	浙江
57	重庆三峡医药高等专科学校	重庆

案例 5：优质校建设带动、引领教学改革持续深化

深圳职业技术学院积极推进教材改革，设立教材建设领导小组和专家委员会，实行学校、学院、专业、教师四级制管理，严把教材内容关和质量关，规范教材选用和编审。目前，学校有“万人计划”教学名师 1 人，全国高校黄大年式教学团队 1 个，荣获国家级教学名师奖 3 人，国家教学团队 2 个。已建成国家规划教材 182 部，国家精品教材 12 部，以

《单片机应用技术》（发行量达40万册）为代表的新型一体化教材在全国形成较大影响。主持建设国家专业教学资源库3个。推进教法改革，率先在智能制造专业群试点模块化教学，建立模块化、组合型、进阶式课程体系，预制板式培养人才。学校教育教学改革取得显著成效，2018年获国家教学成果奖特等奖1项、一等奖1项、二等奖3项。

金华职业技术学院充分发挥核心专业示范引领作用，通过调整专业设置、聚焦产业领域、面向不同岗位、打造专业基础平台、加强学科支撑等方式，增强专业之间的职业联系，不断优化专业结构，提升专业群资源整合度。不断加强专业群与区域优势产业、新兴产业的融合，通过转型或升级专业培养定位、开辟专业方向或课程模块，选择具有龙头地位的标杆企业，或者联合具有资源集聚能力的产业集群或联盟开展深度合作，实现专业群与区域产业集群需求的高度融合。如机电学院向工业机器人、机电一体化专业领域转型，医学教育向大健康领域发展，网络经济学院对接金华“一号产业”集聚相关专业，有效地激发了专业发展的活力，提高了人才培养应对产业变化的能力，最终形成15个专业群。

2. 未入围情况分析　在200所国家优质校中，仅有81%的国家示范校，62%的国家骨干校入围。由于上海医学高等专科学校、上海医疗器械高等专科学校、天津中德职业技术学院、上海公安高等专科学校4所国家示范校分别于2015年至2017年间升为本科，此4所院校不计入优质校基础院校数据（表3–2–5）。

表3–2–5 已升本的国家示范（骨干）校情况

序号	院校名称	原类型	升本时间
1	上海医药高等专科学校	国家示范1	2015年
2	上海公安高等专科学校	国家示范2	2017年
3	天津中德职业技术学院	国家示范2	2016年
4	上海医疗器械高等专科学校	国家骨干1	2015年

除此之外，还有16所国家示范校、37所国家骨干校未进入国家优质校名单，具体名单分别见表3–2–6、表3–2–7。

表3–2–6　未入围国家优质校的国家示范校名单

序号	院校名称	类型	所属省份
1	克拉玛依职业技术学院	国家示范2	新疆
2	青海畜牧兽医职业技术学院	国家示范2	青海
3	商丘职业技术学院	国家示范2	河南
4	苏州工业园区职业技术学院	国家示范2	江苏
5	永州职业技术学院	国家示范2	湖南
6	漳州职业技术学院	国家示范2	福建

续表

序号	院校名称	类型	所属省份
7	大庆职业学院	国家示范 3	黑龙江
8	海南职业技术学院	国家示范 3	海南
9	吉林工业职业技术学院	国家示范 3	吉林
10	绵阳职业技术学院	国家示范 3	四川
11	宁夏财经职业技术学院	国家示范 3	宁夏
12	上海旅游高等专科学校	国家示范 3	上海
13	四川电力职业技术学院	国家示范 3	四川
14	西藏职业技术学院	国家示范 3	西藏
15	新疆石河子职业技术学院	国家示范 3	新疆
16	浙江警官职业学院	国家示范 3	浙江

表 3-2-7　未入围国家优质校的国家骨干校名单

序号	院校名称	类型	所属省份
1	安徽电气工程职业技术学院	国家骨干 1	安徽
2	哈尔滨铁道职业技术学院	国家骨干 1	黑龙江
3	邯郸职业技术学院	国家骨干 1	河北
4	湖南大众传媒职业技术学院	国家骨干 1	湖南
5	湖南科技职业学院	国家骨干 1	湖南
6	吉林交通职业技术学院	国家骨干 1	吉林
7	江西财经职业学院	国家骨干 1	江西
8	江西现代职业技术学院	国家骨干 1	江西
9	辽宁石化职业技术学院	国家骨干 1	辽宁
10	内蒙古化工职业学院	国家骨干 1	内蒙古
11	山西煤炭职业技术学院	国家骨干 1	山西
12	重庆电力高等专科学校	国家骨干 1	重庆
13	北京劳动保障职业学院	国家骨干 2	北京
14	渤海船舶职业学院	国家骨干 2	辽宁
15	东营职业学院	国家骨干 2	山东

续表

序号	院校名称	类型	所属省份
16	鄂州职业大学	国家骨干2	湖北
17	济南铁道职业技术学院 （现山东职业学院）	国家骨干2	山东
18	南京化工职业技术学院 （现南京科技职业学院）	国家骨干2	江苏
19	泉州医学高等专科学校	国家骨干2	福建
20	山西建筑职业技术学院	国家骨干2	山西
21	十堰职业技术学院 （现湖北工业职业技术学院）	国家骨干2	湖北
22	苏州工艺美术职业技术学院	国家骨干2	江苏
23	乌鲁木齐职业大学	国家骨干2	新疆
24	安徽交通职业技术学院	国家骨干3	安徽
25	福建林业职业技术学院	国家骨干3	福建
26	阜阳职业技术学院	国家骨干3	安徽
27	广西水利电力职业技术学院	国家骨干3	广西
28	辽宁职业学院	国家骨干3	辽宁
29	娄底职业技术学院	国家骨干3	湖南
30	闽西职业技术学院	国家骨干3	福建
31	青岛港湾职业技术学院	国家骨干3	山东
32	山东畜牧兽医职业学院	国家骨干3	山东
33	上海出版印刷高等专科学校	国家骨干3	上海
34	四川机电职业技术学院	国家骨干3	四川
35	武威职业学院	国家骨干3	甘肃
36	宜宾职业技术学院	国家骨干3	四川
37	重庆工商职业学院	国家骨干3	重庆

（四）建设内容成体系

通过对各省份优质校建设遴选文件、绩效指标等分析，各地优质校建设的核心要素主要有六个方面：一是加强章程等建设，推进管理体制的综合改革；二是以优势特色专业群建设为载体，持续深化教育教学改革；三是加强双师型师资队伍建设，增强专业教师行业影响力；四是加强技术技能积累，大幅提升技术服务能力；五是通过引进来走出去，实质性扩大国际交流与合作；六是学校对产业发展的贡献度不断增大。如陕西省将人才培养（专业与课程、师资队伍等）、学校治理（发展规划、体制机制等）、示范带动（示范引领、辐射带动）等作为优质校建设重点；湖南省将特色专业群建设和教师队伍建设作为卓越高职院校建设重点；甘肃省将优质特色专业建设、教师队伍建设、促进技术技能积累与社会服务、提升国际交流与合作水平等领域作为优质高职院校建设的主要内容；重庆市将一流专业（群）建设、高水平师资队伍建设、技术技能积累与社会服务、扩大合作与交流和自选建设项目等七个方面作为优质校建设的主要内容。部分省份优质校建设内容与要求见表3–2–8。

表 3–2–8　部分省份优质校建设内容与要求

序号	省份	优质校建设内容与要求
1	陕西	办学基础（办学基本条件、办学成果）、学校治理（发展规划、体制机制、管理队伍）、人才培养（专业与课程、师资队伍、创新创业教育、实习实训条件、培养质量）、校园文化（立德树人、职业文化）、社会服务（社会培训、技术服务、社会贡献）、国际合作（合作办学、国际交流）、示范带动（示范引领、辐射带动）
2	湖南	办学定位、基本办学条件、特色专业群建设、教师队伍建设、教育教学、治理能力、办学效益等
3	甘肃	优质特色专业建设、教师队伍建设、促进技术技能积累与社会服务、提升国际交流与合作水平等
4	重庆	党的建设与思想政治教育、管理体制机制改革创新、一流专业（群）建设、高水平师资队伍建设、技术技能积累与社会服务、扩大合作与交流、自选建设项目
5	福建	办学理念、办学机制、专业建设、教学改革、师资队伍、实训条件、信息化建设、学校治理、服务能力
6	广东	深化重点领域综合改革、教师队伍建设、高水平专业建设、加强科学研究和社会服务
7	贵州	深化重点领域改革、提高专业建设水平、加强师资队伍建设、提升社会服务能力
8	河北	院校治理（章程与规划、内部治理体系）、教育教学改革（专业与课程、师资队伍实训基地教学资源）、社会服务（社会培训技术服务）、国际交流合作（合作办学国际交流）、内部质量保证（诊断与改进数据采集与质量报告）、招生就业、创新创业、校园文化、保障措施、建设进展
9	江苏	突出立德树人，大力培养卓越技术技能人才；突出需求导向，集群建设高水平骨干专业；突出人才强校，培育引进技术技能大师；突出机制创新，集成打造产教融合实践平台；着眼世界一流，提升国际化水平；着眼智慧高职，加快信息化步伐

续表

序号	省份	优质校建设内容与要求
10	山东	体制机制创新、一流专业建设、高水平师资队伍建设、技术技能积累与社会服务、信息化建设与应用、国际合作与交流、质量管理与保证体系建设、特色文化建设
11	四川	推进管理体制机制改革、加强高水平专业建设、深化产教融合校企合作、双师型教师队伍建设提升社会服务能力、提升国际交流与合作水平、推进教育教学信息化建设
12	天津	行业优势与办学定位、领导能力（领导班子、学校管理）、综合实力（办学理念、师资队伍、实践条件、国际交流合作、信息化建设、质量保障、就业与评价）、教育教学（人才培养模式创新、教育教学改革）、专业建设（专业建设水平、课程建设、实践教学、职业素质教育）、社会服务（社会培训、技术服务、辐射带动作用）
13	云南	深化重点领域综合改革、教师队伍建设、高水平专业建设、促进技术技能积累与服务、提升国际交流与合作水平
14	浙江	推进管理体制创新、加强优势特色专业群建设、加强双师型教师队伍建设、促进技术技能积累与服务、提升国际交流与合作水平
15	山西	落实立德树人根本任务、提升院校内部治理水平、完善产教融合机制、打造品牌专业集群、建设高水平师资队伍、提升社会服务能力、加强创新创业教育、推进教育教学信息化建设

（五）建立动态管理机制

各地合理安排、科学实施、系统推进，建立了优质校建设的事前、事中、事后管理监督机制。如湖南省在遴选立项前开展调研、研讨 50 余次，召开培训会、现场推进会 20 余次，出台《湖南省卓越高等职业技术学院建设目标指南》等文件，建立了完善的工作机制。河北、广东等省份建立了监督机制、动态调整机制、激励约束机制，明确了项目绩效评价及验收等规定，如河北省按照“动态管理、中期调整、终点确认”原则，建立了“强化督导，做好事中监督管理、事后检查验收工作”的动态管理机制和“优上劣下、优进劣出”的激励约束机制，印发了《河北省高等职业教育创新发展行动计划项目建设管理办法》，编制了“优质专科高等职业院校建设项目绩效评价指标”，2017 年开展了中期调整，2018 年开展了验收评价。福建省构建了年度考核评估办法，对中期考核评估不合格的项目院校，予以淘汰，建设期结束后，组织对项目院校建设情况进行终期评估验收。

（六）综合成效凸显示范引领

根据《中国高职教育质量年度报告》（2017 年、2018 年、2019 年）中“计分表”“资源表”“国际影响表”“服务贡献表”“落实政策表”5 张数据表[①]所呈现的数据，国家优质校在一些核心指标上呈现递增趋势，综合实力提升明显，扩大了社会影响，发挥了示范引领作用。

1. 优化了基本办学条件　2016—2018 年，200 所国家优质校在平均在岗教职工数、专任教师总数、生师比、双师素质专任教师比例，生均教学科研仪器设备值、生均校内实践教学工位数、生均教学及辅助行政办公用房面积，平均校园网主干最大带宽、教学计划内课程总数、线上开设课程数等指标项上均呈现明显递增（表 3–2–9）。

表 3-2-9　2016—2018 年国家优质校基础条件情况

指标	2016 年	2017 年	2018 年
在岗教职员工数	689	707	727
专任教师总数	472	485	506
生师比	15.25%	15.10%	15.05%
双师素质专任教师比例	71.76%	74.36%	76.86%
生均教学科研仪器设备值 / 元 • 生 $^{-1}$	13 018.5	14 626	16 424.1
生均教学及辅助行政办公用房面积 /m^2 • 生 $^{-1}$	—	18.03	18.11
生均校内实践教学工位数 / 个 • 生 $^{-1}$	1.44	1.72	2.44
校园网主干最大带宽 /mb	—	7 105	9 663
教学计划内课程总数	—	1 115	1 188
线上开设课程数	—	198	296

2. 提升了杰出技术技能人才培养质量　2016—2018 年，200 所优质校在毕业生平均就业率、月收入，理工农医类专业相关度，平均母校满意度、雇主满意度、毕业三年职位晋升平均比例等指标项上均呈现明显递增（表 3–2–10）。

表 3-2-10　2016—2018 年国家优质校记分卡情况

指标	2016 年	2017 年	2018 年
就业率	96.18%	96.76%	96.84%
月收入 / 元	3 204.8	3 552.9	3 844.1
理工农医类专业相关度	71.07%	73.45%	75.54%
母校满意度	93.57%	95%	95.67%

① 2017 年、2018 年、2019 年报中“计分表”“资源表”“国际影响表”“服务贡献表”“落实政策表”为固定项，2019 年年报新增“学生反馈表”，无 3 年比较数据。因而在比较 3 年优质校建设绩效时，“学生反馈表”不纳入比较。另外，由于每年的指标项不完全相同，在具体比较时，只比较相同的数据项，新增或者未延续的数据项，将以陈述形式表达。

续表

指标	2016年	2017年	2018年
自主创业比例	2.38%	2.5%	2.47%
雇主满意度	92.21%	95.73%	96.70%
毕业三年职位晋升比例	—	59.55%	61.90%

案例6：瞄准高水平定位，培育杰出技术技能人才

南京工业职业技术学院构建了精英人才培养体系，学校“创新精英班、创业先锋班、创优示范班”，每年从各个学院遴选百余名优秀学生，打破年级和专业分类设班，集中校内外优势资源，进行个性化培养，发挥以点带面、典型带动作用。精英人才学校学员获校级表彰率达到100%，获省级以上表彰率达到80%，近五年培育出了4名“江苏省大学生十大年度人物”，带动全校每年500人次以上获省级综合表彰或在高水平竞赛中获奖。

长沙航空职业技术学院坚持“敬仰航空、敬重装备、敬畏生命”和“零缺陷、无差错”的航空人才培养质量观，2003年被确定为首批从非军事部门直接招收士官的试点单位，2012年被原总参谋部和教育部确定为定向培养士官试点高校，积极开展现代学徒制、定向培养、订单培养改革试点等，培养军地两用人才。毕业生1/3到部队担任专任技术士官，1/3到军队航空装备修理、中国航空工业与中航发制造维修企业，1/3到民用与通用航空维修、运营与服务企业。

3. 增强了服务地方和行业发展的能力　2016—2018年，200所优质校在平均在校生人数、毕业生人数、就业人数、留在当地就业人数、到中小微企业等基层服务人数、到500强企业就业人数，以及平均横向技术服务到款额、纵向课题经费到款额、技术交易到款额、非学历培训到款额、公益性培训服务数等指标项上均呈现明显递增（表3-2-11）。

表3-2-11　2016—2018年国家优质校服务贡献情况

指标	2016年	2017年	2018年
全日制在校生人数	—	11 368	11 656
毕业生人数	3 559	3 692	3 823
就业人数	3 581	3 577	3 682
留在当地就业人数	2 377	2 309	2 514
到中小微企业等基层服务人数	2 417	2 367	2 475
到500强企业就业人数	—	449	508
横向技术服务到款 / 万元	516.2	758.8	1 138.8
纵向科研经费到款额 / 万元	301.3	405	487

续表

指标	2016 年	2017 年	2018 年
技术交易到款额 / 万元	144.7	272.6	381.4
非学历培训到款额 / 万元	518.1	653.2	822.1
公益性培训服务 / 人·日	31 185.35	45 129.6	54 718.75

案例 7：加强技术协同创新，服务能力有效提升

杨凌职业技术学院发挥全国农产品质量安全科普基地、陕西首批新型职业农民培训基地、陕西乡村振兴人才培养基地作用，在陕西、宁夏等地建立了 11 个产学研示范推广基地和 10 个职业农民培育学院，年均非学历培训科技人员、职业农民等达 10 万人·日以上。探索形成了以新生代（在校生）职业农民培养为主体，以职业农民（乡村干部）学历提升培养和综合实用技术培训为两翼的“一体两翼”新型职业农民培养与培训体系，建立了“示范基地 + 科研项目 + 特色产业”脱贫攻坚模式，构建了教育扶贫、科技扶贫、基地扶贫“三位一体”教育扶贫体系，形成了“理论教学 + 现场教学 + 研讨交流 + 服务跟踪”四位一体的扶贫特色培训模式，成为陕西高职院校精准扶贫的“范本”，被评为陕西扶贫工作先进单位、“两联一包”帮扶先进单位。

日照职业技术学院依托专业优势，建成山东省海洋甲壳类资源综合利用工程研究中心、山东省知识产权支持新旧动能转换专利池、山东省智慧城市协同创新工程技术中心等 6 个省级科研平台，6 个市级重点实验室和工程技术中心，7 个市社科研究基地，开展新技术研发、科技成果转化、应用技术推广智库咨询和社会服务，引领日照通用海洋产业、鲁南智能装备制造业发展和智慧城市建设。承担“国家星火项目”13 项、省部级项目近百项。

石家庄职业技术学院师生参与动画片、动画电影、网络游戏、纪录片、电视栏目等市场研发项目 10 余项，其中动画片《机灵狐传奇》入围第五届“北京电影学院动画学院奖”，动画片《钢仔特攻队》在央视少儿频道播出，并获得石家庄市动漫原创作品奖励 100 万元。3D 动画电影《神秘世界历险记》在全国院线上影，获得 2 700 万元左右票房收入，并获得中国动漫最高奖项——美猴奖。

案例 8：提供社会服务，社会影响力逐步扩大

顺德职业技术学院立足珠三角制造业转型升级需求，把培养高素质技术技能人才、服务企业技术研发作为重要使命，与国际知名应用技术大学德国亚琛工业大学合作，共建广东 – 亚琛工业 4.0 应用研究中心，中心拥有与工业 4.0 技术密切相关的 6 大功能：示范工厂、多功能展厅、技术服务、员工培训、师生培养培训、国际合作研究等。成立以来，已经与美的集团共建示范工厂，为家电企业提供基于工业 4.0 技术的示范性现代生产线，服务地方企业产能升级。中心在国内率先开发出基于工业 4.0 生产线的人才培养和培训课程体系，引入“精益道场”，开展企业员工培训，培养技术升级所需的人才。中心引入德国职业教育教师培训项目，举办职业教育教学能力培训班，为教师“赋能”。学校依托中心，承

接广东万和新电器股份有限公司 7 个生产基地的生产线升级项目，合同金额 862 万元。

石家庄邮电职业技术学院与邮政科学研究规划院、上海邮政研究院、河北省邮政管理局联合成立邮政标准化协同创新中心，审核企标、行标和国标，研究、制修订并宣贯邮政相关标准 88 项，全部的标准项目将在邮政行业或者企业直接应用。面向邮政企业职工开展大规模、多层次、多形式的培训工作，举办培训班 292 个、培训 29 671 人次；在线运行 325 个培训项目，培训员工 244.1 万人次；开展网上考试竞赛 2 579 项，参加考试累计 260.7 万人次，助力邮政企业业务发展和员工素质能力提升。

4. 提升了国际合作水平和影响力　2016—2018 年，200 所优质校在平均全日制国境外留学生人数、非全日制国境外人员培训量、在校生服务走出去企业国境外实习时间、专任教师赴国境外指导和开展培训时间、在国境外组织担任职务的专任教师人数、开发国境外认可的行业或专业教学标准数、国境外技能大赛获奖数量等指标项均呈现明显递增（表 3–2–12）。

表 3–2–12　2016—2018 年国家优质校国际影响力情况

指标	2016 年	2017 年	2018 年
全日制国境外留学生人数	15	25	52
非全日制国境外人员培训量 / 人 • 日	519	1 445	4 085
在校生服务走出去企业国境外实习时间 / 人 • 日	1 389	2 350	3 573
专任教师赴国境外指导和开展培训时间 / 人 • 日	106	275	762
在国境外组织担任职务的专任教师人数	1	2	5
开发国境外认可的行业或专业教学标准数	1	7	2
国境外技能大赛获奖数量	1	2	4

案例 9：开发合作新模式，国际交流呈现新局面

江西应用技术职业学院[①]与加拿大北方应用理工学院开展建筑工程技术专业合作办学。采用“3+0”或者“2+1”合作模式，按照优势互补原则重构独具特色课程体系，采用加方教材 16 本，加方教学标准 22 个，引进加方数字化教学资源 1 个，实行双语教学课程 16 门，人才培养过程接受加方的监督管理。学校通过国际合作交流，共同开发课程 8 门，共建专业 2 个，共建实训室 2 个，实现土建类专业学分互认 35 人，促进了建筑工程技术专业内涵建设和学生职业能力提升。

天津轻工职业技术学院和天津机电职业技术学院共同建立的中国—印度“鲁班工坊[②]”2017 年 12 月在金奈理工学院正式揭牌。这是第一次在海外本科院校内建设职业教育领域的“孔子学院”。国内相关企业为印度“鲁班工坊”提供中国一流的实训设备及相应的

① 来源：江西省高职教育质量年度报告（2018）
② 来源：天津市高职教育质量年度报告（2018）

技术服务。“鲁班工坊”建设将以中国自主的工程实践创新项目为主导教学模式，开展包括数控技术等四个先进制造类专业的教学与培训。中方根据印度本土人才培养需求，制定适合印度的国际化专业教学标准、课程标准，形成完整的教学体系；企业技术人员、学院专业教师与印度教师共同开发、编写、出版专业双语教材。

5. 企业深度参与院校办学的能力增强　2016—2018 年，200 所优质校在平均企业提供的校内实践教学设备值，生均企业实习经费补贴、生均企业实习经费财政专项补贴、生均企业实习责任保险补贴，平均企业兼职教师年课时总量、年支付企业兼职教师课酬等指标项均呈现明显递增（表 3–2–13）。

表 3-2-13　2016—2018 年国家优质校落实政策情况

指标	2016 年	2017 年	2018 年
企业提供的校内实践教学设备值 / 万元	—	809.6	1 260.3
生均企业实习经费补贴 / 元	143.6	220.8	344.4
生均企业实习经费财政专项补贴 / 元	—	29.8	76.2
生均企业实习责任保险补贴 / 元	17.6	29.4	37
生均企业实习责任保险财政专项补贴 / 元	—	3.6	5.2
企业兼职教师年课时总量 / 课时	—	37 934	36 117
年支付企业兼职教师课酬 / 元	—	1 722 514.4	2 643 464.6
年支付企业兼职教师课酬财政专项补贴 / 元	—	19 256.5	568 836.9

案例 10：师生技术技能提升，行企影响力增强

宁夏工商职业技术学院机械工程学院副院长张清林，兼任宁夏焊接协会秘书长、现代装备制造应用技术研发中心主任。他以优异的教科研水平和精湛的技艺，于 2015 年度获批自治区级技能大师工作室，于 2018 年获批国家级技能大师工作室，实现了宁夏高校国家级技能大师工作室零突破。近三年，工作室牵头与宁夏智途科技有限公司、宁夏宏源长城机床有限公司共同成立“装备制造应用技术研发中心”，合力培养高级工及以上人才 117 人；培训完成 513 人初级、中级焊接工鉴定。承办了两届世界技能大赛，培训选派选手 70 人，获得世界大赛团体一等奖。

河北工业职业技术学院 2009 届材料工程技术专业毕业生荣彦明，现为首钢京唐公司热轧作业部精轧工，2016 年被授予“全国五一劳动奖章”。为驾驭好先进的热轧机，他攻克英文操作界面障碍，熟记 2 000 多个英文单词，操控 70 个按钮如同弹钢琴曲，成为轧钢操作的“活词典”。从 2008 年工作至今，荣彦明发现并解决公司设备事故隐患上百次，他还攻克热轧生产难关，一举制成厚度仅 1.6mm 的薄规格防爆钢，填补了国内同型号热轧产品生产的空白。他轧制的 SPA–H 极限规格集装箱板荣获“中国冶金钢铁企业特优质量奖”。

兰州石化职业技术学院坚持走“产教融合、特色引领、内涵发展”之路，形成“一基地、一平台、两中心”布局的现代职教体系和培训体系，为行业及地方经济发展提供了重要的智力支撑和人才保障。培养了中国石化首席技师张恒珍、“堵漏大王”赵柱、“钾盐专家”李浩放等为代表的 12 万名工匠人才。近年来，该校毕业生代表泉州石化等多家单位参赛，先后荣获“全国技能能手”“全国石油化工行业优秀技能人才”等称号。学校被誉为“石油化工职业教育的‘工匠摇篮’”。

三、引进境外优质资源

经过持续不断努力，新时代教育对外开放工作已得到全面部署，为我国高职教育丰富国际交流合作模式、引进境外优质资源、完善国际多元合作机制提供科学顶层设计，助推国际影响持续扩大、国际话语权不断增强。更多院校从原来单纯学习引进境外高水平专业教学标准、课程标准、各类教师等资源为主，转向“引进”与“合作开发”并重，越来越多院校能够自主开发并输出相关专业教学标准、课程标准等资源，得到其他国家和地区院校的认可。

“引进境外优质资源”包括 5 个任务，分别是：加强与信誉良好的国际组织、跨国企业以及职业教育发达国家开展交流与合作（编号：RW–1）；学习和引进国际先进教育资源（编号：RW–2）；联合开发课程，共建专业、实验室或实训基地，建立教师交流、学生交换、学分互认等合作关系（编号：RW–3）；支持高等职业院校申办聘请外国专家（文教类）许可（编号：RW–4）；举办高水平中外合作办学项目和机构（编号：RW–5）。

（一）任务（项目）执行情况

根据《任务（项目）承接通知》，和 2016 年、2017 年、2018 年创新发展行动计划执行通报，2016—2018 年，“引进境外优质资源”任务承接和执行情况如表 3–3–1 所示。

表 3–3–1 “引进境外优质资源”任务承接和执行情况

序号	任务	承接省份数量	2016 年执行省份数量	2017 年执行省份数量	2018 年执行省份数量
1	RW–1	22	20	22	22
2	RW–2	26	24	25	26
3	RW–3	26	22	24	26
4	RW–4	23	20	20	23
5	RW–5	24	21	21	24

越来越多省份、院校加大了对国际交流与合作的重视程度，超半数省份在教师交流、学生交流、学分互认，引进数字资源，聘请国外专家，举办中外合作办学项目等方面投入

经费[①]，见表 3–3–2。“引进境外优质资源”任务经费投入 2017 年为 122.4 亿元，2018 年为 34.9 亿元，共计 157.3 亿元。

表 3–3–2 “引进境外优质资源”任务资金投入情况

序号	任务编号	2017 年 / 万元	2018 年 / 万元	合计 / 万元
1	RW–1	787 825.3	84 755.0	872 580.3
2	RW–2	87 491.9	32 760.4	120 252.3
3	RW–3	175 556.8	167 660.7	343 217.5
4	RW–4	41 688.4	12 213.6	53 901.9
5	RW–5	131 030.1	52 367.8	183 397.9
合计		1 223 592.5	349 757.5	1 573 350

（二）丰富国际交流合作模式

各院校通过技能大赛、专业人才培养交流与合作项目、海外技术输出服务、开展国际科研项目合作等方式，同国（境）外高水平教育机构、知名企业开展交流合作，形成多样化的对外合作与交流格局。国外合作机构数量增长了 37.69%，开展国际交流与合作项目数量增长了 129.89%，公派出国（境）进修人数增长了 161.19%，外国专家和教师来国内高职院校工作时长增长了 9.73%（表 3–3–3）。

表 3–3–3 2016—2018 年国际交流与合作情况

序号	建设内容	2016 年	2017 年	2018 年
1	国外合作机构数量	—	1 547	2 130
2	展国际交流与合作项目数量	1 335	1 783	3 069
3	公派出国（境）进修人数 / 人•次	5 012	8 811	13 091
4	外国专家和教师来国内高职院校工作时长 / 人•日	109 035	91 324	119 645

案例 11：参加国际技能大赛，展现学生风采

北京电子科技职业学院 4 名学生赴南非参加 2018 年一带一路暨金砖国家技能发展与技术创新大赛总决赛，获一等奖。北京农业职业学院财会金融系学生参加第二届京港澳金融投资大赛总决赛暨京港澳学术交流活动，获大赛一等奖、最佳导师奖和优秀组织奖。

河北工业职业技术学院学生参加金砖国家未来技能挑战赛等多类国际技能竞赛，获数控多轴加工等赛项一等奖 2 项，获无人机操作等赛项银奖 3 项。

① 经费来源包括：省级财政资金、地市级财政资金、行业企业资金、学校自筹资金、其他资金

（三）引进优质教学资源

各地支持院校积极学习和引进国际公认的各类认证标准、专业建设标准、教学标准，职业资格证书体系，以及课程体系、各类教材，数字化资源等成熟适用的教育资源，促进院校和专业（群）达到国际先进水平。各高职院校从国（境）外引进国际标准数量增长了 90.37%，引进专业课程数量增长了 47.14%，引进数字化教育资源数量增长了 448.69%，引进其他资源数量增长了 202.46%（表 3–3–4）。

表 3-3-4　2016—2018 年学习引进资源情况

序号	引进内容	2016 年	2017 年	2018 年
1	国际标准数量	914	1 417	1 740
2	专业课程数量	3 549	4 117	5 222
3	数字化教育资源数量	1 1564	87 129	63 451
4	其他资源数量	1 873	1 304	5 665

学习引进成熟适用的优质教育资源分布在美国、加拿大、德国、澳大利亚、英国、韩国等 40 余个国家（地区）。有 23 个省份学习引进加拿大教育资源，学习引进德国、美国、澳大利亚、韩国、英国教育资源的省份均在 17 个以上。

案例 12：引进优质教育资源，培养高素质技术技能人才

杭州职业技术学院与欧洲职业培训最高标准的制定者、全球最大的汽车职业教育机构——德国手工业协会合作，依据德国先进职教标准，引入德国 AHK 职业资格证书，并成立了杭州职业技术学院德国哈勒手工业协会中国考试中心。

上海电子信息职业技术学院通信技术专业对标德国兰茨胡特应用技术大学同类专业，开展课程标准对接，构建学分互认课程体系，德方认证课程 14 门，认证学分 106 分，占总学分 52.7%；教学标准对接，开发交互式虚拟仿真系统、教学微视频、新形态一体化教材等；评价标准对接，建立结合中方、德方、企业认证的考核评价体系；资格标准对接，学生可同时获取德国工商大会工程师助理证书、巴伐利亚州文教部技术员毕业证书等四类证书。

江苏海事职业技术学院充分履行国际海事组织（IMO 组织）STCW 公约，引入 17 门 IMO 示范课程（英文）、开发了 16 门双语专业课程，为企业定制 12 门纯英语课程，系统开发 54 门项目化课程，建成了包含 950 个纯英文题材的英国 VIDEOTEL 公司网上船员培训系统，在全国率先开展课程认证，14 门课程已获得海事局课程确认证书。

（四）完善国际多元合作机制

1. 优质资源国际协同开发共享机制逐渐形成　部分高职院校发挥专业和人才优势，与国际教育机构、知名企业联合开发课程，共建专业、实训基地和实验室，寻求优质资源国际协同开发共享，一方面促进优质教育资源在国内更好落地，更具中国特色，另一方面使

具有中国特色的专业教学标准、课程体系、培养模式逐步走向世界，助力打造中国职业教育国际品牌。如浙江机电职业技术学院国际贸易专业（跨境电商方向）和澳洲博士山学院合作，形成了“多元文化 + 语言训练 + 专业课程实训 + 团队领导”模块化的“本土课程包”教学资源体系。

各高职院校与国（境）外教育机构联合开发课程数量增长了 224.10%，联合建设的专业数量增长了 122.07%，联合建设的实验室数量增长了 36.9%，联合建设的实训基地数量增长了 11.44%，联合开发的其他资源数量增长了 213.04%（表 3–3–5）。

表 3–3–5 2016—2018 年与国（境）外教育机构联合开发资源情况

序号	联合建设内容	2016 年	2017 年	2018 年
1	开发课程数量	1 448	3 316	4 693
2	建设专业数量	426	741	946
3	建设实验室数量	393	443	538
4	实训基地数量	699	436	779
5	其他数量	46	79	144

此外，高职院校参与制订、自主开发的专业标准和课程体系逐渐成为国际通用的标准和体系，被越来越多国际教育组织和国（境）外院校认可和使用。如广西工业职业技术学院与广西建工集团等企业合作，共同开发了制糖生产技术、电气自动化技术和机械制造技术等 3 个专业标准和 30 多门课程，得到埃塞俄比亚、泰国教育机构认可①。湖南铁路科技职业技术学院开发了 7 个国际化专业教学标准、30 门课程标准，被泰国斯巴顿大学、马来西亚吉隆坡大学采用，有 21 门培训课程被马来西亚和肯尼亚的相关学校和培训机构采用②。

案例 13：联合开发教学标准，分享职教改革成果

浙江旅游职业学院与世界中餐业联合会联合制定《海外中餐业行业标准》，既服务推动全球中餐创新发展，也为学院餐饮人才培养、餐饮教师培养培训的国际化提供广阔平台。

云南林业职业技术学院在世行专家组和职教专家指导下，开展了国际化的专业课程标准建设工作，形成了包括林业技术类 6 个专业人才需求调研报告及职业能力分析报告，按国际化标准开发制定了 20 门专业核心课程标准。

北京电子科技职业学院依托贯通培养外培项目，与法国科技大学联盟合作开发法语方向 5 个专业、50 余门课程；与德国应用科技大学合作开发德语方向 4 个专业、40 余门课程；与加拿大康尼斯托加学院、新西兰怀卡托理工学院等院校合作开发英语方向 5 个专业、50 余门课程。

2. 以人员交流为主线的国际合作关系广泛建立 各地进一步完善保障机制，搭建专家

① 来源：广西壮族自治区高职教育质量年度报告（2019）

② 来源：湖南省高职教育质量年度报告（2019）

引进、师生友好往来的平台，以人员交流为主体的务实合作关系逐步确立。同时，积极开展学生选拔、课程认定、学分认证、科研课题研究、技术研发等形式多样的合作活动，促进深度合作。高职院校与国（境）外机构共开展学生对外交换交流学历教育人数，开展学生对外交换交流非学历教育人数，开展教师交流人数，与国（境）外教育机构开展学分互认人数均有较大幅度增长（表3–3–6）。其中，学分互认专业布点涵盖财经大类、电子信息大类、制造大类等17个专业大类。在与国（境）外教育机构开展学分互认时，各省份较侧重财经大类、电子信息大类、制造大类、文化教育大类、交通运输大类等专业。

表3-3-6　2017—2018年国际合作中人员交流情况

序号	建设内容	2017年	2018年
1	学生对外交换交流学历教育人数	1 151	9 208
2	学生对外交换交流非学历教育人数	9 345	22 180
3	教师交流人数	5 000	12 488
4	与国（境）外教育机构开展学分互认人数	21 001	26 079

各省份、各院校健全完善外国专家来华工作的聘请机制，保障外国专家在教学、科研等领域顺利开展工作。各高职院校从美国、德国、英国、澳大利亚等国家聘请专家（文教类）人数增长了63.6%，短期来华专家人数增长了40.76%，长期来华专家人数增长了6.92%，参与教学的专家人数增长了12.12%，参与科研的专家人数增长了88.46%，作为顾问的专家人数增长了93.98%，外国专家在华工作总时间增长了19.88%。

四、加强师资队伍建设

党和国家关于新时代教师队伍建设的改革方略，为加快建成一支师德高尚、素质优良、技艺精湛、结构合理、专兼结合的高素质专业化的“双师型”教师队伍指明了方向。各地不断加强师德师风建设，近年来高职教育领域师德师风楷模持续涌现。各地、各院校遵循教育规律和教师成长发展规律，深入推进教师管理体制机制改革，通过逐步完善专任教师、兼职教师培养培训机制，形成高水平“双师型”教师队伍建设的良好机制，切实提升了高职院校教师队伍整体素质。

“加强教师队伍建设”包括5个任务、1个项目，分别为：完善以老带新的青年教师培养机制、建立教师轮训制度、专业教师每五年企业实践时间累计不少于6个月（编号：RW–6）；高等职业院校专业骨干教师国家级、省级培训计划（编号：RW–7）；加强职业技术师范院校建设（编号：RW–8）；兼职教师队伍建设（编号：RW–9）；在有关民族地区加强双语双师型教师队伍建设（编号：RW–10）；“双师型”教师培养培训基地建设（编号：XM–4）。

（一）任务（项目）执行情况

根据《任务（项目）承接通知》，和 2016 年、2017 年、2018 年创新发展行动计划执行通报，“加强教师队伍建设”执行建设情况如表 3–4–1 所示。

表 3-4-1 “加强教师队伍建设”任务承接和执行情况

序号	任务	承接省份数量	2016 年执行省份数量	2017 年执行省份数量	2018 年执行省份数量
1	RW–6	27	26	27	27
2	RW–7	28	23	28	28
3	RW–8	8	6	6	6
4	RW–9	25	23	25	25
5	RW–10	7	5	7	7

“加强教师队伍建设”中 3 项任务（RW–7、RW–8、RW–10）有经费投入。其中高等职业院校专业骨干教师国家级、省级培训计划（RW–7）投入 54.5 亿元；加强职业技术师范院校建设（RW–8）投入 17.9 亿元；在有关民族地区加强双语双师型教师队伍建设（RW–10）投入 32 亿元（表 3–4–2）。

表 3-4-2 “加强教师队伍建设”中建设任务经费投入情况

序号	经费来源	RW–7	RW–8	RW–10
1	省级财政资金 / 万元	56 886.4	124 806.1	244 657.2
2	地市级财政资金 / 万元	468 811.0	265.0	49 056.1
3	行业企业资金 / 万元	3 390.4	0.0	2 057.2
4	学校自筹资金 / 万元	15 426.3	23 032.0	194.5
5	其他资金 / 万元	771.2	31 097.4	24 313.3
合计 / 万元		545 285.3	179 200.4	320 278.3

（二）“双师型”教师培养培训基地项目执行情况

1. 总体执行情况　根据《任务（项目）承接通知》，全国 27 个省份[①]计划承接“双师型”教师培养培训基地（下文简称“双师基地”）345 个。2016 年有 22 个省份执行了双师基地建设 629 个；2017 年有 27 个省份，执行建设 660 个，增加 31 个；2018 有 27 个省份，执行建设 855 个，比 2016 年增加 226 个（增幅 35.93%），比计划承接数增加 510 个（表 3–4–3）。

① 辽宁、山东、广西、四川、甘肃 5 个省份未承担此项目。

表 3-4-3　双师基地项目执行情况表

执行年份	执行省份数量	执行数量
2016 年	22	629
2017 年	27	660
2018 年	27	855

如表 3-4-4 可知，计划承接数最多的 5 个省份分别是湖南（30 个）、江苏（20 个）、浙江（20 个）、福建（20 个）、湖北（20 个）；实际执行数最多的 5 个省份分别是江苏（196 个）、浙江（88 个）、广东（76 个）、湖北（72 个）、福建（55 个）。双师基地院校认定平均数最多的 3 个省份分别是浙江（0.63 个）、江苏（0.56 个）、天津（0.56 个），说明双师基地辐射本省“双师型”教师培养培训面相对较广。

表 3-4-4　双师基地计划数、执行数、认定数情况

序号	省份	本省高职院校数	本省计划承接数	本省实际执行数	国家认定数	院校认定平均数
1	北京	25	10	15	10	0.4
2	天津	27	15	29	15	0.56
3	河北	60	20	20	20	0.33
4	山西	47	15	31	8	0.17
5	内蒙古	36	10	10	9	0.25
6	吉林	25	3	7	7	0.28
7	黑龙江	42	10	11	10	0.24
8	上海	26	10	17	10	0.38
9	江苏	90	20	196	50	0.56
10	浙江	48	20	88	30	0.63
11	安徽	74	20	23	13	0.18
12	福建	52	20	55	15	0.29
13	江西	57	15	23	10	0.18
14	河南	79	20	20	20	0.25
15	湖北	61	20	72	25	0.41
16	湖南	73	30	42	30	0.41
17	广东	87	10	76	25	0.29
18	海南	12	5	3	3	0.25

续表

序号	省份	本省高职院校数	本省计划承接数	本省实际执行数	国家认定数	院校认定平均数
19	重庆	40	20	39	15	0.38
20	贵州	41	10	7	6	0.15
21	云南	45	10	27	13	0.29
22	西藏	3	2	0	0	0
23	陕西	38	20	24	15	0.39
24	青海	8	2	6	1	0.13
25	宁夏	11	3	2	2	0.18
26	新疆	27	4	11	11	0.41
27	兵团	2	1	1	1	0.5
合计		1 136	345	855	374	—

2. 总体经费投入及省级财政投入到位情况　双师基地项目建设总经费投入 2017 年为 5.7 亿元，2018 年为 7.8 亿元，共计 13.5 亿元。由表 3–4–5 可知，学校自筹、省级财政专项资金是双师基地建设主要经费来源。

表 3–4–5　双师基地总体经费投入情况

序号	经费来源	2017 年	2018 年	合计
1	省级财政专项资金 / 万元	19 355.1	52 978.6	52 978.6
2	地市级财政专项资金 / 万元	4 237.3	11 599.3	11 599.3
3	行业企业专项资金 / 万元	8 122.0	21 901.7	21 901.7
4	学校自筹资金 / 万元	23 058.5	43 882.1	43 882.1
5	其他资金 / 万元	694.3	1 306.1	1 306.1
合计 / 万元		57 484.1	78 218.6	135 702.7

由表 3–4–6 可知，双师基地项目计划投入 3.1 亿元，实际投入 3.8 亿元，总经费到位率为 125.94%。有 12 个省份实际投入超过 1 000 万元，河北省投入最多，为 5 433 万元；宁夏回族自治区、西藏自治区、新疆生产建设兵团无投入。有 9 个省份经费到位率超过 100%。

表 3–4–6　各省份双师基地省级专项经费到位情况

序号	省份	本省计划投入 / 万元	本省实际投入 / 万元	经费到位率 /%	所属区域
1	北京	1 000	403	40.30	东部

续表

序号	省份	本省计划投入 / 万元	本省实际投入 / 万元	经费到位率 /%	所属区域
2	天津	1 500	1 343	89.53	东部
3	河北	2 000	5 433	271.65	东部
4	山西	3 000	399	13.30	中部
5	内蒙古	1 000	1 706	170.60	西部
6	吉林	—	3 134	—	中部
7	黑龙江	800	308	38.50	中部
8	上海	500	159	31.80	东部
9	江苏	—	3 706	—	东部
10	浙江	1 000	3 524	352.40	东部
11	安徽	3 000	691	23.03	中部
12	福建	2 000	997	49.85	东部
13	江西	1 200	75	6.25	中部
14	河南	2 500	2 893	115.72	中部
15	湖北	1 000	2 421	242.10	中部
16	湖南	900	1 662	184.67	中部
17	广东	—	733	—	东部
18	海南	150	370	246.67	东部
19	重庆	2 000	4 668	233.40	西部
20	贵州	1 000	36	3.60	西部
21	云南	2 000	1 920	96.00	西部
22	西藏	400	0	0.00	西部
23	陕西	1 000	454	45.40	中部
24	青海	800	1 237	154.63	西部
25	宁夏	500	0	0.00	西部
26	新疆	1 200	454	37.83	西部
27	兵团	300	0	0.00	西部

浙江、天津等9个东部省份双师基地省级财政投入16 668万元，占比43.04%；黑龙江、安徽等8个中部省份投入11 583万元，占比29.91%；贵州、云南等10个西部省份投入10 475万元，占比27.05%。如图3–4–1所示，西部省份与中部省份差距不大，中部省

份、西部省份与东部省份有一定差距。

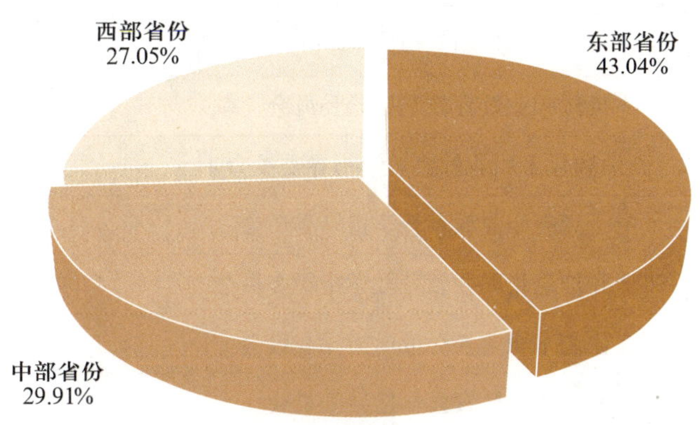

图 3-4-1　双师基地省级财政投入区域分布情况

（三）“双师型”教师培养培训基地项目认定情况

1. 总体认定情况　《项目认定通知》确定了“双师型”教师培养培训基地限额数为 500 个，其中各省份限额 385 个，行指委限额 115 个。2019 年 7 月，教育部公布国家双师基地最终认定数为 440 个，27 个省份认定 373 个，20 个行指委认定 67 个。

2. 双师基地区域、行指委、院校分布情况及骨干专业对应情况

（1）从区域分布看：江苏、浙江等 9 个东部省份双师基地认定 171 个，占比 47.59%；湖南、湖北等 8 个中部省份认定 123 个，占比 32.89%；陕西、重庆等 9 个西部省份认定 73 个，占比 19.52%。如图 3–4–2 所示，东、中部省份认定数量均高于西部省份，且差距较大。

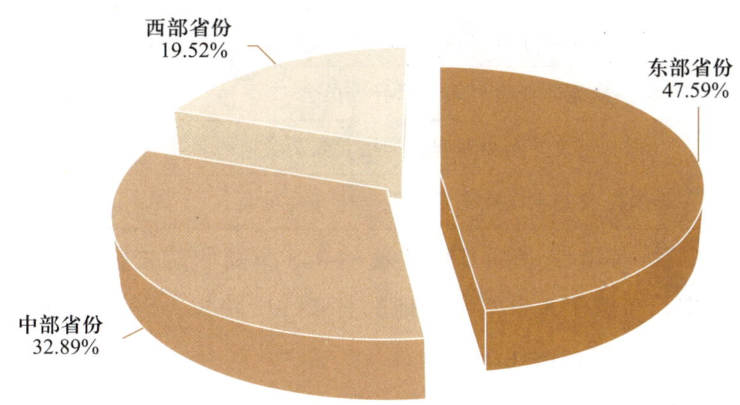

图 3-4-2　双师基地认定数的区域分布情况

（2）从行指委分布看：有 20 个行指委共认定了 67 个双师基地。前五位分别为机械职业教育教学指导委员会、石油和化工职业教育教学指导委员会、电子商务职业教育教学指导委员会、工业和信息化职业教育教学指导委员会、文化艺术职业教育教学指导委员会（表 3–4–7）。

表 3-4-7 行指委双师基地认定数量情况

序号	行指委名称	认定数量
1	机械职业教育教学指导委员会	12
2	石油和化工职业教育教学指导委员会	11
3	电子商务职业教育教学指导委员会	8
4	工业和信息化职业教育教学指导委员会	5
5	文化艺术职业教育教学指导委员会	4
6	冶金职业教育教学指导委员会	4
7	有色金属职业教育教学指导委员会	4
8	住房和城乡建设职业教育教学指导委员会	4
9	旅游职业教育教学指导委员会	2
10	食品工业职业教育教学指导委员会	2
11	食品药品职业教育教学指导委员会	2
12	船舶工业职业教育教学指导委员会	1
13	供销合作职业教育教学指导委员会	1
14	广播影视职业教育教学指导委员会	1
15	建材职业教育教学指导委员会	1
16	交通运输职业教育教学指导委员会	1
17	商业职业教育教学指导委员会	1
18	物流职业教育教学指导委员会	1
19	职业院校外语类专业教学指导委员会	1
20	职业院校艺术设计类专业教学指导委员会	1

（3）从院校分布看：440 个双师基地共覆盖 348 所高职院校，占 2018 年 1418 所高职院校的 24.54%。其中，布点了 1 个双师基地的有 285 所院校，占比 81.90%；布点 2 个或 2 个以上双师基地有 63 所院校，占比 10.1%。

对比发现，依托骨干专业是双师基地建设的重要方式，有 290 个双师基地与 469 个骨干专业相对应（存在一个双师基地对应 1 个或者多个骨干专业的情况）。表明双师基地建设与骨干专业建设形成了良性互动，且由于专业建设逐渐向群方向发展，双师基地面对专业群建设，既能提高师资、设备、场地等资源使用效率，也可促进群内专业沟通交流，实现协同发展。如兰州石化职业技术学院化工技术类专业“双师型”教师培养培训基地，对应本校工业分析技术、精细化工技术、煤化工技术、石油化工技术、石油炼制技术、应用化工技术等6个骨干专业。

（四）培养培训机制逐步完善

各院校依托大中型企业，合作构建“双师型”教师培养培训体系，探索“学历教育+企业实训”的培养方法，完善教师培训制度，有效提升专任教师“双师素质”。

1. 校企共建的双师基地提升了专任教师的“双师素质” “十三五”期间，中央财政计划投入27亿元，组织职业院校专业带头人、骨干“双师型”教师、优秀青年教师参加培训。通过专业教学法、课程开发与应用、技术技能实训、教学实践与演练等模块式专题培训，重点提升教师的理实一体教学能力、专业实践技能、信息技术应用能力等素质。截至目前，25万名职业院校教师参加了国家级培训、企业实践和省级培训，近半数教师参加培训结束时取得更高一级职业资格证书或专业技术资格证书，教师专业技能水平和实践教学能力进一步增强，专业课教师“双师”素质进一步提升[①]。

双师基地建设方式多样，有学校自建型、校企合作共建型、校校合作共建型，其中以校企合作共建为主。各高职院校依托优质企业资源，合作搭建培养培训平台，合作编制骨干教师培训方案与课程，合作实施教师校内培养与企业培训，促进了高职教师和企业人员双向交流合作，专任教师的“双师”素质得到提升。数据显示，参与全国各高职院校“双师型”教师培养培训合作单位达1 008家，参与培训授课教师中学校授课教师16 488人，企业兼职教师9 287人。双师基地开展培训项目、培训人数逐年递增，总学时共计17 049 070人·时（表3–4–8）。

表3–4–8 2016—2018年“双师型”教师培养培训基地建设情况

培训情况	2016年	2017年	2018年	小计
培训项目数量	331	3 294	5 383	9 008
培训总人数	71 688	112 652	196 716	381 056
培训学时/人·时	6238 024	4849 455	5961 591	17049 070

2. 逐步健全的机制为专任教师提供了多种发展途径 2016年10月，教育部、财政部印发《关于实施职业院校教师素质提高计划（2017—2020年）的意见》，启动实施新一周期“职业院校教师素质提高计划”。

（1）培养培训机制：各地院校完善老带新培养机制，建立教师轮训制度；积极选派骨干教师参加国家级、省级培训项目，鼓励教师到行业、企业进行专业实践，拓展专业理论，提升实践能力，专任教师逐步实现多样发展。目前，全国有652所高职院校建立了以老带新的青年教师培训机制。2016年有17 322对老带新教师，2018年增长到27 132对；2016年有590所高职院校建立了教师轮训制度，2018年增长到598所。2016年584所高职院校

① 资料来源：教育部教师工作司

强制要求专业教师每五年企业实践时间累计不少于 6 个月，2018 年增长到 616 所。福建省实施师资闽台联合培养计划，在两岸分别设立 4 个师资闽台联合培养中心，每年选派 1500 余名应用型本科高校、职业院校管理干部和骨干教师赴台湾高校培训；实施台湾全职教师引进资助计划，支持职业院校（含应用型本科高校）引进台湾全职教师 500 多人次。

（2）国家级、省级培训[①]：2017—2018 年，全国共设置 2 117 个国家级培训项目，其中高职 711 个，共培训教师 14.38 万人，占专任教师的 10.88%，高职教师 4.91 万人，占到高职专任教师的 10.19%；省级培训项目共培训教师 14.14 万人，其中高职教师 3.02 万人。国家级培训项目涉及专业数 301 个，在这其中，高职培训中新兴产业专业 19 个，包括 3D 打印、大数据、物联网、新能源等专业，培训人数 1 343 人；现代农业专业 5 个，包括园林工程技术、种子生产与经营等专业，培训人数 137 人；信息技术类专业 22 个，包括机电设备、电子信息、数控技术等专业，培训 3 123 人（表 3–4–9）。服务国家重点领域重点战略新兴产业、信息技术类产业、现代农业人数占到培训人数的近 10%。

表 3-4-9　2017—2018 年国家级培训项目分专业人数情况（高职院校）

序号	对应产业	专业数量	专业名称	培训人数
1	新兴产业	19	3D 打印、大数据、物联网、新能源等专业	1 343
2	现代农业	5	林工程技术、种子生产与经营等专业	137
3	信息技术产业	22	机电设备、电子信息、数控技术等专业	3 123

注：数据来源于教育部教师工作司

（3）经费投入：2017—2018 年，中央财政、省级财政用于高职教师培训的经费合计 4.51 亿元。其中，中央财政用于职业院校教师培训转移支付到地方共 13.5 亿元，实际使用 10.15 亿元，用于高职教师 3.19 亿元。在中央财政示范引领下，省级共投入省培经费 7.42 亿元，用于高职教师的有 1.32 亿元。

案例 14：提供多种发展途径，助力教师专业化发展

黑龙江建筑职业技术学院[②]实施“1246X”师资队伍培养体系，以双师素质为核心，以大师、名师为引领，成立教师发展中心，构建“七个一举措”“五个一举措”“专兼结对互补”及“青年教师能力提升计划”培训机制，分层培养专业带头人、骨干教师、青年教师、外聘教师，打造高水平师资队伍。

衢州职业技术学院积极与技艺大师合作建立技能大师工作室；开展“双十百人”教师团队建设，搭建“导师 + 项目 + 团队”的共研共创“抱团”发展平台，实施“5134”名师

① 数据来源：教育部教师工作司。

② 来源：黑龙江省高职教育质量年度报告（2019）。

培养模式，即5位教师组成1个团队，配备1名团队导师，利用3年时间，完成4项任务，力争打造一批校内有权威、业内有影响、省内有名气的“衢职标杆”式高层次人才。按年度举办教师教学比赛、微课教学比赛、教学能力测评等活动。

重庆工业职业技术学院坚持“抓好三支队伍、构建三大载体”首先，抓好三支队伍：以教学、实践、科技创新领军人才为抓手，打造高水平教师团队。以教学名师为核心，打造教学优秀团队；以技能大师为核心，打造专业实践优秀团队；以学术技术带头人为核心，打造科技创新优秀团队。其次，构建三大载体：以教学名师工作室、技能大师工作室、产教融合平台为载体，打造高水平教师发展平台。建设教学名师工作室，成为教育教学改革的典范；建设技能大师工作室，成为技术技能积累的典范；建设产教融合平台，成为科技创新的典范。

（五）高职师德楷模不断涌现

全国各地高职院校不断加强师德师风建设，在入选全国五一劳动奖章获得者、国家“万人计划”教学名师、黄大年式教师团队、师德建设优秀工作案例等方面有突出表现。三年来，高职教育战线培养培育出一批师德师风标兵，广东水利电力职业技术学院教师林冬妹、江西陶瓷工艺美术职业技术学院朱辉球分别入选2016年度、2018年度“全国教书育人楷模”。

全国五一劳动奖章获得者　2017—2018年，有5位高职院校教师获“全国五一劳动奖章”，其中2017年有天津交通职业学院陈长春、山西戏剧职业学院苗洁、莱芜职业技术学院李坤淑3位教师；2018年有广东农工商职业技术学院李秀平、遵义职业技术学院邱宁宏2位教师。

国家“万人计划”教学名师　2018年3月，教育部印发《教育部办公厅关于转发第三批国家“万人计划”教学名师入选人员名单的通知》，共有195人入选第三批国家“万人计划”教学名师，其中厦门城市职业学院马进中、黄河水利职业技术学院务新超、湖南汽车工程职业学院朱双华等25名高职院校教师入选，占比12.82%。

黄大年式教师团队　2017年12月，教育部下发通知确定首批201个黄大年式教学团队，其中，隶属高职院校的教学团队有10个，占比4.98%。首批高职院校高校黄大年式教师团队名单见表3–4–10。

表3–4–10　首批全国高校黄大年式教师团队名单（高职院校版）

序号	学校名称	团队名称	团队负责人
1	天津职业大学	眼视光技术专业教师团队	王海英
2	山西机电职业技术学院	数控技术专业教师团队	李粉霞
3	南京工业职业技术学院	人工智能工业应用教师团队	王晓勇
4	浙江机电职业技术学院	智能控制技术教师团队	金文兵

续表

序号	学校名称	团队名称	团队负责人
5	山东商业职业技术学院	“信念坚定，勇于创新”思想政治理论课教学科研教师团队	王岳喜
6	郑州铁路职业技术学院	现代轨道交通技术教师团队	张中央
7	河南经贸职业学院	管理学教师团队	王金台
8	湖北中医药高等专科学校	中医学教师团队	刘世红
9	深圳职业技术学院	植物保护教师团队	江世宏
10	重庆工业职业技术学院	汽车制造类专业群教师团队	赵计平

师德建设优秀工作案例　2016年12月，教育部办公厅印发《教育部办公厅关于公布师德建设优秀工作案例的通知》，全国共遴选了32个师德建设优秀工作案例，其中，福建水利电力职业技术学院建筑工程系《齐心共建师德“三千工程”》、杨凌职业技术学院《“讲、学、做、评”四位一体加强师德建设》两个案例入选。

案例15：打造师德建设品牌，服务师生共同成长

福建水利电力职业技术学院精心打造“三千工程”的师德建设品牌：党员教师牵头结对联系千名学生、专业教师提升千名学生专业技能、千名师生志愿奉献社会公益。“三千工程”强调党员教师榜样引领作用，明确了高职院校师德师能的要求，倡导教师将“崇尚文明、精求技能”校训精神传递给每位学子，最终让师生共同成长、共同进步。

杨凌职业技术学院四位一体建设的核心理念是将师德教育与教师实际工作充分结合，注重师德建设的日常化和持续性。“讲”是邀请省级以上师德标兵和先进个人举办师德专题报告会，宣讲师德先进典型案例，解析师德内涵，提高师德修养；“学”是定期组织教师进行政治理论和相关政策、制度、文件学习，提高教师师德理论认知水平；“做”是教师在教学过程及日常工作中做学生的楷模，通过言传身教影响、教育学生，同时严格规范自身言行；“评”是开展师德先进个人和省级师德标兵评选及表彰活动，树立师德先进典型，以榜样的力量带动全院师德建设工作。“讲、学、做、评”四位一体建设，四个环节相辅相成，前三者层层递进，是师德建设理论到实践不断细化深入的过程；“评”是对建设成果的巩固和发扬，为前三者的顺利实施并取得实效提供了良好的客观环境。

（六）兼职教师深度参与教学

各高职院校通过完善聘任与建设机制，加强以企业技术和管理人才、高技能人才为主的兼职教师队伍建设，聘请行业企业领军人才、大师名匠兼职任教。通过承担专业课程和实践教学任务、指导青年教师、参与教学方法培训等形式，兼职教师教育教学能力得到持续提高。

1. 参与教学活动形式多样　教育部会同财政部、人社部、国资委印发《职业学校兼职

教师管理办法》，进一步明确了兼职教师聘用条件，完善聘请程序，加强兼职教师组织管理，保障职业学校聘请兼职教师的经费来源，支持符合条件的职业学校兼职教师申报相应系列教师专业技术职务。2014 年，财政部、教育部在综合考评各地在兼职教师聘用、职教教师培训等工作绩效的基础上，划拨中央综合奖补资金 1.16 亿元实施职业院校教师素质提高计划项目。截至目前，全国有 26 个省份财政列支专项经费用于支持兼职教师聘用，省级财政累计投入 8.11 亿元，支持 5 292 所中高等职业院校 15 827 个专业点聘请 61 564 名兼职教师，一批企业工程技术人员、高技能人才、能工巧匠到学校兼职任教，教师队伍结构性缺编、专业课教师荒情况有所缓解[①]。

2. 各高职院校设定特殊岗位　设立企业技术技能大师工作室、劳模工作室等方式吸纳企业专业技术人员和高技能人才参与人才培养，指导青年教师。建立兼职教师档案库和相应的管理制度，保障不同级别、不同技术背景的兼职教师充分发挥专长，逐渐形成科学合理、使用得当、深度参与、效果明显的兼职教师聘任管理机制。

3. 深度参与教学活动能力得到增强　各地各院校有序组织兼职教师学习（职业）教育基本理论，了解学情校情，了解高职教育发展规律，熟悉教学组织方式、教育技术手段，共同参与教研室活动等，兼职教师开展教学活动的规范性、科学性得到显著增强。大力支持兼职教师或合作企业牵头申报教学研究项目、组织实施教学改革项目，兼职教师通过参与院校教学成果的过程梳理、结果凝练，深度参与教学活动的能力得到明显提高。

4. 各高职院校兼职教师数基本平稳　2017 年人数最高，2018 年有稍许下降；授课总时数 2018 年较 2017 年增长明显。将指导学生顶岗实习的企业技术人员纳入兼职教师管理范围的高职院校数 2017 年有 552 所，2018 年有 604 所。全国高职院校参加以“职业教育教学规律与教学方法培训”为主的培训总天数 2017 年高于 2016 年、2018 年。兼职教师培训支出经费 2016 年 12.99 亿元，呈现逐年递减趋势。具体数据见表 3–4–11。

表 3–4–11　2016—2018 年兼职教师培养建设情况

序号	分类	2016 年	2017 年	2018 年	合计
1	兼职教师数	103 261	111 791	110 210	325 262
2	授课总学时 / 人 • 时	—	13 747 975	15 300 887	29 048 862
3	参加培训总天数	339 485	510 369	219 837	1 069 691
4	培训总支出 / 万元	129 913.7	87 816.5	38 554.4	256 284.7

由表 3–4–12、表 3–4–13 可明显看出，2016—2018 年兼职教师主持或参与各级各类项目数量明显增加，主持或参与各级教学成果获奖数量在省部级、校级层面有较大增幅，表明兼职教师参与高职院校教育教学深度明显增强。兼职教师牵头或参与的教科研国家级项目 378 项、省部级项目 5 976 项。兼职教师主持或参与国家级教学成果奖 203 项、省部级

① 资料来源：教育部教师工作司

教学成果奖 1 112 项。

表 3-4-12　2016—2018 年兼职教师深度参与高职院校教育教学活动数量

序号	类型及级别	数量			三年资助金额合计 / 万元
		2016 年	2017 年	2018 年	
1	国家级项目	79	134	165	378
2	省部级项目	1 385	1 798	2 793	5 976
3	校级项目	2 846	3 339	3 815	10 000
4	其他项目	1 362	1 570	1 432	4 364
合计		5 672	6 841	8 205	20 718

表 3-4-13　兼职教师主持或参与各类教学成果获奖数量

序号	奖项	2016 年	2017 年	2018 年	三年合计
1	国家级教学成果奖	25	29	149	203
2	省部级教学成果奖	173	323	616	1 112
3	校级教学成果奖	531	849	1 307	2 687
4	其他教学成果奖	80	234	272	586
合计		809	1 435	2 344	4 588

（七）对口帮扶支援民族地区[①]

教育部民族教育司指导新疆维吾尔自治区院校通过送教师到企业等多种渠道，加大专业教师培训力度，开展分专业教材教法培训，举办教学基本功大赛，不断提高双语双师型教师教学水平，2017 年，选派 86 名职业学校教师赴北京大学等内地 5 所高校参加骨干教师培训；选派 364 名教师赴深圳职业技术学院等院校开展“双师型”教师培训。教育部教师工作司推进东部经济发达省份对口支援新疆、西藏、广西等民族地区院校教师建设，采取地方职教师范生定向培养、联合实施教师培训等形式，提升民族地区职业院校教师双语双师素质。指导新疆及各援疆省市开展职业学校教师培训 720 余人次；组织西北农林科技大学、天津职业技术师范大学等本科、高等职业院校为西藏职业技术学院等民族地区职业院校培养专业教师，不断提升民族地区职业院校教师队伍教育教学整体水平。通过政策性引导，支持新疆职业院校从企业聘请 3000 余名技术型专家担任实践指导教师，推动师资队伍建设的稳步发展。

在中央、省级、地市等专项资金支持下，通过定向培养与联合培训等方式，以“对口支援 + 省内自助”的形式，依托信息技术，创新培训手段、培训内容、培训方式、组织形

① 资料来源：教育部教师工作司

式、培训评价，使民族地区双语教师的专业理论知识得到补充与更新，教学基本功、课程开发能力和实践操作能力得到显著提升。新疆农业职业技术学院以“全国重点建设职业教育师资培养培训基地”为依托，构建并实施了“134”师资培训模式，服务南疆职业院校双语双师教师建设。针对南疆少数民族学员的特点，强化双语能力培训，将双语教学贯穿于培训全过程。通过开展“影子培训”“送教下乡”“师带徒”等方式，量身定制组织培训，建立了覆盖南北疆、涵盖农林牧的“四中心、八基地”服务培训网络体系。

五、推进信息技术应用

在国家教育信息化规划与相关政策的引导下，各地、各院校专项推进优质资源共建共享，重点建设专业教学资源库、精品在线开放课程及虚拟仿真实训中心等项目，促进信息技术与智能技术深入融入教育教学和管理服务全过程，促进数字化校园建设，改进教学、优化管理、提升绩效。

“推进信息技术应用”包括3个任务、3个项目，分别是：推动落实《职业院校数字校园建设规范》，建设高等职业教育人才培养工作状态数据管理系统（编号：RW–11）；将信息技术应用能力作为教师评聘考核的重要依据（编号：RW–12）；办好全国职业院校信息化教学大赛（编号：RW–13）等3个任务。以及新建一批国家级职业教育专业教学资源库和国家精品在线开放课程（编号：XM–5）；立项建设省级高等职业教育专业教学资源库和精品在线开放课程（编号：XM–6）；建成一批职业能力培养虚拟仿真实训中心（编号：XM–7）等3个项目。

（一）任务（项目）执行情况

根据《任务（项目）承接通知》和2016年、2017年、2018年创新发展行动计划执行通报，“推动落实《职业院校数字校园建设规范》，建设高等职业教育人才培养工作状态数据管理系统”（编号：RW–11）2016年有27个省份执行建设，2017年、2018年均有29个省份执行建设。“将信息技术应用能力作为教师评聘考核的重要依据”（编号：RW–12）2016年、2017年均有24个省份执行建设，2018年有25个省份执行建设。“办好全国职业院校信息化教学大赛”（编号：RW–13）由国家有关部门统一组织实施，不在讨论范围内。具体见表3–5–1。

表3–5–1 “推进信息技术应用”任务承接和执行情况

序号	任务	承接省份数量	2016年执行省份数量	2017年执行省份数量	2018年执行省份数量
1	RW–11	29	27	29	29
2	RW–12	25	24	24	25

续表

序号	任务	承接省份数量（个）	2016年执行省份（个）	2017年执行省份（个）	2018年执行省份（个）
3	RW–13	国家有关部门统一组织实施			

RW–11、RW–12两个任务有资金投入，其中RW–11投入225.2亿元，RW–12投入16亿元（表3–5–2）。

表3–5–2 “推进信息技术应用”经费投入情况

序号	经费来源	RW–11	RW–12
1	省级财政资金/万元	35 657.3	6 863.2
2	地市级财政资金/万元	78 488.9	13 881.4
3	行业企业资金/万元	95 927.4	6 686.2
4	学校自筹资金/万元	1994 466.4	131 281.0
5	其他资金/万元	47 559.4	1 587.5
	合计/万元	2 252 099.4	160 299.3

（二）省级专业教学资源库项目执行情况

1. 总体执行情况　根据《任务（项目）承接通知》，全国23个省份[①]计划承接省级专业教学资源库（下文简称“省级资源库”）297个。2016年有20个省份执行建设省级资源库，执行建设397个；2017年有22个省份，执行建设493个，增加96个；2018有23个省份，执行建设616个，比2016年增加219个（增幅55.16%），比计划承接数增加319个（表3–5–3）。

表3–5–3 2016—2018年省级资源库项目执行情况

执行年份	执行省份数量	执行数量
2016年	20	397
2017年	22	493
2018年	23	616

如表3–5–4所示，省级专业教学资源库计划承接数最多的五个省分别是湖南（30个）、江苏（20个）、陕西（20个）、浙江（20个）、重庆（20个）。实际执行数最多的五个省分别是重庆（72个）、山东（72个）、江西（68个）、湖北（61个），内蒙古（55个）。

① 吉林、浙江、四川、贵州、云南、西藏、甘肃、青海、宁夏9个省份未承接此项目。

表 3-5-4 省级专业资源库计划承接与实际执行情况

序号	省份	本省计划承接数	本省实际执行数	所属区域
1	北京	20	10	东部
2	天津	5	20	东部
3	河北	8	12	东部
4	山西	7	23	中部
5	内蒙古	60	55	西部
6	辽宁	5	9	东部
7	黑龙江	10	12	中部
8	上海	1	8	东部
9	江苏	20	54	东部
10	安徽	10	11	中部
11	福建	10	14	东部
12	江西	30	68	中部
13	山东	20	72	东部
14	河南	10	10	中部
15	湖北	10	61	中部
16	湖南	10	14	中部
17	广东	20	41	东部
18	广西	5	21	西部
19	海南	2	3	东部
20	重庆	20	72	西部
21	陕西	10	15	西部
22	新疆	3	10	西部
23	兵团	1	1	西部
合计		297	616	

2. 总体经费投入及省级财政投入到位情况　省级资源库总体经费投入 2017 年为 7.3 亿元，2018 年为 23.7 亿元，共计 31 亿元。由表 3–5–5 可知，学校自筹、省级财政专项资金是省级资源库建设主要经费来源。

表 3-5-5　省级资源库总体经费投入情况

序号	经费来源	2017 年	2018 年	两年合计
1	省级财政专项资金 / 万元	15 932.9	25 456.3	41 389.2
2	地市级财政专项资金 / 万元	1 258.9	4 785.8	6 044.7
3	行业企业专项资金 / 万元	2 209.3	4 269.1	6 478.4
4	学校自筹资金 / 万元	53 214.3	201 506.4	254 720.7
5	其他 / 万元	430.6	1 137.2	1 567.8
合计 / 万元		73 046.0	237 154.8	310 200.9

从表 3–5–6 可知，省级资源库项目省级财政计划投入 43 900 万元，实际投入 27 349 万元，总经费到位率是 62.30%。有 10 个省份实际投入超过 1 000 万元，山东省投入最多，为 4 065 万元；上海无投入。有 6 个省份省级经费到位率超过 100%。

表 3-5-6　省级资源库项目省级财政投入到位情况

序号	省份	计划经费投入 / 万元	实际经费投入 / 万元	经费到位率 /%
1	北京	10 000	1 710	17.10
2	天津	5 000	3 321	66.42
3	河北	2 400	961	40.04
4	山西	1 000	158	15.80
5	内蒙古	600	203	33.83
6	辽宁	1 000	2 825	282.50
7	黑龙江	700	1 301	185.86
8	上海	100	0	0.00
9	江苏	—	1 188	—
10	安徽	5 000	213	4.26
11	福建	1 000	850	85.00
12	江西	1 500	80	5.33
13	山东	1 000	4 065	406.50
14	河南	2 500	506	20.24
15	湖北	2 000	2 736	136.80
16	湖南	1 000	1 471	147.10
17	广东	4 000	2 081	52.03

续表

序号	省份	计划经费投入 / 万元	实际经费投入 / 万元	经费到位率 /%
18	广西	1 000	974	97.40
19	海南	100	15	15.00
20	重庆	2 000	371	18.55
21	陕西	1 000	2 121	212.10
22	新疆	900	159	17.67
23	兵团	100	40	40.00
合计		43 900	27 349	62.30

（三）省级精品在线开放课程项目执行情况

1. 总体执行情况　根据《任务（项目）承接通知》，全国 26 个省份①计划承接省级精品在线开放课程（下文简称“省级精品课”）3 392 门。2016 年有 21 个省份执行建设省级精品课 2 266 门；2017 年有 26 个省份执行建设省级精品课 2 809 门，增加 543 门；2018 有 26 个省份执行建设省级精品课 4 514 门，比 2016 年增加 2 248 门（增幅 99.21%），比计划承接数增加 1 122 门（表 3–5–7）。

表 3–5–7　2016—2018 年省级精品课执行情况

执行年份	执行省份数量	执行数量
2016 年	21	2 266
2017 年	26	2 809
2018 年	26	4 514

如表 3–5–8 所示，省级精品课院校承接平均数的总体范围在 0.4~5.26 门之间，而山东（15.38 门）、重庆（10 门）远高于其他省份的院校平均数。省级精品课院校执行平均数的总体范围在 0.32~5.35 门之间，高于此区间的省份有山东（15.77 门）、江西（8.09 门）、浙江（6.10 门）。

表 3–5–8　各省份省级精品课计划承接与实际执行情况

序号	省份	本省院校数	计划承担数量	院校承接平均数	实际执行数量	院校执行平均数	执行平均数与执行承接数差额
1	北京	25	50	2	129	5.16	3.16
2	天津	27	50	1.85	82	3.04	1.19

① 内蒙古、辽宁、云南、西藏、青海、宁夏 6 个省份未承接此项目。

续表

序号	省份	本省院校数	计划承担数量	院校承接平均数	实际执行数量	院校执行平均数	执行平均数与执行承接数差额
3	河北	60	40	0.67	53	0.88	0.22
4	山西	47	30	0.64	99	2.11	1.47
5	吉林	25	10	0.4	8	0.32	−0.08
6	黑龙江	42	100	2.38	138	3.29	0.9
7	上海	26	20	0.77	74	2.85	2.08
8	江苏	90	100	1.11	237	2.63	1.52
9	浙江	48	200	4.17	293	6.1	1.94
10	安徽	74	190	2.57	196	2.65	0.08
11	福建	52	50	0.96	155	2.98	2.02
12	江西	57	300	5.26	461	8.09	2.82
13	山东	78	1 200	15.38	1 230	15.77	0.38
14	河南	79	50	0.63	48	0.61	−0.03
15	湖北	61	50	0.82	263	4.31	3.49
16	湖南	73	50	0.68	265	3.63	2.95
17	广东	87	200	2.3	155	1.78	−0.52
18	广西	38	30	0.79	48	1.26	0.47
19	海南	12	20	1.67	12	1	−0.67
20	重庆	40	400	10	214	5.35	−4.65
21	四川	58	100	1.72	104	1.79	0.07
22	贵州	41	20	0.49	28	0.68	0.2
23	陕西	38	50	1.32	60	1.58	0.26
24	甘肃	27	60	2.22	69	2.56	0.33
25	新疆	27	20	0.74	91	3.37	2.63
26	兵团	2	2	1	2	1	0
合计		1 234	4 514	3.65	3 392	2.75	−0.9

2. 总体经费投入及省级财政投入到位情况　省级精品课各级各类经费投入 2017 年为 2.9 亿元，2018 年为 91.1 亿元，共计 94 亿元。由表 3–5–9 可知，省级财政专项资金、地市

级财政专项资金是省级精品课建设主要经费来源。

表 3-5-9 省级精品课总体经费投入情况

序号	经费来源	2017 年	2018 年	小计
1	省级财政专项资金 / 万元	9 715.3	314 069.5	323 784.8
2	地市级财政专项资金 / 万元	1 261.1	475 379.9	476 641.1
3	行业企业专项资金 / 万元	789.3	1 202.8	1 992.1
4	学校自筹资金 / 万元	16 737.7	119 805.7	136 543.4
5	其他 / 万元	336.7	696.8	1 033.5
合计 / 万元		28 840.1	911 154.8	939 994.9

由表 3–5–10 可知，省级精品课项目省级财政计划投入 4.84 亿元，实际投入 2.06 亿元，总经费到位率是 42.64%。有 10 个省份省级财政投入超过 1 000 万元，山东省投入最多，为 3.20 亿元；吉林省、四川省、新疆生产建设兵团无投入。有 9 个省份的经费到位率超过 100%。

表 3-5-10 省级精品课项目省级财政投入到位情况

序号	省份	计划经费投入 / 万元	实际经费投入 / 万元	经费到位率 /%
1	北京	500	1 025	205.00
2	天津	1 000	2 060	206.00
3	河北	400	494	123.50
4	山西	4 000	280	7.00
5	吉林	0	0	—
6	黑龙江	300	1 054	351.33
7	上海	100	313	313.00
8	江苏	0	1 164	—
9	浙江	400	129	32.25
10	安徽	9 500	639	6.73
11	福建	500	1 671	334.20
12	江西	3 000	126	4.20
13	山东	12 000	3 197	26.64
14	河南	500	630	126.00
15	湖北	3 000	2 445	81.50

续表

序号	省份	计划经费投入 / 万元	实际经费投入 / 万元	经费到位率 /%
16	湖南	500	721	144.20
17	广东	3 000	526	17.53
18	广西	1 500	782	52.13
19	海南	200	71	35.50
20	重庆	2 000	484	24.20
21	四川	3 000	0	0.00
22	贵州	200	1 526	763.00
23	陕西	2 500	1 140	45.60
24	甘肃	60	139	231.67
25	新疆	200	17	8.50
26	兵团	30	0	0.00
合计		48 390	20 633	42.64

（四）虚拟仿真实训中心项目执行与认定情况

1. 总体执行与认定情况　根据《任务（项目）承接通知》，全国27个省份①计划承接虚拟仿真实训中心（下文简称“虚拟仿真中心”）192个。2016年有23个省份执行建设虚拟仿真中心669个；2017年有27个省份执行建设694个，增加25个；2018年有27个省份执行建设857个，比2016年增加188个（增幅26.90%），比计划承接数增加665个（表3–5–11）。

表3-5-11　2016-2018年虚拟仿真中心项目执行情况

执行年份	执行省份数量	执行数量
2016年	23	669
2017年	27	694
2018年	27	857

《项目认定通知》确定了虚拟仿真实训中心限额数为50个，其中各省份限额44个，行指委限额6个。2019年7月，教育部公布虚拟仿真中心最终认定数为46个，23个省份认定44个，2个行指委认定2个。

如表3–5–12所示，计划执行数最多的五个省分别是湖南（30个）、四川（20个）、山

① 内蒙古、辽宁、西藏、甘肃、青海5个省份未承接此项目

东（20个）、黑龙江（15个）、重庆（10个）；实际执行数最多的五个省分别是山东（119个）、广东（92个）、湖北（89个）、湖南（76个）、江苏（74个）；执行数与承接数差异值较大的五省分别是山东（99个）、广东（87个）、湖北（79个）、云南（68个）、江苏（64个）。

表3-5-12　各省份虚拟仿真实训中心计划承接与实际执行情况

序号	省份	计划承接数	实际执行数	执行数与承接数差异值	国家认定数
1	北京	10	14	4	1
2	天津	5	25	20	2
3	河北	2	8	6	2
4	山西	3	33	30	1
5	吉林	6	4	−2	0
6	黑龙江	15	24	9	1
7	上海	5	39	34	1
8	江苏	10	74	64	4
9	浙江	30	46	16	3
10	安徽	5	5	0	1
11	福建	5	18	13	2
12	江西	5	24	19	2
13	山东	20	119	99	4
14	河南	5	6	1	2
15	湖北	10	89	79	3
16	湖南	5	76	71	3
17	广东	5	92	87	4
18	广西	2	3	1	1
19	海南	1	2	1	0
20	重庆	10	39	29	1
21	四川	20	20	0	2
22	贵州	2	0	−2	0
23	云南	3	71	68	1
24	陕西	4	4	0	1

续表

序号	省份	计划承接数	实际执行数	执行数与承接数差异值	国家认定数
25	宁夏	2	9	7	1
26	新疆	1	12	11	1
27	兵团	1	1	0	0
合计		192	857	665	44

2. 总体经费投入及省级财政投入到位情况　虚拟仿真中心项目各级总体经费投入2017年为8.4亿元，2018年为11.7亿元，共计20.1亿元。由表3–5–13可知，省级财政专项、学校自筹资金是虚拟仿真中心建设主要经费来源。

表3–5–13　虚拟仿真实训中心总体经费投入情况

序号	经费来源	2017年	2018年	小计
1	省级财政专项资金/万元	32 233.8	41 267.6	73 501.4
2	地市级财政专项资金/万元	6 843.2	10 811.9	17 655.1
3	行业企业专项资金/万元	6 227.8	14 648.3	20 876.1
4	学校自筹资金/万元	36 692.3	49 600.5	86 292.8
5	其他/万元	2 375.4	1 085.2	3 460.6
合计/万元		84 372.5	117 413.5	201 786

由表3–5–14可知，虚拟仿真实训中心项目省级财政计划投入3.05亿元，实际投入5.91亿元，总经费到位率是194.15%。有16个省份实际投入超过1 000万元，山西省投入最多，为8 068万元；贵州省、新疆生产建设兵团无投入。有13个省份的省级经费到位率超过100%。

表3–5–14　虚拟仿真实训中心项目省级财政投入到位率情况

序号	省份	计划经费投入/万元	实际经费投入/万元	经费到位率/%
1	北京	2 000	571	28.55
2	天津	1 000	8 068	806.80
3	河北	400	376	94.00
4	山西	4 500	2 434	54.09
5	吉林	1 200	190	15.83
6	黑龙江	1 000	1 008	100.80
7	上海	1 000	1 929	192.90
8	江苏	0	5 557	—

续表

序号	省份	计划经费投入 / 万元	实际经费投入 / 万元	经费到位率 /%
9	浙江	1 500	4 652	310.13
10	安徽	1 500	250	16.67
11	福建	500	4 027	805.40
12	江西	1 000	190	19.00
13	山东	400	2 366	591.50
14	河南	1 250	3 764	301.12
15	湖北	1 000	6 210	621.00
16	湖南	500	2 890	578.00
17	广东	1 000	4 537	453.70
18	广西	2 000	1 573	78.65
19	海南	100	0	0.00
20	重庆	500	1 540	308.00
21	四川	4 000	4 400	110.00
22	贵州	200	0	0.00
23	云南	900	1 647	183.00
24	陕西	400	205	51.25
25	宁夏	2 000	725	36.25
26	新疆	300	9	3.00
27	兵团	300	0	0.00
合计		30 450	59 118	194.15

（五）专项推进优质资源共建共享

随着信息化建设进程加快，我国高职教育主动适应“互联网＋职业教育”需求，优质数字教育资源的覆盖程度不断扩大，逐渐形成了国家级、省级、校级三级专业教学资源库和精品在线开放课程体系，以用户为中心的数字化资源服务体系、共建共享体系构建形成，助力教育服务供给模式升级。

1. 国家级专业教学资源库建设　职业教育专业教学资源库自 2010 年启动实施以来，走过近 10 年发展历程，取得累累硕果。资源库是“互联网＋教育”在职业教育领域的率先落地，引领教育教学改革，支撑产业发展，服务精准扶贫，助力“一带一路”建设，传承弘扬优秀民族文化，有力推动了职业教育公平而有质量发展①。目前建设有112个国家级资源库（含11个民族文化传承与创新资源子库），开发241万余条资源，注册用户304万余人，其中社会、企业学习者26万余人，累计访问超过6亿人次。2016—2018年，立项建设了110个专业教学资源库，包括4个民族文化传承与创新资源库子库。并新增199个国家级资源库备选库，立项建设15个资源库升级改进项目。2016—2018年，国家先后投入资金1.905亿元，支持了55个职业教育专业教学资源库建设和12个已验收且应用效果较好的资源库进行升级改进，同时带动西部100多所职业院校参与资源库建设。对西部高职院校牵头的资源库建设项目予以倾斜支持。②

资源库建设惠及大批中西部学生，立项建设的资源库第一主持单位中，东部地区职业院校占比71.4%，但中西部注册用户比例达到42%。通过资源库，东中西部平等地享有优质资源，缩小了区域之间的数字鸿沟。惠及三农，农产品检测资源库设置了“农民”账户，建设了网上“农民大学”，为广大农民提供在线学习、信息浏览、考证报名、在线测试、信息发布、信息查询等服务。作物生产技术资源库开发了“新型职业农民培训课程”和“新技术培训课程”，建立线上虚拟“新疆种子工程学院”，直接服务新型职业农民培养培训。惠及特殊群体，数字媒体资源库建设了“残疾人专用频道”，开发手语特色课程5门，开展手语、口语、书面语三语教学，满足重度肢残、听力残疾、视力残疾等各种类型残疾人的学习需求③。

资源库传承和弘扬了优秀民族文化。资源库建设了11个民族文化传承与创新子库，将传统民族文化转化为数字化资源，将口传身授的民间民族技艺整理成规范、系统、科学的教学内容，开发特色课程、项目和资源，推进优秀传统文化传承和发展。例如，百工录资源库遴选41项有代表性的工艺美术非遗项目，源头采集、活态传承、原创开发，配套丛书《百工录：中国工艺美术记录丛书》20本，获“第六届中华优秀出版物图书奖”。中华刺绣资源库制定了手绣制作工（湘绣）职业标准，开发了绣稿设计、工艺技法和手绣制作工鉴定培训包，在坚守非遗精髓的基础上，从题材、设计、工艺技法、材料、装裱、衍生品开发等方面进行创新研发④。

资源库建设有效支撑了区域产业发展，资源库优先支持国家鼓励的战略性新兴产业领域项目，30多个资源库与新一代信息技术、高端装备、新材料、生物医药、农机装备等重点领域紧密相关，3 000余家行业企业深度参与资源库建设⑤。

2. 省级专业教学资源库建设 各地根据本区域产业发展需要，以院校专业教学资源库建设为基础，统筹省级专业教学资源库建设，形成稳定的用户群体（以学生用户和社会用

---

① 2019年职业教育专业教学资源库建设工作研讨会召开，央视网2019年06月14日
② 资料来源：教育部财务司
③ 谢俐．2019年职业教育专业教学资源库建设工作研讨会上的讲话，2019年06月14日
④ 谢俐．2019年职业教育专业教学资源库建设工作研讨会上的讲话，2019年06月14日
⑤ 谢俐．2019年职业教育专业教学资源库建设工作研讨会上的讲话，2019年6月14日

户为主，占比约 92%，省级专业教学资源库的建设与使用情况呈现较好态势。相比 2016 年，2018 年各资源库总量、涵盖课程总门数，及各类用户人数有较大增幅；总访问量、点击总次数、累计使用次数、交流互动次数均有显著增长（表 3–5–15）。

表 3-5-15　省级资源库建设具体情况

指标项	2016 年	2017 年	2018 年
教学资源库数量	397	493	616
涵盖课程数量	2 273	4 528	7 262
教师用户数量	36 867	58 180	147 705
学生用户数量	681 988	1 174 674	3 087 942
企业用户数量	49 952	80 065	147 048
社会用户数量	127 141	144 599	304 924
总访问量 / 万次	1 805.62	20 273.99	48 313.76
点击总次数 / 万次	7 376.97	107 547.97	111 165.23
累计使用小时数 / 万小时	964.99	544 892.81	45 871.49
交流互动次数 / 万次	812.20	1 040.58	11 969.20

3. 国家精品在线开放课程建设[①]　2017 年教育部高教司启动国家精品在线开放课程认定工作，7 月印发《教育部办公厅关于开展 2017 年国家精品在线开放课程认定工作的通知》。截至目前，共认定两批国家精品在线开放课程，专科高等职业教育课程共 133 门，其中第一批 22 门已于 2017 年由《教育部办公厅关于公布 2017 年国家精品在线开放课程认定结果的通知》公布；第二批 111 门于 2019 年 1 月 8 日由《教育部关于公布 2018 年国家精品在线开放课程认定结果的通知》公布，覆盖全国 15 个省（区、市）85 所学校，涵盖公共基础课、专业课、文化素质教育课、思想政治理论课、教师教育课等不同类型。

4. 省级精品在线开放课程建设　主动适应"互联网 + 职业教育"需求，各院校精品在线课程建设不断加大。相比 2016 年、2017 年，2018 年各省级精品课总量、涵盖课程类别与总门数，以及各类用户的人数、用户访问量均有较大幅度的增长（表 3–5–16）。

表 3-5-16　省级精品在线开放课建设具体情况

指标项	2016 年	2017 年	2018 年
省级精品在线开放课程数量	2 266	2 809	4 514
公共课数量	—	489	348
专业基础课数量	—	603	937

① 资料来源：教育部高等教育司

续表

指标项	2016 年	2017 年	2018 年
专业核心课数量	—	1 870	2 684
创新创业教育课数量	—	51	114
教师教育课数量	—	12	28
教师用户 / 人	80 413	74 033	134 630
学生用户 / 万人	120.06	247.77	545.77
社会用户 / 万人	25.40	50.01	178.44
用户访问量 / 万人	3 528.33	1 0491.99	107 623.19

各省级教育行政部门、各院校积极借助虚拟现实技术、云端教学平台等现代信息技术手段建设省级精品课，促进课堂教学模式改革，逐步构建起个性化、智能化、数字化的课堂教学新生态。建设省级精品课主要有两种方式，一种是省级教育行政部门牵头，联合企业开发的省级统一平台，如河北省职教云平台、浙江省精品在线开放课程平台、江西省高职院校精品在线开放课程建设平台、江苏省在线开放课程中心、河南省爱课程网等平台。一种是由企业开发供院校使用的平台，如智慧职教（智慧职教云）、爱课程网等平台。

（六）信息技术融入教育教学全程

各院校积极推进校企协同共建，应用信息技术改造传统教学，把企业真实场景、业务流程、岗位工作和案例数据引入人才培养过程，促进自主、泛在、个性化学习方式形成，突出职业能力培养的虚拟仿真实训中心建设成效逐渐显现。

1. 应用信息技术创新专业教学模式的实践全面开展 各院校发挥各级专业教学资源库、校本网络在线课程等数字化资源优势，借助智慧教室等教学环境，广泛运用“智慧职教”等教学服务云平台，实施线上线下混合教学，深化了课程改革，提高了课堂教学效果，提升了师生信息素养。

案例 16：应用信息技术，推动教学改革

天津海运职业学院[①]探索基于移动新媒体的教学改革方案，利用微信平台的图文、音视频、动画等特点设计教学内容，搭建教学微信平台，依托微信新媒体建设多维互动、智能查询等系统，设计了基于新媒体的“统一平台、多维互动”教学新模式。探索自主研发的 H5 新媒体格式教学课件；实现微信弹幕取代课堂问答，多维互动调动学习热情。

上海农林职业技术学院通过信息技术开发数字解剖动物实训课程，以虚拟现实技术呈现实验过程，节约了资源，减少了危险，实现教学模式转变。

黑龙江信息技术职业学院软件技术专业利用 IT begin 云端教学平台，将线下的项目开

① 来源：天津市高职教育质量年度报告（2019）

发实训课程转移到平台上，形成线上线下联动，以学生自学为主，企业导师远程指导、校内导师线下指导为辅的“云端”教学模式，极大提高教学质量。

2. 建设虚拟仿真实训中心，实现实践教学与生产现场对接　各院校利用企业技术优势，合作开发替代性虚拟仿真实训中心与仿真教学软件，采取模拟教学等方式全景呈现生产过程、教学过程，既解决了安排困难、危险性高等实习问题，也解决了复杂结构复杂运动难以理解的教学问题。到 2018 年，虚拟仿真实训中心平均合作企业 1.03 家、平均开设实训项目 17.4 项、平均有虚拟仿真软件 376 套，与 2017 年相比有一定程度增加（表 3–5–17）。

表 3–5–17　虚拟仿真实训中心建设具体情况

指标项	2017 年	2018 年
虚拟仿真中心建设数量	693	857
平均合作企业数	0.9	1.03
平均覆盖专业布点数	1.6	1.55
平均开设实训项目数	14.2	17.4
平均实训学时 / 万人·学时	5.11	4.66
平均有虚拟仿真软件数量	28	376

案例 17：加强虚拟仿真建设，实现教学与生产环境无缝对接

河北化工医药职业技术学院与化工企业合作建立化工过程虚拟仿真实训中心，共同开发航天炉煤气化等七个虚拟生产操作实训流程，共建冷态模拟实操仿真教学工厂，营造真实的“企业化”教学环境，解决了现代化工生产过程自动化连续生产且不可逆，高温高压、易燃易爆、有毒有害等高危险性的问题，学生的职业技能得到充分锻炼，素养大幅提升。

武汉电力职业技术学院电力虚拟仿真实训中心，先后开发具有自主知识产权的发电机组、变电站仿真系统 20 套，覆盖国内主流发电类型、300~1 000MW 火力发电容量等级和 110~1 000kV 变电站全系列电压等级，其中 1 000kV 变电仿真系统为国际首创，至今累计培训和技术服务产值突破 500 万元，2018 年实训总学时超过 6 万人·时。该中心采用了全范围、全过程的仿真技术，操作过程与火电厂实际完全相同，可进行火电机组运行的启停、运行维护和事故处理等所有操作或演示，能充分满足专业教学“讲、学、练”一体化的项目教学。

（七）数字校园提升科学管理效能

2016—2018 年，教育部牵头大力部署推进职业教育信息化建设工作，综合运用大数据、人工智能等手段推进学校管理方式变革。各地、各院校完善配套支持政策，职业院校数字校园建设逐渐走上规范化、科学化轨道，信息孤岛逐步消除，管理效能和水平得到提升。

1. 教育信息化建设工作顶层设计有序推进　为加速推进全国高职院校教育信息化建设

部署，教育部印发《教育信息化 2.0 行动计划》，重点部署数字校园规范建设，提出“促进数字校园建设全面普及，推动实现各级各类学校数字校园全覆盖”。将网络教学环境纳入学校办学条件建设标准，加强职业院校虚拟仿真实训教学环境建设，服务信息化教学需要。按照《教育信息化专项 - 教育业务管理信息系统子项目管理细则（试行）》的要求，支持职业学校管理信息系统。根据国家政务信息系统整合共享的工作要求，将高等职业院校人才培养工作状态数据管理系统纳入业务服务平台中予以考虑，通过统一开发的方式最大限度满足相关信息化需求。2016 年，教育部启动第一批、第二批“职业院校数字校园建设实验校”建设，高职院校共立项 125 所。2017 年，部署开展首批实验校中期评估工作，同时启动第三批实验校遴选工作。2018 年，印发《中央电化教育馆关于公布首批职业院校数字校园建设实验校项目总结评估结果的通知》，共有 112 所职业院校通过评审。

2. 管理理念、方式实现较大转变　在国家政策文件指导下，各地、各院校积极落实、有序探索。创新信息化、数字化校园建设，管理理念、方式实现较大转变，互联互通得到加强，有效提升了信息使用效率与效益。

江苏省高职院校加强校级“数据中心”建设，整合各类信息资源及应用系统，建立高效可靠的数据中心，通过数据分析和挖掘，将现代信息技术融入管理的核心业务，形成数字化、网络化、智能化的线上线下协同办学新模式。浙江省 2018 年实施基于人工智能、大数据、云计算的“精准教学、精准学习”试点，出台了《关于加快推进普通高校“互联网 + 教学”的指导意见》和《关于推进高等学校精品在线开放课程学分认定和转换工作的实施意见》，成立浙江省高职院校教师信息化教学发展中心，部署重点建设 20 所省级“互联网 + 教学”示范性高校。天津市依托国家精品课程、国家职教专业教学资源库以及优质信息化教学资源，重点打造国家现代职业教育改革创新示范区优质教学资源共享服务平台、核心专业群平台、资源共享平台、管理服务平台、教师培训管理平台、成果转化平台等多个多功能信息化平台。

常州工程职业技术学院开发设计了“师生一站式网上办事大厅”“课堂一键签到系统”等网络平台，做到办事流程每个节点可追溯、可跟踪、可评价，集成大量数据，为实现精细化、科学化管理提供决策依据。海南政法职业学院通过“数字学工”管理平台，自动实时采集学生行为轨迹和状态数据，并通过信息系统的自动分析、预警、推送等功能，强化警务化管理；通过“微信 + 思政”“思政微课堂”“政法成长平台”等信息化阵地开展职业道德教育；通过学生学习空间的建设与应用开展多种形式的网络协作学习，培养学生的沟通与协作能力①。

（八）教学能力比赛带动教学改革

全国职业院校技能大赛职业院校教师教学能力比赛始办于 2010 年的“全国中等职业学

① 来源：海南省高职教育质量年度报告（2019）

校信息化教学大赛”，2012 年高等职业院校教师纳入大赛参赛范围，到 2017 年，基本形成了国家、省、市、校四级赛事体系。比赛分中等职业教育组、高等职业教育组和军事职业组，分别下设教学设计、课堂教学、实训 3 个赛项。2016—2018 年，累计有 6 451 件作品，10 000 余名教师参加了国赛，30 余万名教师参与了各级比赛，促进了信息技术与教育教学深度融合，有效推动了职业院校改革创新教育教学模式。获奖情况见表 3–5–18。

表 3–5–18　2016—2018 年全国职业院校教师教学能力比赛获奖情况

获奖等级	2016 年	2017 年	2018 年
一等奖 / 项	129	148	122
二等奖 / 项	187	222	240
三等奖 / 项	310	385	346

案例 18：构建三级竞赛体系，全国教学能力比赛名列前茅[①]

北京市形成了市、区、校的完整赛事体系和“校级、市级、国家级”三级教学能力比赛的有效机制，有力推动了教师充分运用信息技术进行教学设计、课堂教学、实践教学、科研反哺教学和社会服务等方面的改革与创新，全面提升教师信息化教学能力，教学信息化水平成为评价教师教学能力的重要指标。2016—2018 年，北京市高职院校在全国职业院校技能大赛职业院校教学能力比赛中获得一等奖 23 项，二等奖 16 项，三等奖 18 项，获奖数量连续三年在全国排名第二。获得一等奖的数量连续三年在全国排名第二，其中 2016 年 9 项，2017 年 7 项，2018 年 7 项。北京电子科技职业学院和北京工业职业技术学院三年获得一等奖的数量分别为 10 项和 7 项，获得一等奖的数量在全国高职院校中分别排在第一名和第二名。北京市教育委员会连续三年荣获最佳组织奖。

六、完善高等职业教育结构

各地系统规划院校布局，构建完整职业教育与培养培训体系；接续培养制度逐步完善；高等职业教育标准体系制定工作加快推进，为完善职业教育国家标准奠定坚实基础；区别于学科型人才培养的本科层次职业教育的实现形式和培养模式有序实践，为高职院校探索长学制积累有益经验；毕业证书与职业资格证书对接稳步推进。逐渐形成定位清晰、科学合理的高等职业教育结构。

“完善高等职业教育结构”包括 6 个任务，分别是：发布实施“关于引导部分地方普通本科高校向应用型转变的指导意见”，探索本科层次职业教育实现形式和培养模式（编号：RW–14）；开展设立专科高等职业教育学位的可行性研究（编号：RW–15）；编制“高等职业学校建设标准”，研究修订《普通高等学校设置暂行条例》（编号：RW–16）；修订一批专

① 来源：北京市高职教育质量年度报告（2019）

科高等职业教育专业教学标准和实验实训装备技术标准（编号：RW–17）；修订“高等职业院校专业目录”和“高等职业院校专业设置管理办法”，到2017年，专科职业教育在校生达到1 420万人（编号：RW–18）；持续缩减本科高校举办专科高等职业教育的规模（编号：RW–20）。

（一）任务（项目）执行情况

“完善高等职业教育结构”部分只有2个任务（RW–14、RW–20）填报了绩效数据，其他4个任务（RW–15、RW–16、RW–17、RW–18）更多体现的是定性事实，没有定量数据呈现。根据《任务（项目）承接通知》和2016年、2017年、2018年创新发展行动计划执行通报，RW–14、RW–20执行建设情况如表3–6–1所示。

表3–6–1 “完善高等职业教育结构”任务承接和执行情况

序号	任务	承接省份数量	2016年执行省份数量	2017年执行省份数量	2018年执行省份数量
1	RW–14	23	18	20	22
2	RW–20	21	15	18	20

（二）助力现代职业教育体系建设

1. 探索发展本科层次职业教育的模式持续创新　教育部贯彻落实中央关于引导推动部分本科高校向应用型转变决策部署，以中央预算内投资项目为抓手，以完善配套制度建设为保障，多措并举，合力推进，引导和推动转型发展向政策保障、深度转型、示范引领上迈进，应用型高校建设呈现良好势头，教育部等三部门印发的《关于引导部分地方普通本科向应用型转变的指导意见》，对高校转型改革进行了顶层设计。

目前全国本科层次职业教育的实现形式和培养模式主要有三种形式：

第一种由普通本科高等学校向应用型高校转型。“十三五”期间，在全国范围内支持100所应用型高校的实习实验实训环境、平台和基地建设。充分发挥省级政府统筹作用，遴选在转型改革中积极探索、发挥示范引领作用的高校纳入项目建设。2017年安排中央预算内投资12.28亿元支持31个项目建设，2018年安排中央预算内投资22.5亿元支持51个项目建设①。第二种是部分高水平高职院校与本省应用型本科院校联合开展本科层次应用型人才探索。如河北省确立4所国家示范性高职院校与省内3所骨干本科高校在16个专业联合开展工程教育本科试点，共同参与人才培养，以高职院校为主，本科高校进行指导和学籍管理，发放本科高校的毕业证书；安徽持续开展国家示范高职院校与应用型本科高校联合培养本科生试点，芜湖职业技术学院等3所国家示范性高职与安徽工程大学、合肥学院联办四年一贯制本科教育。据不完全统计，已有超过14个省份开展此种模式探索。第三

① 数据来源：教育部发展规划司

种是高等职业学院升格，保留“职业”二字，举办职业教育本科。为贯彻落实中央关于职业教育的新部署和新要求，探索职业教育发展新路径，进一步完善职业教育体系，推动职业教育高质量发展，2019 年 5 月 27 日，教育部发展规划司连续发布 15 个函，同意南昌职业学院（本科）、广西城市职业学院（本科）等 15 所学校由“职业学院”更名为“职业大学”，作为本科层次职业教育试点学校，共设置职业本科专业 154 个。教育部要求各学校要坚持职业教育办学定位，保持职业教育属性和特色，培养区域经济社会发展需要的高层次技术技能人才。

开展本科层次职业教育的院校 2017 年为 122 所，2018 年为 188 所；开展本科层次职业教育的专业数 2017 年为 1 021 个，2018 年为 1 207 个；开展本科层次职业教育的院校在校生 2017 年为 112 221 人，2018 年 165 180 人，均有稳步增长（表 3–6–2）。

表 3–6–2　2017 年、2018 年开展本科层次职业教育的情况比较

建设内容	2017 年	2018 年
开展本科层次职业教育的院校数量	122	188
开展本科层次职业教育的专业数量	1 021	1 207
开展本科层次职业教育的在校生人数	112 221	165 180

2. 本科高校举办的就业率低的专科高等职业教育规模明显缩减　全国举办专科高等职业教育的本科高校 2017 年有 290 所，2018 年有 283 所，减少了 7 所；全国本科高校举办专科层次教育专业布点 2017 年为 9 899 个，2018 年为 4 540 个，较 2017 年明显减少，降幅为 54.14%。据教育部发展规划司数据，2018 年，全国本科层次高校招收专科（高职）学生为 45.09 万人，比 2014 年减少 13.04 万人，年均减少 6.2%，表明本科高校举办专科高等职业教育的规模正在缩减。四川省积极引导本科高校归位发展，压缩本科院校专科计划占比，引导其在本科层次办出特色和水平，近三年本科高校专科生占比连续下降，全省 35 所公办本科高校招收专科生从 2016 年的 1.8 万人减少到 2017 年的 1.5 万人，下降 16%，其中有 9 所学校从 2017 年起已停止招收专科生。

（三）建立健全职教接续培养制度

2017 年，教育部启动了人才培养方案指导意见修订工作，组织研究起草了《教育部关于职业院校专业人才培养方案制订工作的指导意见》（征求意见稿），12 月下发《关于征求对〈教育部关于职业院校专业人才培养方案制订工作的指导意见〉（征求意见稿）意见的函》，面向各地区教研机构、职业院校、行业企业等征求意见。2019 年 6 月 5 日，教育部印发《教育部关于职业院校专业人才培养方案制订与实施工作的指导意见》，旨在推进国家教学标准落地实施，提升职业教育质量。

1. 专科高职院校在接续培养中的主导作用得到强化　与专科高职院校有关的接续培养有两类，一类是中高职衔接，一类是高职本科衔接，这两类实践为构建现代职业教育体系，打通职教学生上升的“立交桥”起到至关重要的作用。北京市自 2012 年开展“3+2”中高职衔接办学改革试验项目以来，专业布点达到 282 个，中高职衔接专业覆盖面达到 80% 以上；2018 年广西壮族自治区继续探索建立中职、高职、应用型本科、专业学位研究生相衔接的职业教育人才成长通道，搭建人人皆可成才的职业教育立交桥，全区高等职业院校招收中职毕业生 6 万人，占中职毕业生总数的 38%。专科高职院校在系统培养中的主导作用越发明显，接续专业的人才培养方案和教学内容安排得到系统设计。

案例 19：职业教育接续培养，人才立交桥不断贯通

湖北省研制了《五年制高等职业教育管理办法》《五年制高等职业教育教学工作指导意见》等文件，2017 年制订并发布了畜牧兽医、机电一体化技术、旅游管理等 11 个中高职衔接专业标准；2018 年，有 35 所高职院校和 101 所中职学校在 238 个专业开展“3+2”分段培养和 11 所高职院校开展学前教育专业五年一贯制连续培养，完成五年制高职教育招生计划 1.5 万人。2019 年继续在 18 所本科院校与 10 所高职院校 20 个专业开展普通本科高校与高职院校联合培养本科层次职业教育人才工作。

北京财贸职业学院与北京市商业学校 2012 年开展“市场营销专业”衔接培养，建立了“专业互补、能力递进”的衔接课程体系，创建“复合 + 递进”中高职衔接培养模式，实施“全过程学习表现 + 技能鉴定”的中高职转段考核方案，建立“搭台共建，嵌入渗透”的教学合作机制，凝练形成的教育教学成果《中高职衔接培养市场营销专业复合型技能人才的实践与探索》获得 2018 年北京市教育教学成果一等奖。

南宁职业技术学院投入 200 万元，设立对口帮扶专项课题项目，共同开展中高职衔接的专业教学资源库、课程标准、师资帮扶、管理帮扶等项目建设。2017 年以来，持续与对口帮扶中职学校共建共享专业教学资源库项目 2 项，衔接课程资源库项目 12 门，中职师资培养提升项目 10 项，教材建设项目 10 项，师生交流项目 10 项，开展教师互派交流 78 人次、学生交流 91 人次，对口帮扶县级中专综合改革科研课题 15 项。

2. 专业教学标准和实验实训装备技术标准体系持续完善 行指委统筹与指导高职院校通过多种形式积极开展相关专业教学标准和实验实训装备技术标准体系的建设，推进高等职业教育标准体系制定与完善。截至目前，有 25 个行指委开展了专业教学标准和实验实训装备技术标准体系的建设工作，共修订专科高等职业教育专业教学标准 175 项，实验实训装备技术标准 18 项，已通过教育部专家验收的专业教学标准 12 项。25 个行指委制定完成专业教学标准和实验实训装备技术标准情况如表 3–6–3。

（1）专业教学标准修（制）订工作：2016 年，教育部办公厅印发《关于做好〈高等职业学校专业教学标准〉修（制）订工作的通知》，对高等职业学校专业教学标准修（制）订工作进行了总体安排，要求全面贯彻党的教育方针，认真落实党中央、国务院决策部署，适应经济社会发展和产业转型升级新要求，以提高教育教学质量为中心，依据《普通高等学校高等职业学校（专科）专业目录》（以下简称《目录》）及专业简介，对现行高等职业学校专业教学标准进行全面修订，研究制订《目录》新增设专业的教学标准，全面提升职

业教育人才培养专业化、规范化水平，标准修（制）订工作分两批开展，于2018年完成。2017—2018年，组织各行业职业教育教学指导委员会，牵头对现行高等职业学校专业教学标准进行了全面修（制）订，形成了第一批353个专业教学标准（征求意见稿），涉及81个专业类；2018年，下发《关于征求对〈高等职业学校专业教学标准（2018年）〉意见的通知》，面向各地区教研机构、职业院校、行业企业等征求意见。

表3-6-3　25个行指委修订（制定）完成专业教学标准和实验实训装备技术标准情况

序号	行指委名称	专业教学标准	实验实训装备技术标准
1	测绘行指委	工程测量技术、测绘工程技术等4个专业	
2	林业行指委	林业技术、园林技术等7个专业	
3	美发美容行指委	人物形象设计	
4	机械行指委	24个专业	继续推进工业机器人和模具2项实验实训装备技术标准制订
5	包装行指委	包装策划与设计、包装工程技术	
6	电子商务行指委	电子商务、移动商务等5个专业	
7	工信行指委	计算机网络技术、移动通信技术等5个专业	
8	交通行指委		智能交通技术运用、道路桥梁工程技术、新能源汽车运用与维修技术
9	粮食行指委		粮食工程技术专业、粮食工程技术专业实训教学设施标准
10	煤炭行指委	6个煤炭高职专业	
11	民政行指委	完成修订社会工作等4个专业；启动修订社区服务与管理等5个专业	
12	农业行指委	动物防疫与检疫、动物医学检验技术等5个专业	
13	商业行指委	市场营销、连锁经营管理等4个专业	
14	石化行指委	13个专业	1个专业
15	水利行指委	港口航道与治河工程、机电排灌工程技术	
16	铁道行指委	16个专业	
17	外语行指委	应用俄语、旅游日语	
18	卫生行指委	老年保健与管理	

续表

序号	行指委名称	专业教学标准	实验实训装备技术标准
19	文化艺术行指委	戏曲表演、音乐表演等 8 个专业	
20	文物保护行指委	文物修复与保护	
21	验配行指委	眼视光技术	
22	冶金行指委	轧钢工程技术等 5 个专业	
23	艺术设计教指委	8 项专业教学标准	8 项实验实训装备技术标准
24	有色行指委	有色冶金技术、金属矿开采技术等 6 个专业	
25	住建行指委	17 个专业	

（2）区别于学科型人才培养的本科层次职业教育实现形式和培养模式有序探索并积累典型经验：据不完全统计，目前已初步形成“与高等职业院校贯通培养”“普通本科高等学校向应用型高校转型”“高职与应用型本科‘4+0’本科应用型联合培养”等 7 种实现形式和培养模式（表 3–6–4）。

表 3-6-4　本科层次职业教育的实现形式和培养模式（不完全统计）

序号	本科层次职业教育的实现形式和培养模式	省份
1	与本科院校贯通培养	北京
2	普通本科高等学校向应用型高校转型	上海、浙江、福建等
3	“3+2”高职—本科 分段培养	江苏、广东、甘肃、新疆等
4	“3+4”中职—本科 分段培养	甘肃等
5	高职与应用型本科“4+0”本科应用型联合培养	江苏、安徽、江西、河北、广东、海南、新疆等
6	高职与本科院校、企业实施“4+0”高端技能型本科人才	四川等
7	高职院校专业开展四年制高职教育人才培养试点	浙江等

七、推动职业教育集团化发展

实行集团化办学是职业教育办学体制机制和办学模式的创新，是深化产教融合、校企合作的重要载体和有效途径。

“推动职业教育集团化发展”包括 1 个任务，2 个项目，分别是：落实《教育部关于深入推进职业教育集团化办学的意见》，研制“示范性职业教育集团建设方案与管理办法”

（编号：RW–19）1 个任务；包括建设一批骨干职教集团，遴选 10 个省份开展多元投入主体依法共建职业教育集团的改革试点（编号：XM–8），以及建设一批连锁型职教集团（编号：XM–9）2 个项目。

（一）任务（项目）执行情况

1. 总体执行情况　根据《任务（项目）承接通知》，和 2016 年、2017 年、2018 年创新发展行动计划执行通报，落实《教育部关于深入推进职业教育集团化办学的意见》，研制“示范性职业教育集团建设方案与管理办法”（编号：RW–19）2016 年 23 个省份执行了建设，2017 年 24 个省份执行了建设，2018 年 24 个省份执行建设。

根据《任务（项目）承接通知》，全国 30 个省份[①]计划承接骨干职教集团 222 个。2016 年有 29 个省份执行骨干职教集团建设 389 个；2017 年有 30 个省份，执行建设 319 个，减少 70 个；2018 有 30 个省份执行建设 460 个，比 2016 年增加 71 个（增幅 18.25%），比计划承接数增加 238 个（表 3–7–1）。

表 3-7-1　2016—2018 年骨干职教集团任务执行情况

执行年份	执行省份数量	执行数量
2016 年	29	389
2017 年	30	319
2018 年	30	460

根据《任务（项目）承接通知》，全国 10 个省份计划承接建设连锁型职教集团 22 个。2016 年有 3 个省份执行连锁型职教集团建设 12 个；2017 年有 6 个省份执行建设 18 个，增加 6 个；2018 年有 7 个省份执行建设 22 个，比 2016 年增加 20 个（增幅 18.25%），与计划承接数一致（表 3–7–2）。

表 3-7-2　2016—2018 年连锁型职教集团任务执行情况

执行年份	执行省份数量	执行数量
2016 年	3	12
2017 年	6	18
2018 年	7	22

2. 项目经费投入情况　全国高职院校集团化办学共有高职院校、中职学校、本科院校、技工学校、企业、行业协会等多元投入主体参与。2018 年共有 455 个骨干职教集团、22 个连锁型职教集团有资金支持。骨干职教集团总体经费投入 2017 年为 15.9 亿元，2018 年 44.3 亿元，共计 60.2 亿元（表 3–7–3）。学校自筹、地市级财政专项资金是骨干职教集团经费投入的主要来源。

---

① 海南省、内蒙古自治区未承接此项目。

表 3-7-3 骨干职教集团经费总投入情况

序号	经费来源	2017 年	2018 年	合计
1	省级财政专项资金 / 万元	9 888	51 588.2	61 476.2
2	地市级财政专项资金 / 万元	14 505	59 403.5	73 908.5
3	行业企业专项资金 / 万元	11 978	15 928.6	27 906.6
4	学校自筹资金 / 万元	119 602.6	312 599.9	432 202.5
5	其他 / 万元	3 029.5	3 132.9	6 162.4
合计 / 万元		159 003.1	442 653.1	601 656.2

连锁型职业教育集团总体经费投入 2017 年为 2 090 万元，2018 年为 4 919.2 万元，共计 7 009.2 万元（表 3–7–4）。省级财政专项、行业企业专项资金是连锁型职业教育集团经费投入的主要来源。

表 3-7-4 连锁型职教集团财政专项投入经费情况

序号	经费来源	2017 年	2018 年	合计
1	省级财政专项资金 / 万元	649	2 040	2 689
2	地市级财政专项资金 / 万元	260	205	465
3	行业企业专项资金 / 万元	760	1 560.2	2 320.2
4	学校自筹资金 / 万元	421	1 114	1 535
5	其他 / 万元	0	0	0
合计 / 万元		2 090	4 919.2	7 009.2

（二）初显集团化多元办学新成效

1. 骨干职教集团建设情况　2017 年建设了 319 个职教集团，2018 年增长到 455 个，增长了 42.63%。由表 3–7–5 可知，职教集团建设整体呈现增长态势，行业型职业教育集团的总量明显高于区域型职业教育集团，表明职教集团办学、运行贴近行业产业发展。

表 3-7-5 职教集团建设情况

序号	建设内容	2017 年	2018 年
1	职教集团数量	319	455
2	农业职教集团数量	36	54
3	涉农职业教育改革示范区数量	26	32

续表

序号	建设内容	2017 年	2018 年
4	行业型职教集团数	164	232
5	复合型职教集团数	71	94
6	区域型职教集团数	74	116
7	其他类型职教集团数	20	11

2. 职教集团治理结构逐步优化　各地围绕区域经济发展的人才需求组建职教集团，注重发挥集团成员的主体优势，建立联席会、理事会、董事会、秘书处等治理机构，积极出台制度文件，组织召开工作会议，建立完善集团网站，促进成员间信息沟通。治理结构与运行机制进一步健全，职业教育集团化发展得到有效推动。2017 年建立职教集团内部治理机构和决策机制的院校有 244 所，2018 年 271 所，增长 11.07%；2017 年出台示范性职业教育集团建设方案与管理办法的院校有 169 所，2018 年增长到 205 所，增长了 21.3%。

案例 20：创新职教集团不同形式，形成典型经验做法

山东省通过行业龙头企业牵头、骨干职业院校牵头、行业和职业院校联合、地方政府整合、区域内资源共享等方式多样化发展职业教育集团。成都市现代物流专业职教集团实行会员理事会制，建立“一会一处四工作委员会”的集团组织机构，初步形成“1+2+N”工作运行机制，即每年召开一次理事大会暨集团年会；每年上半年和下半年分别召开一次常务理事会暨集团工作会，每年围绕专业建设、师资培养、同课异构、技能大赛、课程改革等主题，开展相关的公开课暨研讨会教研活动及专题讲座。

四川省[①]高职院校共牵头建立职教集团（产教联盟）50 个，有各类学校 554 所、政府部门 165 个、行业协会 107 个、企业 1 000 余家、科研机构 43 个，覆盖各级各类学生 100 万人左右，涵盖了高端装备智能制造、航空航天技术、交通运输、现代农业、医药卫生等重点产业和行业领域。

湖北城市建设职业技术学院牵头组建湖北建设职业教育集团，2016 年组建了由湖北、湖南、河南、广东、广西建设（建筑）职教集团组成的中南建设职教集团联盟。2016 年与职教集团成员单位广东天衡工程监理有限公司联合开办“天衡学院”。“天衡学院”实行理事会领导下的院长负责制，各层级人员按校企 1 ∶ 1 配备；双方共同制定发展规划、管理办法、工作任务推进计划，系统有序开展工作，形成“143”运行模式。

3. 职教集团的社会服务能力得到增强　2017 年职教集团共培养学生 877.34 万人，2018 年培养学生 1 066.4 万人，增长 21.55%；2017 年开展社会培训 1 356.18 万人·天，2018 年培训 35 253 万人·天，增长了 2 499.43%；技术服务项目 2017 年有 54 663 项，2018 年有 64 704 项，增长了 18.37%，覆盖了现代农业、先进制造业、现代服务业、战略性新兴产业

① 资料来源：教育部民族教育司

及其他产业，其中以服务先进制造业、现代服务业为主。

4. 职教集团建设促进了优质资源共建共享　职业教育集团充分发挥了在专业建设、校企合作办学、资源平台共享建设、师资队伍建设、实训基地建设、社会服务能力等方面的建设优势，跨区域组建职教集团成为一种发展趋势。湖南积极探索集团化办学的模式与机制，集团化办学的效益日渐明显。一是集团化办学平台不断扩充。建设省级职教集团 42 家，加盟合作单位 2 458 家，其中省内外规模企业 2 229 家，几乎覆盖了所有在湘的大中型企业。牵头组建“全国机械装备制造职业教育集团”和“全国职业院校精准扶贫协作联盟”，形成了全国范围内机械装备制造业产教融合平台，促进全国职业教育精准扶贫专业化水准。中国水利职业教育集团搭建了终身学习平台，平台在线学习的网络课程达 300 多门。举办多期培训班，完成首批水利行业“双师型”教师评审工作，实现优秀师资资源共享。济源职业技术学院承担建设的“济源职业教育集团”接纳职教园区不同层次专业学生实训，成功助推了富士康集团、重庆力帆集团等产业项目落户济源，服务地方经济。新疆生产建设兵团兴新职业技术学院牵头成立的兵团工贸职业教育集团，组织集团内成员院校和企业毕业生就业洽谈会，开展校企座谈会，共建教学团队等，惠及兵团和地方职业院校学生 1.5 万余人，招收现代学徒制试点、订单培养学生 1 000 余人。

（三）探索连锁型职教集团新路径

支持有特色的院校以输出品牌、管理、资源的方式，成立连锁型职教集团，是职教集团发展的新思路，对于优质资源快速扩散起到良好作用。2017 年全国共建设连锁型职教集团 18 个，2018 年增长到 22 个，主要分布在天津、重庆、黑龙江、河南、陕西、新疆、兵团 7 个省份。其中，省际连锁型职教集团 10 个，省内连锁型职教集团数量 12 个。河南重点支持有特色的高职院校以输出品牌、资源和管理的方式成立“河南机电连锁职业教育集团”“郑州轨道交通职教集团”2 个连锁型职业教育集团，培养学生 15 000 多人，技术服务项目 60 项，社会培训 2 万多人次。杨凌职业技术学院牵头组建陕西省农业连锁职业教育集团，陕西工业职业技术学院分别牵头组建机械行业材料成型与控制技术连锁型职教集团，培养学生 38 002 人，开展各类型社会培训及职业技能鉴定 95 124 人天，承接技术服务项目 338 项。

八、促进区域协调发展

东中部高职院校通过联合办学，托管、集团化办学等形式，支持西部教育发展，促进区域高职教育协调发展。依托顶层统筹、地方发力、院校行动模式，区域间高职教育帮扶工作思路更加明确，措施更加得力。同时，为适应京津冀协同发展、省内教育协作帮扶等国家战略及地方需要，区域内合作推动高职教育发展也更精准、更均衡，更有成效和特色。各高职院校积极落实区域协调发展战略，东中部通过联合办学，托管、集团化办学等形式，支持西部教育发展，促进区域高职教育协调发展。

“促进区域协调发展”包括支持东中部地区高职院校（职教集团）对口支援西部职业院校；支援革命老区、西藏自治区及四省藏区、新疆维吾尔自治区和集中连片特殊困难地区的专科高等职业院校提升办学基础能力和人才培养水平（编号：XM–10）1 个项目（以下简称“对口支援项目”）。

（一）任务（项目）执行情况

根据《任务（项目）承接通知》，全国 14 个省份计划承接对口支援 173 校次。2016 年有 13 省份执行对口支援建设，执行建设 277 校次；2017 年有 14 省份执行对口支援建设 228 校次，减少 49 校次；2018 年有 14 个省份执行对口支援建设 312 校次，比 2016 年增加 35 校次（增幅 12.6%），比计划承接数增加 139 校次（表 3–8–1）。

表 3-8-1 2016-2018 年对口支援项目执行情况

执行年份	执行省份数量	执行校次数量
2016 年	13	277
2017 年	14	228
2018 年	14	312

如表 3–8–2 所示，“促进区域协调发展”项目 2017 年投入 5 482.7 万元，2018 年投入 6 663.9 万元，共计 12146.6 万元。学校自筹资金、地市级财政专项、省级财政专项是“促进区域协调发展”项目经费投入的主要来源。

表 3-8-2 “促进区域协调发展”项目总体经费投入情况

序号	经费来源	2017 年	2018 年	合计
1	省级财政专项资金 / 万元	2 088.8	1 123.2	3 212
2	地市级财政专项资金 / 万元	707.7	2 610.1	3 317.8
3	行业企业专项资金 / 万元	352	192.6	544.6
4	学校自筹资金 / 万元	2 280.2	2 681.3	4 961.5
5	其他 / 万元	54	56.7	110.7
合计 / 万元		5 482.7	6 663.9	12 146.6

（二）区域间联动促进高职教育帮扶出成效

办好公平优质教育是“十三五”期间我国重点推进的一项工作，东中部地区高职院校依托自身资源优势，支援西部及四区高职院校，逐渐形成教育帮扶联动机制。2016 年，全国各地共支援西部及四区院校（集团）212 所，2018 年为 321 所，增长 47.17%。通过顶层统筹、地方发力、院校行动模式，外加西部地区高职院校主动配合、主动作为，基于增强发展能力的东中西部合作机制更符合现实需要，区域间高职教育帮扶工作思路更加明确，措施更加得力。

1. 教育对口协作取得较大成效

（1）办学基础能力得到显著提升：通过对口支援形式，促使东中部地区部分本科、高等职业院校为西藏职业技术学院等受援院校捐赠专业图书资料近4 000册（价值近20万元），促进民族地区职业院校图书馆建设能力的提高。

（2）人才培养水平得到显著提高：一是支持新疆维吾尔自治区建成全国职业院校装备制造类、旅游类、交通类示范专业6个，并遴选13所高等职业院校和1个行业组织进入"全国现代学徒制试点单位"，强化了职业学校专业建设。二是促成新疆维吾尔自治区部分职业学校与3 000余家企业建立合作关系，并建成16个职业教育集团（园区、联盟），构建出新疆维吾尔自治区职业院校规模化、集团化办学新格局。三是探索中高职教育联合培养与高职、本科教育相衔接培养模式。目前，新疆维吾尔自治区有40所中等职业学校与23所高等职业院校合作，试点专业达127个，在校生规模达2.4万人；8所本科院校与12所高等职业院校作为联合培养人才试点，涉及专业达40个，在校生规模达2 400人，完善了人才培养衔接体系，拓宽中职、高职学生学历提升渠道[①]。

2. 优质教育资源的辐射带动作用有效发挥

东中部省份、有关行指委发挥优质教育资源的辐射带动作用，与西部地区、院校签订战略帮扶协议，通过开展各种培训、互派教学和管理人员交流，在专业建设、课程开发、教师培养培训等教育教学领域帮扶上发力，帮助西部职业院校解决教育教学质量难题。上海继续推进上海－喀什、上海－果洛、上海－遵义3个职教联盟，着力实施《沪喀职业教育对口支援全覆盖行动计划（2016—2020年）》，推进南疆职业教育对口支援全覆盖等一系列重点建设项目。各高职院校依托自身行业、专业优势，通过帮建专业、培训教师、送教上门等，探索多种对口支援工作模式，初步形成示范辐射带动作用。

北京交通职业教育集团2016年与云南省丽江市政府签订了《战略合作协议》《联合办学协议书》和《职业教育师资培养协议书》，共同完善职业教育发展规划，共同开展技术技能人才培养、师资培养、联合招生合作办学工作，共同促进丽江市经济发展，共同建设小康社会。

湖北省先后出台《湖北省对口援疆工作实施方案》《关于加强高职院校进行对口交流和对口支援的若干意见》等文件，根据受援职业院校发展实际，认真选派优秀教师和管理干部入校讲学、任职，努力帮助提升其教学、管理水平。与对口支援学校共同组织实施"质量工程"，通过内涵建设、合作办学、委托订单培养等形式，促进西部职业院校水平提升。2016—2018年，共指派了8所示范骨干高职院校，先后与贵州职业技术学院、新疆维吾尔自治区博州中等职业技术学校、新疆博尔塔拉职业技术学院、西藏自治区山南市第二中等

---

① 资料来源：教育部民族教育司

职业学校等西部 10 余所职业院校建立对口支援、合作办学的关系。先后派出 100 多人次专业教师、领导干部开展长、短期支教工作。创新内涵建设模式、合作办学模式、委托订单培养模式等对口支援模式，有效提升了对口支援院校的办学实力和整体水平。

山东省与新疆维吾尔自治区、新疆生产建设兵团签署教育援疆合作协议，在新疆成立山东援疆教育发展中心①。“组团式”东西协作帮扶喀什职业技术学院、云南省怒江州职业教育中心；山东省组织 7 所职业院校赴重庆市 5 所职业院校，通过上示范课、公开课，结对帮扶等多种形式，发挥“造血”功能。推动山东旅游职教集团、山东畜牧兽医职教集团分别对口支援青海省海北州职业技术学校、四川省甘孜藏族自治州职业教育发展。

天津市和教育部共建国家中西部地区职业教育师资培训中心，统筹发挥职业教育资源优势，创新区域系统援建、品牌整体输出、专业结对共建、师资轮岗培训、学生订制培养等多种职教帮扶模式，为新疆、宁夏、内蒙古、西藏等 19 个省份，培训管理干部职教师资近万人次。

3. 教育对口帮扶更具针对性 院校是教育对口帮扶的基础，东中部院校通过深入了解帮扶对象，制定帮扶对策，全面促进帮扶院校水平提高。

案例 21：提供精准智力支持，开展教育帮扶

浙江旅游职业学院为陕西省留坝县、贵州省台江县、新疆维吾尔自治区阿克苏地区及新疆生产建设兵团一师、青海省海西州等西部地区举办各类旅游专题培训班，协助当地组建旅游发展专业团队，并安排相关人员赴浙江省接受理论教学及现场教学，为西部地区旅游发展质量提升提供智力支持。

江苏卫生健康职业学院自 2012 年起与青海省海南藏族自治州和新疆维吾尔自治区伊犁州、克州等地卫生健康委合作，开展西部地区卫生健康人才能力提升工程，为新疆维吾尔自治区克州护理学生进行护士执业资格考前辅导，从单纯送医送药式的健康扶贫发展为精准帮扶西部卫生计生人才的培养，为脱贫攻坚持续贡献智慧与力量。

北京财贸职业学院按照市教委的统一安排，对口帮扶内蒙古自治区高职院校，接待宁夏民族职业技术学院学生，2017—2018 学年，共计接待访学学生 83 人，该项目共计接待 103 人。对口支援内蒙古自治区高职院校专业教师培训，参培学员来自区内 26 所高职院校的专业教师、教务管理人员共 50 人，通过专题讲座、现场教学等形式，开展了技能提升培训和专业经验交流等活动。

（三）区域内合作推动高职教育发展更均衡

区域内合作帮扶已成为教育帮扶的主要形式，有两种类型，一是大区域内部合作，如京津冀三地高职教育（职业教育）协同合作；一是省域内帮扶，本省发达地区院校对落后地区院校的帮扶。

① 来源：山东省高职教育质量年度报告（2019）

1. 区域内职业教育协同得到深化 京津冀三地积极行动，通过多种方式开展高职教育的协同合作，服务国家战略实施。

北京市高职院校本着“优势互补、互惠互利、相互促进、整体提升”的原则，牵手津、冀相关职业院校，利用双方地域资源优势和办学优势，共同在专业共建、人才共育、资源共享等方面进行实质性合作，推动京津冀协同发展。北京工业职业技术学院携手张家口职业技术学院，结合专业优势与特色，选取新能源、冰雪教育等 5 个专业进行专业共建，共同打造可再生能源综合示范区，为筹办冬奥会服务。北京财贸职业学院与保定市幼儿师范高等专科学校在培训课程设置、师资配备、教学资源共享等方面展开合作，推进京保区域幼教师资教育培训。截至 2018 年年底，共承接河北省幼儿教师培训项目 9 期，累计培训 1 530 人次①。

天津市职业教育积极服务“京津冀协同发展”国家重大战略，一是搭建了以京津冀协同发展和现代职业教育为主题的装备制造、现代服务、健康服务业和环保产业等 12 个产教对接平台，成立了“京津冀职业教育协同发展研究中心”“京津冀职业教育教学协同发展联盟”，组建了“京津冀现代制造业职教集团”，将三地职业教育内涵合作引向深入。二是 2016 年，天津市教委与河北省承德市人民政府签订对口支援建设高等职业院校框架协议，在承德市对口支援建设天津中德应用技术大学承德分校（承德应用技术职业学院）；同时，天津交通职业学院在河北省青龙县成立分院，天津职业大学在威县成立分院。三是按照雄安新区高起点规划、高标准建设的需求，推动天津市教委与雄安新区管委会的职业教育战略合作，2018 年职教活动周期间，天津市教委与雄安新区管理委员会签订职业教育战略合作协议，在终身职业技能培训、职校校际合作、职教数字资源应用、职校干部教师培养培训、职教规划领域五方面开展深度合作，为雄安新区高质量发展提供源头支撑。天津职业大学在雄安新区设立了技能人才培训基地，为新区搬迁人口培训再就业以及产业布局建设培养急需的高素质技术技能人才。

北京市、天津市对河北省高职院校的帮扶，促进了河北省职业教育发展，也为实现区域内部教育协同发展做出了贡献。

2. 省域内职业教育发展更加均衡 相似的文化背景，使省域内教育帮扶操作更加便利，帮扶效果也更易显现。部分省份聚全省优质教育资源之力，采取资金投入、课程共享、结对帮扶等方式，促进省域内职业教育均衡发展，实现教育质量整体提升。湖南利用网络平台，采取“1+1+1”模式（1 所高职院校 +1 所示范中职学校 +1 所武陵山片区中职学校）共同开发课程资源，使优质教学资源通过“专递课堂”专递给省内武陵山片区农村中职学校。安徽省支持 9 所高校对口支援 15 所高职院校，带动皖北和皖南地区高职院校发展。广东省珠三角地区高职院校充分发挥优质职业教育资源辐射作用和区域优势，支持粤东西北地区发展。山东省通过经济发达地区高职院校与落后地区高职院校、中职学校结对的形式，提

---

① 来源：北京市高职教育质量年度报告（2019）

高职业教育精准扶贫支持能力，如山东商业职业技术学院等省内优质高职院校与临沂职业学院等 6 个沂蒙老区职业院校签订一对一帮扶协议。新疆维吾尔自治区指导南疆 47 所职业学校与 124 所内地职业学校开展对口支援工作，指导北疆 25 所职业学校帮扶托管南疆职业学校，实现南疆职业学校对口支援与对口帮扶“全覆盖”。

第四章　增强院校办学活力

各高职院校聚焦职业教育创新发展的重点领域和关键环节，政行企校四方协同联动，推进分类考试招生、建立学分积累与转换制度、探索混合所有制办学、鼓励行业参与职业教育、发挥企业办学主体作用、落实高职院校办学自主权、支持民办教育发展、服务社区教育和终身教育等方面创新工作模式和工作方法，有效激发了职业院校的办学活力。

“增强院校办学活力”包含 15 个任务（RW–21 到 RW–35）、4 个项目（XM–11 到 XM–14）。

一、推进分类考试招生

教育部持续推进高等职业教育考试招生制度改革。截至 2018 年，全国高职院校分类考试招生录取数在高职招生总数中的占比超过 50%，取得了显著成效。

（一）任务（项目）执行情况

2018 年，全国 32 个省份持续推进高等职业院校分类招生考试工作，其中 27 个省份实现了分类招生全覆盖，比 2016 年增加了 15 个省份，增长率为 56%；全国执行分类招生的院校 1 304 所，比 2016 年增加了 66 所（表 4–1–1）。

表 4–1–1　2016—2018 年推进分类考试招生各省份及高职院校任务执行情况

年份	院校全覆盖省份数量	状态数据平台填报院校 / 所数量	执行分类考试招生院校数量	院校执行率
2016 年	12	1 296	1 238	95.52%
2017 年	13	1 312	1 249	95.20%
2018 年	27	1 333	1 304	97.82%

（二）招生考试管理机制逐渐完善

2016 年，教育部要求完善高职院校多样化分类招考，规范面向初中应届毕业生的“三二分段制”和“五年一贯制”高职贯通招生，2017 年要求全国各省要将推进分类招考成为高职院校招生主渠道，2018 年要求各地要进一步推进高职分类招考，完善“文化素质 + 职业技能”评价方式，形成符合高等职业教育培养规律和特点的人才评价选拔模式。到 2018 年，全国 32 个省份均已制定了高考改革实施方案。

各地更加强化专业技能导向，加大技能测试和技能大赛结果运用力度，优化“文化素质＋职业技能”的评价方式，健全完善技能拔尖人才免试入学等政策，高职分类考试招生成为国家考试招生改革的重要组成部分。如陕西《关于做好2018年陕西省普通高等职业教育分类考试招生工作的通知》中，从高职综合评价招生、技能拔尖人才免试招生、示范高职院校单独考试招生、普通高校职业教育单独招生（“三校生”单独考试招生）等4种模式及考生申请、测试考核、预录取、报到注册和正式录取备案等5个流程进行了详细规范，每名考生最多可申报16所高职院校。

（三）分类招生考试规模逐年递增

2016年至2018年分类考试招生制度改革在全国32个省份（含兵团）的持续推进，实现了基于高考的“知识＋技能”招生、对口招生、单独考试招生、综合评价招生、中高职贯通招生、技能拔尖人才免试招生及其他方式招生等各类招生形式的招生人数持续递增。据状态数据平台显示：2016年，全国32个省份（含兵团）填报数据的高职院校全日制招生数374.23万人，其中高职分类考试招生人数162.45万人，占当年高职招生录取数总量的比例为43.41%；2017年全日制招生录取数381.63万人，其中高职分类考试招生人数178.91万人，占当年高职招生录取数总量的比例为46.88%；到2018年，全日制招生录取数410.74万人，其中高职分类考试招生人数212.02万人，占当年高职招生录取数总量的比例为51.62%（图4–1–1）。

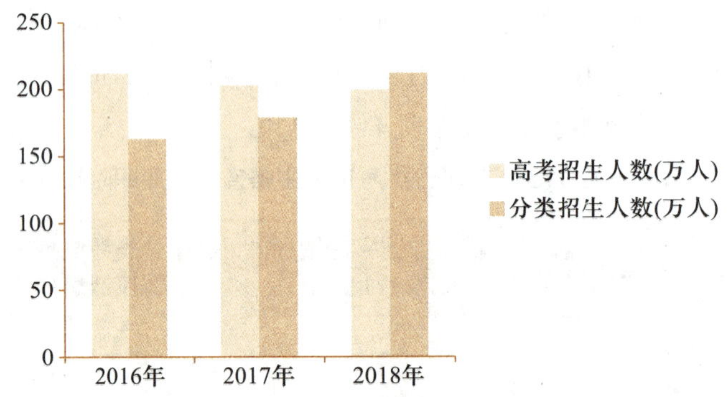

图4-1-1　2016—2018年高职院校高考招生和分类招生人数

据状态数据平台显示：2018年，有19个省份分类招生考试录取学生数占其当年全日制高职招生录取总数的一半以上（表4–1–2）。全国1 304所高职院校实施了分类招生考试，其中，有656所院校（占50.31%）的分类招生考试录取学生数占其当年全日制高职招生录取总数50%以上；有284所院校（占21.78%）的分类招生考试录取数占其当年全日制高职招生录取总数的70%以上。分类考试招生的改革已经成为高等职业院校招生主渠道。

表 4-1-2　2018 年分类招生人数占录取总数 50% 以上省份的情况

序号	省份	全日制高职招生数	基于高考直接招生数	分类招生数	分类招生占录取总数比例
1	北京	26 002	8 452	17 550	67.49%
2	甘肃	72 316	24 318	47 998	66.37%
3	江西	163 012	58 737	104 275	63.97%
4	吉林	53 795	19 403	34 392	63.93%
5	河北	192 353	76 208	116 145	60.38%
6	江苏	294 779	120 374	17 4405	59.16%
7	湖南	238 036	100 557	137 479	57.76%
8	浙江	144 310	61 117	83 193	57.65%
9	宁夏	15 689	6 884	8 805	56.12%
10	内蒙古	72 798	32 412	40 386	55.48%
11	山西	90 753	40 451	50 302	55.43%
12	贵州	155 426	70 146	85 280	54.87%
13	河南	303 161	137 536	165 625	54.63%
14	广西	160 110	73 170	86 940	54.30%
15	重庆	121 163	55 738	65 425	54.00%
16	四川	227 454	105 123	122 331	53.78%
17	云南	126 496	61 252	65 244	51.58%
18	安徽	180 162	87 724	92 438	51.31%
19	陕西	121 248	59 795	61 453	50.68%

通过实施分类招生考试改革，各类招生方式的人数占比发生明显变化。2016 年普通高考招生人数 211.78 万人，2018 年直接高考招生人数 198.72 万人，减少了 13.06 万人；2016 年单独招生人数 70.85 万人，2018 年单独招生人数 123.16 万人，增加了 52.31 万人，占当年录取总人数的 29.98%；2016 年中高贯通招生人数 33.25 万人，2018 年中高贯通招生人数 40.75 万人，增加了 7.51 万人，占当年录取总人数的 10%（表 4–1–3 ）。

表 4-1-3　2016—2018 年高考招生和分类招生录取人数情况

年份	直接高考招生人数	分类招生人数						
		小计	对口招生	单独考试招生	综合评价招生	中高贯通招生	技能拔尖招生	其他
2016 年	2117783	1624471	259318	708455	51862	332479	1213	271144
2017 年	2027268	1789025	274561	809872	88090	370341	1742	244419
2018 年	1987209	2120166	314004	1231601	131508	407537	2062	33454

（四）多元人才培养通道更加顺畅

各地研究制订职业院校学生进入高层次学校学习的制度文件，探索实践了“3+2 中高衔接培养”“3+4 中本系统培养”“3+2 高本衔接培养”等中、高、本衔接的形式，国家、省级、院校三级分类考试招生的机制不断完善。逐步扩大了高等职业院校招收有实践经历人员的比例，取消了高等职业院校招收中等职业学校毕业生的比例限制，允许符合高考报名条件的往届中职毕业生参加高职院校单独考试招生。分类考试、综合评价、多元录取的考试招生制度改革积极推进，为广大人民群众接受职业教育提供了多元化途径。

二、建立学分积累与转换制度

加强终身教育体系的顶层设计，强化制度建设和理论研究，积极推进职业教育国家学分银行建设。各地以学分银行建设为契机，在学分积累与转换等方面大胆探索，省市县镇社区全覆盖的终身教育体系建设凸显成效。

（一）任务（项目）执行情况

建立学分积累与转换制度包括：“研制‘关于推进学习成果积累与转换工作的指导意见’，完成网络平台建设，开展学习成果积累与转换试点”（RW–22），由国家相关部委承担。2016 年，教育部出台《关于推进高等教育学分认定和转换工作的意见》对各类教育学分的积累、认定与转换，学分银行建设和试点工作提出了明确的要求，为高等职业教育开展学分积累与转换提供了明确的方向。

（二）顶层规划稳步推进

教育部委托国家开放大学在理论研究、健全组织机构、指导试点等方面持续推进学分认定和转换工作。

一是强化研究　设立“国家继续教育学习成果认证、积累与转换制度的研究与实践”“继续教育学习成果认证、积累与转换试点”等课题，探索充分发挥信息技术的作用，加强终身教育体系的顶层设计。国家开放大学先后组织140多个机构800多人参与了学分银行建设的研究与实践，形成研究报告500多万字、实践报告300多万字，出版著作2部，发表论文50余篇，为开展学习成果认证、积累与转换提供了丰富的理论支撑。

二是建立机构开展试点　牵头成立全国学习成果互认联盟，目前已经加入联盟的单位包括北京开放大学等6所开放大学，中国物流与采购联合会、中国铸造协会、中国煤炭工业协会、中国物业管理协会、中国建设教育协会、中国软件行业协会、中国社会工作联合会等行业协会，公安部信息安全等级保护评估中心、中国邮政集团公司培训中心等行业，北京工业职业技术学院、山东商业职业技术学院等职业院校以及江南大学等普通高校，共30家单位，联盟拥有250个学习成果，开发了涉及信息技术、信息安全、物流、金融、教育、机械等领域认证单元1 500个，形成转换规则30多条。国家开放大学先后组织邮政等20多个行业完成了千余个认证单元开发，形成了20个非学历教育证书与17个专科专业的横向融通方案，以及19个高职专业与13个本科专业的纵向衔接方案。

（三）各地探索呈现亮点

一是省级出台专项文件　河北、山东、安徽、黑龙江、浙江、内蒙古等省份出台专项文件，指导学分积累与转换工作。安徽出台《安徽省教育厅关于推进高等学历继续教育学分认定和转换工作的实施意见》，对主要目标、实施内容和实施本步骤作了详细规定，文件对于构建适应安徽高等继续教育改革发展的学分认定和转换体系，服务全民学习、终身学习的学习型社会建设具有重要意义。

二是建设学分银行　浙江广播电视大学依托纵贯省市县乡和行业的体系优势，将学分银行向基础延伸，将基础电大、社区资源纳入学分银行体系，为真正建成面向大众、致力终身教育的服务体系打下基础。四川出台《关于成立四川省终身教育学分银行的通知》，探索建立面向全省终身教育学习者的学习成果认证、管理与服务体系，积极推进我省终身教育体系和学习型社会建设。组建了四川省终身教育学分银行专家委员会，进一步加强对终身教育学分银行建设工作的宏观指导，推进决策和管理科学化。甘肃支持甘肃电大建设终身教育学分银行，引导建设主体甘肃广播电视大学依托纵贯省市县乡和行业的体系优势，将学分银行向基层和行业延伸。

三是建立联盟促进学分积累与转换　山东职业学院牵头省内70余所高等职业院校成立了“山东省高职院校学分制联盟”。联盟以培养“知行合一，学以致用”的高素质技术技能型人才为宗旨，以培养学生的创新精神和实践能力为核心，在学分制度建设、专业交流、课程建设、学生工作、学籍管理、教学研究、国际交流合作等方面开展学分互认的探索与实践。云南由8所省级示范高职院校组建“云南省学分银行高职示范联盟”，积极开展高职学院间的学习成果的互认和学分的积累、转换试点，拓宽终身学习通道。青岛职业技术学院、深圳职业技术学院、宁波职业技术学院、大连职业技术学院、厦门城市职业学院等5所院校组建“计划单列市高职院校联盟”，联盟以资源、信息等形式，先后在专业建设、课程改革、资源共享、学生交流、学分互认等方面进行了富有成效的实践。

（四）认证机制逐步健全

全国现已建立 70 个学习成果认证分中心（认证点），覆盖 31 个省份、20 个行业。学分银行在信息服务平台上共为学习者建立学分银行账户 4795 635 个，包括学历教育在籍生账户 4285 632 个，非学历人员账户 510 003 个。学分银行信息平台提供学历教育课程、非学历培训课程、5 分钟课程和通识课程等丰富的资源，已有数百万在校生获得在线课程学分，社会学习者也可根据自身需求在选学完成之后获得证书，搭建终身学习"立交桥"的成效已初步显现。上海市终身教育学分银行运营五年，在全市建有 20 个分部和 68 个网点，储户人数达 232 万，建有个人学习档案 232 万份，学习者超过 78 万人。已经制定 423 个非学历证书转化为学历教育课程学分的标准，共有 6.1 万人进行了相关学分转换。

三、探索混合所有制办学

各地充分发挥市场机制作用，引导社会力量参与办学，发挥企业重要办学主体作用，探索发展混合所有制办学效果明显。

（一）任务（项目）执行情况

根据状态数据平台显示，在"试点社会力量通过购买、承租、委托管理等方式参与公办高等职业院校改革，鼓励民间资本与公办优质教育资源嫁接合作，鼓励探索职业院校教师年金制度"（RW–23）任务方面，12 个承接省份中，2016 年有 9 个省份执行了相关任务工作；2017 年有 10 个省份执行相关任务工作；2018 年有 11 个省份执行相关任务工作，执行率为 92%。

在"开展建设混合所有制高等职业院校的理论与实践课题研究"（RW–24）任务方面，2016 年 23 个承接任务省份中，有 19 个省份执行了相关任务工作；2017 年有 21 个省份执行了相关任务工作；2018 年均已执行了相关任务工作，执行率为 100%。

在"成立混合所有制高等职业院校联盟"（RW–25）任务方面，2018 年国家相关部门执行了相关任务工作。

在"支持公办高等职业院校和企业合作举办适用公办学校政策、具有混合所有制特征的二级学院"（XM–11）项目方面，23 个承接省份中，2016 年有 16 个省份执行了相关任务工作；2017 年有 19 个省份（含兵团）执行了相关任务工作；2018 年均已执行了相关任务工作，见表 4–3–1。

表 4-3-1　探索混合所有制办学任务（项目）承接和执行情况

任务（项目）	承接省份数	2016 年执行省份数	2017 年执行省份数	2018 年执行省份数	执行率	未启动省份
RW-23	12	9	10	11	92%	黑龙江
RW-24	23	19	21	23	100%	—
RW-25	—	国家有关部门统一组织实施				
XM-11	23	16	19	23	100%	—

各地各高职院校高度重视混合所有制办学改革。一是不断推进“放管服”改革，积极出台相关政策，为社会力量参与公办院校体制改革提供政策依据和制度保障；二是行业企业积极参与公办高职院校，发挥资源融合优势，推进办学体制改革试点工作；三是鼓励高职院校积极探索混合所有制办学，并将其作为激发高职院校办学体制改革创新的重要路径。

（二）混合所有制办学呈现新气象

2014 年探索混合所有制职业院校第一次在国家层面被提出后，各地积极探索混合所有制办学，成立混合所有制学院联盟，开展相关理论研究，探索了一条具有中国特色的高职教育创新发展路径。

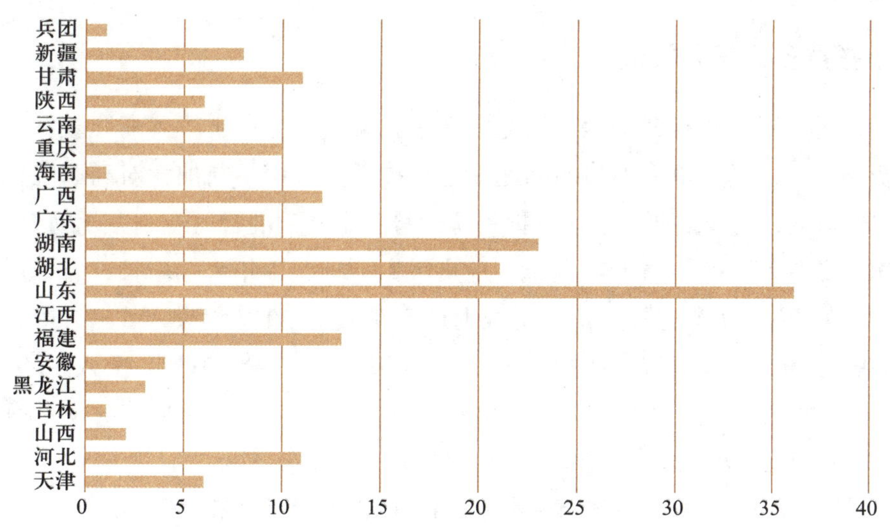

图 4-3-1　2018 年各地举办具有混合所有制特征的二级学院情况（单位：所）

1. 各地积极探索混合所有制办学　2016 年，承接任务省份成立（含筹备）267 所具有混合所有制特征的二级学院；2017 年通过动态管理调整建设 150 所具有混合所有制特征的二级学院；2018 年，调整建设 253 所具有混合所有制特征的二级学院，其中有 34 所公办院校采用购买、承租、委托管理等方式在办学体制层面上实现社会力量参与办学。山东省建有混合所有制特征二级学院 36 所，在全部承接项目的 23 个省份中数量最多（图 4-3-1）。山东海事职业学院持续探索完善“一个平台、两类资本、三驾马车、四项原则、五套机制”

混合所有制办学模式，从产权、体制、机制层面系统解决了办学经费不足、体制机制不活、产教融合不够、校企合作不强、人才培养能力不高等问题，在理论研究、技术操作、应用推广等方面均取得显著效果。

2. 成立混合所有制高职院校联盟　2018 年 1 月，全国职业教育混合所有制办学研究联盟在山东潍坊成立。联盟是在教育部国家教育发展研究中心体制改革研究室、山东省教育厅指导下，由山东海事职业学院、海南职业技术学院、辽宁林业职业技术学院、贵州首钢水钢技师学院等职业院校发起成立的开放性、跨界性、实践性、社会化、非法人学术研究团体，现有理事单位 115 个，涵盖 24 个省份的 4 所本科院校，73 所高职院校，16 所中等学校和 22 家企业。联盟以混合所有制办学类型特征研究为重点，以办学实践为基础，以改革难题为导向，以技术操作体系建设为主要研究内容，旨在推广职业教育混合所有制办学模式，为开展混合所有制办学探索的单位提供建议性的技术支持服务，为政府部门相关工作提供基础性研究服务和技术支持。

3. 理论研究支撑实践探索　各地纷纷开展混合所有制办学的相关理论研究，充分发挥理论对实践的指导性作用。据不完全统计，承接省份开展混合所有制办学的相关研究中，全国立项或在研课题 54 项，省级立项或在研课题 1 025 项，市厅级立项或在研课题 694 项，行指委立项或在研课题 406 项，院级立项或在研课题 1 441 项，发表论文 4 006 篇，基本涵盖了混合所有制办学的基础理论研究和实践探索对策。

（三）拓展多元投入渠道

探索混合所有制办学有助于学校拓宽资金来源渠道，有利于改善高职教育中普遍存在的办学经费不足、市场竞争力不强的问题。各承接任务省份不断加大对高职院校混合所有制办学的支持力度，行业企业也积极发挥资源优势，不断为混合所有制办学助力。

1. 各级财政稳步投入　省专项资金、地市级专项资金逐年大幅增长；省级层面和地市级层面财政专项投入效果显著。其中省级财政专项资金 2017 年投入 6 577.56 万元，2018 年投入 9 095.42 万元，增长率为 38.28%；地市级专项资金 2017 年投入 3 699.84 万元，2018 年投入 4 477.72 万元，增长率为 21.02%；2017—2018 年，行业、企业专项资金累计投入 60 175.32 万元，学校自筹资金累计 49 339.96 万元（表 4–3–2）。

表 4-3-2　具有混合所有制特征的二级学院经费来源情况

序号	经费来源	2017 年	2018 年	合计
1	省级财政专项资金 / 万元	6 577.6	9 095.4	15 673.0
2	地市级财政专项资金 / 万元	3 699.8	4 477.7	8 177.5
3	行业企业专项资金 / 万元	30 402.0	29 773.3	60 175.3
4	学校自筹资金 / 万元	24 858.9	24 481.1	49 340.0
5	其他 / 万元	249.7	488.5	738.2

续表

序号	经费来源	2017 年	2018 年	合计
合计 / 万元		65 788	68 316	134 104

2. 民间资本投入成为办学经费的重要来源 具有混合所有制特征的二级学院面向市场、面向企业整合办学资源，在短期解决了部分高职院校办学经费不足的难题。其中，行业企业投入成为具有混合所有制特征二级学院发展的首要资金来源，特别是非公有制经济成为混合所有制办学的绝对主力（图 4–3–2），2018 年，276 家企业参与了混合所有制办学，其中，非公有制经济达 200 家，数量接近全部合作企业的 2/3。这也从实践的角度再次印证了高职院校开展混合所有制办学对于吸引民间资本、提高办学活力的实践动机。

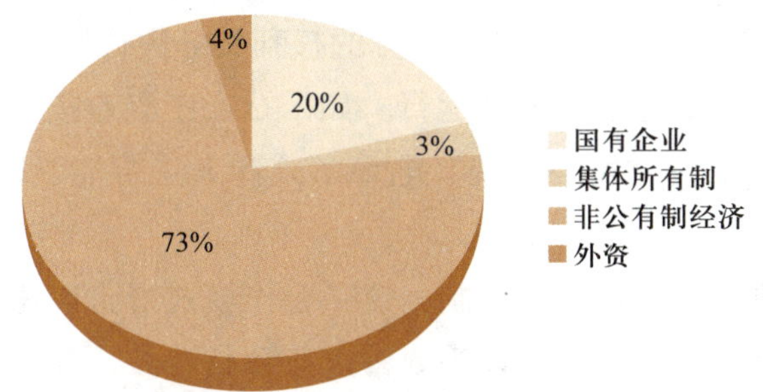

图 4-3-2 具有混合所有制特征二级学院的合作企业类型

（四）对接行业领先企业开展混合制办学

通过对 253 所具有混合所有制特征的二级学院合作企业分析发现，合作企业多为行业内具有一定影响力的领军型企业，或行业内骨干型企业。如石家庄职业技术学院与河北新龙科技集团举办的软件学院，河北新龙科技集团是河北省政府批准的股份制软件企业，被科技部认定为“国家火炬计划软件产业基地骨干企业”。江西应用技术职业学院与深圳市讯方技术股份有限公司合作举办的华为信息与网络技术学院，其中讯方公司是国家高新企业，并于 2015 年在新三板成功上市。

合作企业还具有先进的技术和服务能力，能够将先进技术运用到合作办学中，保证人才培养与技术迭代的同步性。如重庆工程职业技术学院与中兴通讯股份有限公司合作举办的中兴通讯信息学院，围绕国家战略和“互联网 + 教育”的发展需求，聚焦 ICT 产业链，依据“行业领先企业”的技术特点，每年更新人才培养方案，保证将最新技术应用到人才培养过程中，使国家产业战略在区域落地。

由于合作企业规模大，对技术型人才的需求量大，不仅要满足自身的发展，同时还会影响和带动下游企业或相邻行业的人才需求。如广东工程职业技术学院与通力电梯有限公司合作举办电梯学院，毕业生除满足通力公司的用人需求外，还辐射到电梯行业的其他公司及上下游行业企业，极大丰富了相关领域的专业人才储备。

（五）形成制度化系统化管理模式

混合所有制二级学院作为校企深度融合的创新举措，在理性设置、科学布局的同时，内部治理模式不断规范和创新，形成了可复制可借鉴的管理模式。2018 年，承接任务省份成立的 253 个具有混合所有制特征的二级学院中，采用股份制的二级学院共 199 个，具有独立法人资格的二级学院 32 个，成立理事会的二级学院有 160 所，成立董事会二级学院 77 所，具有章程的二级学院 180 所，建立教师年金制度的院校 10 所。

探索建立理事会领导下的院长负责制，合作各方成立混合所有制二级学院理事会，制定理事会章程，根据章程选派人员担任理事长、副理事长；学院院长原则上由合作企业派人担任，学院设党总支（直属党支部），书记由学校党委选派，以加强党的领导，保障校企双方的办学主体地位。理事会章程对合作各方的权利义务进行规范，并明确理事会议事规则，确保混合所有制二级学院依法依规运行。如，石家庄职业技术学院下属的软件学院、山东海事职业技术学院下属的航空学院、电商学院和人工智能学院，都采取了这一管理模式。

探索形成董事会领导下的院长负责制，这一合作模式通常以清晰的产权结构为前提，即合作各方对投入的资金、技术、管理等要素进行评估确权，并在此基础上组成董事会，制定董事会章程，董事会对股东负责，实行董事会领导下的院长负责制，并在院长之下设立专门的职能管理机构，组织实施管理制度，发挥职能管理作用。如江西应用职业技术学院下属的华为讯方技术学院，讯方公司投入资金、技术等要素，学院以场地、教师、招生、服务等要素入股，经评估，讯方公司占股 45%，学院占股 55%，双方根据持股比例享有办学收益、分担办学成本。混合所有制学院实行董事会领导下的院长负责制，董事长由学校校长担任，常务副董事长由讯方公司总经理担任，双方共建监事会及混合所有制二级学院管理团队，学院院长由江西应用职业技术学院信息工程学院院长担任，副院长由讯方公司派人担任。学院制定了详细的运行管理制度，对董事会议程、财务审计、退出机制等进行了明确约定。

（六）校企深度融合打造共赢发展的命运共同体

混合所有制二级学院的举办，在吸引资本的同时也带来了企业在办学过程中的身份转变，随着企业资金的投入，合作企业成为办学真正的主体，利益共享、责任共担的现代机制下，要求企业必须同时转变技术人员、专业能手的身份，成为兼职教师，承担人才培养的责任。如云南林业职业技术学院与重庆德克特信息技术有限公司合作举办的德克特互联网学院，双方建立“师资融合机制”及校企“双专业负责人制”，学校聘请企业工程师、技术人员为学校兼职教师，企业根据需求聘请学校专业教师担任相关部门副总经理、副总管，逐步实现双方的“身份互认、角色互通”，以“企业引进”及“合作培养”的双轨并行方式，极大地提升了高职院校师资团队的整体实力。同时，混合所有制二级学院为教师参与推动行业应用技术的发展，融入行业的核心体系，提升应用型科研创新装上了原生发动机，提升师资水平，提高学校服务地方经济社会发展的能力。

四、鼓励行业参与职业教育

全国各行指委充分发挥行业指导作用推进职业教育改革发展，形成了教育行政部门，行业主管部门、行业组织、企事业单位、职业院校合力共同推进职教事业发展的良好局面。

（一）任务（项目）执行情况

《行动计划》中“鼓励行业参与职业教育”包括2个任务（RW–26、RW–27）和2个项目（XM–12、XM–13），承担任务的各行指委主动履行职业教育发展责任，在咨询指导、拓展参与职业教育广度和深度、携手院校服务国家战略的方面精准发力；三年期间，以购买服务方式支持行业职业教育教学指导委员会在规定的领域范围内自主开展工作（RW–26）；持续深度参与高职院校人才培养和推进高职教育创新发展的重大国家项目，参与职业教育的能力不断提升。

RW–27任务完成情况：2016年，各行指委承办大赛数量54项，2017年，各行指委承办大赛数量30项，2018年，各行指委承办大赛数量38项，三年累计122项，超额完成建设任务（表4–4–1）。

表4–4–1　行业参与职业教育任务（RW–27）完成情况统计

任务	2016年	2017年情况	2018年情况	三年任务总体完成率
RW–27	54项	30项	38项	100%

XM–12项目完成情况：2016年，各行指委召开行业职业教育工作会议次11次；2017年，召开行业职业教育工作会议12次；制定的行业职业教育改革发展指导意见数量8项；到2018年，召开行业职业教育工作会议次14次；制定指导意见数量6项。三年累计召开行业职业教育工作会议37次，制定行业职业教育改革发展指导意见20项，成效显著（表4–4–2）。

表4–4–2　行业参与职业教育项目（XM–12）完成情况统计

任务	类别	2016年	2017年	2018年	三年项目总体完成率
XM–12	召开行业职业教育工作会议	11次	12次	14次	100%
	制定行业职业教育改革发展指导意见	6项	8项	6项	100%

XM–13项目完成情况：2016年，20个行业组织发布行业人才需求预测和专业设置指导报告；2017年，31个行业组织发布行业人才需求预测和专业设置指导报告；2018年，

46 个行业组织发布行业人才需求预测和专业设置指导报告，三年累计发布行业人才需求预测及专业设置指导报告 97 项（表 4–4–3）。

表 4–4–3 行业参与职业教育项目（XM–13）完成情况统计

任务	类别	计划	2016 年	2017 年	2018 年	合计	完成率
XM–13	发布行业人才需求预测及专业设置指导报告数量	40	20 个	31 个	46 个	97	242%

（二）体制机制更加健全

一是参与研究制订了《制造业人才发展规划指南》 机械、工信等行指委实施了“服务《中国制造 2025》行动计划”“服务《中国制造 2025》重点观测专业建设”等特色项目，重点打造一批具有鲜明制造业特色的国家高水平职业院校、骨干专业和产教协同创新基地，加快推进《制造业人才发展规划指南》各项规划任务落地。

二是形成了动态调整优化机制 食品药品、航空工业等行指委根据产业发展需求，新增设了专门（业）委员会；包装、电力等行指委及时动态调整、优化人员机构，确保专家力量得到加强。

三是形成了完善的制度体系 各行指委重视章程制（修）订工作，完善决策制度、财务制度、印章管理等配套规章制度，形成了以章程为核心的制度体系，明确了行指委的工作职责、工作任务和工作规范。

（三）产教对话持续开展

一是健全与行业联合召开职业教育工作会议的机制 各行指委不断健全活动机制，创新活动形式，先后举办职业教育与行业对话、论坛、研讨会等活动 240 余场次，形成了地方政府部门、相关行业企业、学校、研究机构、社会组织等参与产教对话的良好局面。

二是拓宽国际合作交流渠道 文化艺术、交通、石化、农业等行指委通过举办教育成果展演、农业职业教育高峰论坛、组建职业教育国际联盟等形式，开展了 100 余个国际合作项目；有色、机械、铁道等行指委牵头实施了 5 个“职业教育走出去”试点项目；有色行指委协同 9 所高职院校在赞比亚开展了 9 期职业培训，培训本土化技术技能人才 200 多人。

三是积极开展职教扶贫、定点扶贫和精准扶贫 电商、交通、供销、卫生等 10 余个行指委对口支援项目 26 项，其中电商行指委与河北省青龙县、海南省乐东县、四川省稻城县签署了《重点支持县域电商发展合作备忘录》，建立了电子商务职业教育精准扶贫服务基地；交通行指委启动了援疆三年行动计划，14 所国家示范（骨干）交通高职院校援助新疆交通职业技术学院。持续开展产教对话活动，进一步促进了优质资源的开放共享，推动了人才培养链与产业链的融合，各行指委也逐步形成学校和企业联合招生、联合培养、一体化育人的长效机制。

（四）强化人才需求预测

一是加强行业人才需求预测分析　截至2018年，各行指委深入研究经济结构调整和产业升级对本行业职业岗位和人才需求的影响，向社会发布了97个《行业人才需求与专业设置指导报告》、13个行业职业教育年度报告、38个毕业生就业报告，开展167场职业教育咨询活动，为地方和职业院校科学合理设置专业提供了参考。

二是工作方式不断创新　机械、交通运输、文物保护等行指委建设了专题网站和公众号，及时动态更新相关信息，保证了行指委专家沟通顺畅；报关、轻工、商业等行指委，通过年度工作会议、倡导委员建言献策等方式，提升行指委的凝聚力和执行力；机械、工信、食品药品、交通运输等行指委先后多次在《制造业人才发展规划指南》新闻发布会、全国职业教育与继续教育工作推进会等会议上做典型发言，行指委的影响力不断增强。

（五）积极参与标准制定

一是指导政策制定　如林业、验光与配镜等行指委积极参与编制行业“十三五”规划或行业教育培训“十三五”规划；交通行指委参与研究起草教育部和交通运输部联合印发的《关于加快发展现代交通运输职业教育的若干意见》，卫生行指委参与起草《关于深化医教协同产教融合加快推进卫生职业教育改革与发展的意见》等等。

二是参与标准体系建设　各行指委积极参与专业目录、专业教学标准、顶岗实习标准、专业仪器设备装备规范等国家教学标准建设，发布了中职和高职2个专业目录、230个中职专业教学标准和410个高职专业教学标准、70个职业学校专业（类）顶岗实习标准及19个专业仪器设备装备规范。其中，高职专业教学标准、顶岗实习标准、仪器设备装备规范等从无到有，填补了我国职业教育历史上的空白，也是我国高等教育第一个专业教学国家标准；中职专业目录、中职专业教学标准等已经历了一轮或几轮的修订，逐步建立起随产业发展动态调整的机制。

三是指导示范专业点建设　机械、旅游、交通等行指委配合行业主管部门和教育部，遴选了交通运输、装备制造、邮政和快递、旅游类等4个大类344个示范专业点，文化艺术、民族技艺行指委配合评选了162个民族文化传承与创新示范专业点。

四是举办技能大赛　坚持以赛促教、以赛促学、以赛促建、以赛促改、赛教融合，坚持“精彩、专业、安全、廉洁”办赛原则，先后举办行业学生职业技能大赛、承担全国职业院校技能大赛122项，营造了弘扬工匠精神的良好氛围。

五、发挥企业办学主体作用

三年来，国家及地方层面出台多项鼓励校企合作的政策法规，保障校企合作顺利开展，校企合作的政策环境进一步优化。职业院校面向行业企业职工开展继续教育的规模和数量持续增长，服务企业人才战略能力不断增强；以项目为载体，积极引导举办参与职业教育，企业办好职业教育、深度参与职业教育的积极性、主动性不断提升。

（一）任务（项目）执行情况

《行动计划》“发挥企业办学优势”包括3项任务，在“落实《教育部人力资源社会保障部关于推进职业院校服务经济转型升级面向行业企业开展职工继续教育的意见》（RW–28）”方面，26个省份承接此项任务，承接任务省份和相关行指委全部开展此项工作；在“地方各级政府在安排职业教育专项经费、制定支持政策、购买社会服务时，将企业举办的公办性质高等职业院校与其他公办院校同等对待（RW–29）”方面，15个省份承接此项任务，根据状态数据平台显示，实际有21个省份开展了此项工作；在研制“职业教育校企合作促进办法”（RW–30）方面，国家已正式出台《关于深化产教融合的若干意见》《职业学校校企合作促进办法》等系列文件，鼓励企业举办或深度参与职业教育（表4–5–1）。

表4–5–1　发挥企业办学优势任务承接和执行情况

任务	承接省份数量	实际执行省份数量	执行情况	完成率
RW–28	26	26	完全落实	100%
RW–29	15	21	部分落实	70%
RW–30	1	国家有关部门统一组织实施	出台《关于深化产教融合的若干意见》《职业学校校企合作促进办法》等系列文件	100%

（二）政策环境进一步优化

一是国家出台《关于深化产教融合的若干意见》 文件首先明确指出了校企合作的三大方面，激发校企合作内生动力，有效破解校企合作“一头热”“一头冷”难题；其次，明确了有利于发挥企业作用的政策措施，为企业参与职业教育提供了更大空间；最后，提出校企合作由学校和企业双方主导、双主体实施，明确了学校和企业在校企合作中的法人主体地位。

二是教育部等六部委联合出台《职业学校校企合作促进办法》（简称《办法》） 《办法》界定校企合作的内涵；提出了校企合作的新机制；规定了校企合作组织形式、主体资质、合作形式、各方权责、协议内容、过程管理等内容；明确了校企合作的7种形式；明晰了国家、地方政府的职责以及教育、财税、用人和分配等方面的具体政策；提出了政府和社会资本合作、购买服务、落实财税用地、职业教育集团以及支持产教融合型企业试点、促进教师和企业人员双向流动、保护学生权益、建设服务体系等具体措施；规定了教育和相关部门的监督检查职责和违法行为的惩处机制等内容；规定了国家、地方、行业企业各层面的校企合作管理运行机制和职权分工。《办法》对于建立校企合作的基本制度框架，贯彻落实习近平新时代中国特色社会主义思想和党的十九大精神，深化产教融合、校企合作，奋力办好新时代职业教育具有重要意义。

三是各地结合自身教育发展实际和产业发展，纷纷出台促进职业教育产教融合校企合作的专门性地方层面的政策法规　28个省份出台了省级层面促进职业教育产教融合、推进校企合作的政策法规41份，其中河北、山西、辽宁、吉林、江苏、安徽、江西、山东、河南、湖南、广西、重庆、四川、云南14个省份同时出台《产教融合实施意见》和《校企合作办法》，政策明确了职业院校与企业在合作中的合作方式、合作内容和责权利，指出了政府的激励政策和保障措施。一大批政策的密集出台，为职业院校推进校企深度合作营造了良好的氛围。

（三）行业企业办学鼓励作用明显

产教融合型企业促进职业教育发展作用开始显现，企业有参与举办职业教育的意向，新增的学校占比数量比以往提高。

一是扶持企业办学的力度持续增大　2016—2018年，全国新增高等职业院校83所，其中企业举办的高等职业院校28所，占比33.7%。在项目扶持方面，各省项目扶持力度增大，如陕西省在“行动计划”、陕西“一流”专业建设等方面，对陕西邮电职业技术学院给予一定的项目支持，助力学校内涵发展。状态数据平台显示，在落实企业举办的公办性质院校生均拨款方面，有企业举办公办性质院校的21个省份中，每所院校均有一定数量生均拨款的省份有15个，占比71.4%。但整体来看，国有企业举办的66所公办高职院校中，生均拨款水平在1.2万元以上的院校24所，占比36.4%；生均拨款水平在1.2万元以下的院校有42所，占比63.6%，值得注意的是，有12所院校没有生均拨款；在省级层面，仅浙江省企业举办公办高职院校生均拨款水平都达到1.2万元以上，企业举办的公办院校的生均拨款有待进一步落实。

二是服务企业人才战略能力不断增强　企业主动把员工学历提升和技术技能培训委托给职业院校。承接省份各院校积极开展多样化的企业职工继续教育，开展企业职工继续教育的高职院校达612所，三年增加76所，增长率超过14.17%；成人学历教育年培养人数呈下降趋势，三年减少12.8万人，在省级层面，广东和江苏2个省份学历教育人数最多，分别突破了17万人和15万人；非学历教育培训突破1 094万人次，三年增长42.1万人次，增长率超过62.4%，在省级层面，河北、广东和山东3个省份非学历教育培训超过100万人次。说明随着国家高等教育不断发展，受教育人数不断提高，高职院校在学历教育的供给上逐渐呈现出式微状态，但在为行业企业提供技术培训、岗位训练中则不断彰显职业教育的优势和特色（图4–5–1）。

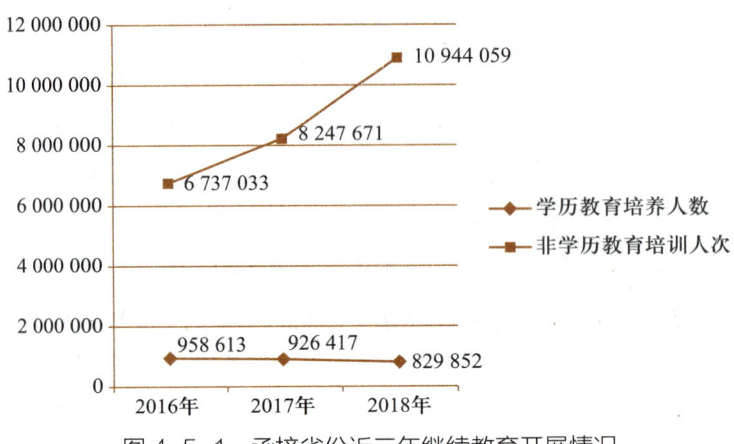

图4-5-1 承接省份近三年继续教育开展情况

三是鼓励国有大型企业举办或参与举办职业教育，发挥国有大型企业重要办学主体作用 例如，国资委配合教育部、行业协会等先后指导国有大型企业成立了中铝职业教育集团、青岛远洋船员职业学院校企合作理事会、中国通信服务职业教育联盟等，探索以国有大型企业为龙头的职教集团办学模式，完善相关政策，对符合政策的央企所办院校，列入教育部职业教育整体规划，培育了大庆职业学院等一批学术实力雄厚、办学特色鲜明的教育部示范性学校。

四是校企携手共建实训基地 胜利油田同时在拥有主体专业（工种）的二级单位设有30个油田实训基地，年均完成6 500人次以上的高职生培训。中国铝业以职教集团为中心，注重发挥成员企业在专业领域的自身优势，打造行业内领先和具有示范效应的氧化铝、电解铝、铜铝加工等一批专业工种实训培训基地，在集团内统一调配使用，实现硬件资源共享，为学生实习实训和员工培训服务。中国铁通与院校合作建立了十余所大学生实训基地，每年为近2万名大学生提供实训培训，有效提高了大学生的工程实践能力和素质。

五是继续开展深度校企合作项目 教育部与中国机械工业联合会、中国有色金属工业协会签署了《关于深化职业教育校企合作的战略合作协议》，支持校企共同开发专业课程、共建实训基地和技术创新中心、共建“双师型”教师队伍等，鼓励企业把行业最新标准、中高端水平技术、工艺、方法及生产实际项目等引入教学，推动专业教学内容、课程教材与行业企业技术同步更新，提升专业课教师实践教学能力。教育部组织武汉华中数控股份有限公司、中国有色矿业集团有限公司等企业与职业院校代表签署了校企合作意向协议，面向《中国制造2025》重点领域深度开展校企合作。

案例22：依托行业深化合作，多措并举鼓励企业办学

湖南省积极探索企业办学多种形式。一是出台制度，鼓励和规范企业办学。《湖南省职业学校校企合作促进办法》《关于加强新时代高等职业教育人才培养工作的若干意见》两项制度明确企业可以单独设立职业院校，也可以与学校合作以多种形式合作办学，合作创建并共同管理教学和科研机构，建设实习实训基地、技术工艺和产品开发中心及学生创新创业、员工培训、技能鉴定等机构。二是不限企业性质，均可独立创办职业院校。目前由企业创办的职业院校共有 10 所，其中 5 所为国有企业创办。三是不限方式，企业合作办学资金投入加大。2016—2018 年共有 85 家行业企业投入资金 4003.8 万元与高职院校共建专业、共建实训室、共建应用技术研究中心。2018 年投入资金是 2016 年的 5 倍。参与办学的 85 家企业中，国有企业 33 家，非公有企业 49 家，外资企业 3 家。

大庆职业学院坚持“立足油田，服务地方，依托行业，辐射全国”的办学定位，积极主动适应中石油建设综合性国际能源公司目标要求，紧紧围绕保证大庆原油 4 000 万吨持续稳产，维护国家能源战略安全和大庆建设高科技现代化城市的目标，开展人才培养、职业培训、技术服务和社会服务。学院在管理上已建立起 QHSE 管理体系并通过国家认证。充分利用企业办学的优势，在国家加快发展现代职业教育的进程中，大力实施“职前职后一体化”教学改革，使职前学历教育与职后在职培训实现了资源共享，取得国家应急救援培训演练基地、国家高技能培训示范基地、中石油大庆培训中心、国家开放大学学习成果（石油和化工）认证中心大庆认证基地等培训资质 18 个，每年培训在职员工达到 5 万人次，各类培训到款突破 4 000 万元。通过与企业合作科技攻关、自主技术研发和提供技术服务等形式，为大庆油田 4 000 万吨持续稳产服务。三年来，共完成科研、技术革新项目 16 项，新增专利 19 项，科研经费到款额突破 600 万元，科技成果应用使企业增效超过 1.5 亿元。

六、落实高等职业院校办学自主权

各地以构建政府、高职院校、社会新型关系为导向，积极简政放权，加快转变政府职能，进一步明确政府高等教育的管理职责和权限，进一步明确高校的办学权利和义务，更好地落实高校的办学主体地位，更好地发挥社会的支持和监督作用，加快完善中国特色现代大学制度，加快推进高等教育治理体系和治理能力现代化，形成政府宏观管理、学校依法自主办学、社会广泛参与支持的格局。

（一）任务（项目）执行情况

《行动计划》积极贯彻落实《意见》精神，明确提出“落实和扩大专科高等职业院校办学自主权，支持学校自主确定教学科研行政等内部组织机构的设置和人员配备，支持高校面向社会依法依规自主公开招聘教学科研行政管理等各类人员、自主选聘教职工、自主确定内部收入分配”（RW–31），全国有 22 个省份承接了此项任务，2016 年有 19 个省份执行了相关任务工作，山西、湖北、新疆 3 个省份未启动；2017 年均执行了相关任务工作，执行率达 100%（表 4–6–1）。

表 4–6–1　落实高等职业院校办学自主权任务执行情况

任务（项目）	承接省份数	2016 年执行省份数	2017 年执行省份数	建设周期内执行率
RW–31	22	19	22	100%

截至 2018 年底，承接任务的省份中，564 所院校自行确定内部管理机构设置，551 所院校实施内部两级管理，616 所院校成立学术委员会并制定相关规则，587 所院校自主公开招聘教师及管理人员，563 所院校自主确定内部分配制度。总体来说，在全面深化改革的大背景下，高职教育领域的“放管服”改革也不断推进，高职院校的办学自主权进一步落实（图 4–6–1）。

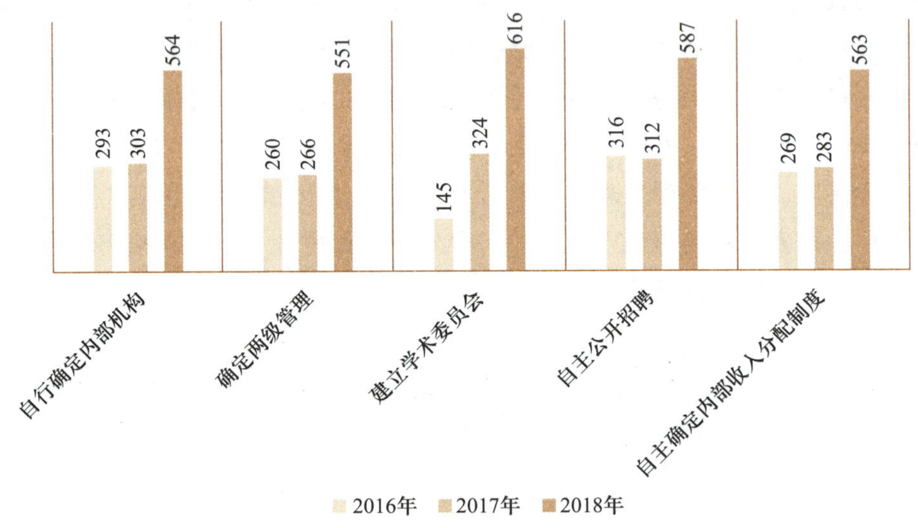

图 4-6-1 高职院校办学自主权的情况（单位：所）

（二）地方政府统筹规划，持续推进放管服改革

承接省份（含兵团）在加大放权力度的同时，坚持放管结合、优化服务，综合运用法律、政策、规划等必要的行政措施，进一步发挥政府的宏观管理和监督规范作用，健全高校用好办学自主权监管体系。山东省在全省职业院校开展规范办学行为自查工作，推动学校全面落实《职业院校基本工作规范》。山西省组织制订了两个文件，完善职业院校办学标准，省政府教育督导委员会进行督导检查，确保各市、各办学主管部门按规划逐年推进落实。陕西省对高职院校强化过程管理，建立行动计划实施进展情况通报和重大问题限期整改报告制度，视情组织专项督查，将高职院校管理水平和质量将作为职业教育省级以上项目评审和资金分配的重要参考因素。四川省教育厅等五部门联合制定了《关于四川省深化高等教育领域简政放权放管结合优化服务改革的实施意见》，从完善学科专业设置，完善编制及岗位管理，完善进人用人制度，改革教师职称评聘制度，健全薪酬分配制度，规范经费使用管理，完善内部治理结构，强化监管优化服务等八个方面，进一步向高校放权，破除束缚高等教育改革发展的体制机制障碍。同时，继续贯彻落实《四川省深化高等教育综合改革方案》《四川省教育体制改革领导小组关于进一步落实和扩大高校办学自主权完善高校内部治理结构的指导意见》，进一步落实和扩大高校办学自主权完善内部治理结构，支持高校自主科学选拔学生，自主调整优化学科专业，自主开展教育教学、科学研究、技

术开发和社会服务，支持高校扩大用人自主权，自主管理使用资产经费，自主扩大国际交流合作。

（三）不断释放民办校活力

政府的简政放权构建起政府、高校、社会新型关系，为学院开展特色化办学提供了体制保障，高职院校办学活力不断释放。

1. 专业设置机制更加健全　在专业设置管理上由过去的审批制改为备案制，院校开设《普通高等学校高等职业教育（专科）专业目录》内的专业，教育厅汇总备案；院校开设尚未列入《专业目录》新专业的，按照《普通高等学校高等职业教育（专科）专业设置管理办法》报教育部审批。院校面向市场灵活办学，在专业设置上享有更大的自主权。在专业调整上建立动态调整机制，综合运用招生计划安排、专业拨款系数、学费收费调整、绩效奖励等手段，强化事中事后监管，引导高职院校办精办特专业。福建省推动各设区市建立区域职业教育“正负清单”制度，完善专业设置与区域发展联动机制。

2. 用人机制更加开放灵活　根据院校发展的不同阶段和需要，自主确定人事及薪酬制度，坚持激励导向，探索多元化分配方式，为高职院校吸引人才、留住人才提供了坚实的制度保障。陕西省 2016 年向全省 86 所高校一次性下放了副教授评审权；2017 年明确全省高校教师职称评审权直接下放至高校，将师德表现作为评聘的首要条件，提高教学业绩在评聘中的比重。同时，加强事前备案和事中事后监管，指导高校坚持公正、阳光评审，主动接受监督。河南省从 2017 年起下放高校教师、实验技术和科学研究、工程、会计、卫生、图书资料等系列职称评审权。高校自主制定本校教师职称评审办法和操作方案，自主组建评审委员会及评审专家库，自主组织职称评审、自主评价、按岗聘用。江苏省 2018 年向全省 90 所高职院校下放高等学校教师职称评审权（包括教学、学生思想政治教育、教育管理研究）。推动教师分类管理、分类评价的人事管理制度改革。

同时，各高职院校拓宽用人途径，充分发挥人才优势。山东省鼓励高校推进内设机构取消行政级别试点，高职院校可以在人员控制总量内，根据事业发展、学科建设和队伍建设需要，按规定自主制订招聘或解聘的条件和标准，自主公开招聘各类人才，可采取考察方式招聘紧缺的专业人才、高层次人才。青海省各高职院校构建了“能上能下、能进能出、优胜劣汰、充满活力”的用人机制，健全以业绩和贡献为导向、向重点岗位和教学一线岗位倾斜的绩效工资分配制度。江苏鼓励高等职业院校制定和执行反映自身发展水平的“双师双能型”教师标准，全面推行按岗聘用、竞聘上岗。

3. 学术活力得到激发与释放　高职院校坚持教授治学、民主管理，维护学术尊严，弘扬勇于创新、求真务实的科学精神，通过建立学术委员会，营造自由严谨的学术氛围。江苏省从扩大高校科研工作自主权，下放高校科技成果使用权、处置权和收益权，完善高校经费管理和资产使用办法等方面入手，努力破解制约“科技创新”的瓶颈和障碍，为高职院校支撑国家创新驱动发展战略、服务社会经济建设等方面提供重要保障。四川省实施

《职务科技成果权属混合所有制改革试点实施方案》，支持 10 所高校参与试点，并在此基础上扩大试点范围到 21 个单位推进科技成果使用权、处置权、收益权“三权”改革。

七、支持民办教育发展

《行动计划》实施以来，全国各省份积极落实文件精神，通过制度引领、经费支持、提升办学自主权等方面规范民办院校办学秩序，加强对民办院校支持力度。

（一）任务（项目）执行情况

《行动计划》管理平台数据显示在“落实教育、财税、土地、金融等支持政策，鼓励各类办学主体通过独资、合资、合作等形式举办民办高等职业教育，稳步扩大优质民办职业教育资源”（RW–32）任务方面，全国 18 个承接省份中，2016 年有 13 个省份执行了相关任务工作；2017 年有 17 个省份执行了相关任务工作，仅新疆维吾尔自治区未启动该任务；2018 年均执行了相关任务工作，执行率为 100%。

在“落实以政府规划、社会贡献和办学质量为依据，探索政府通过‘以奖代补’、购买服务等方式支持民办高等职业教育发展和鼓励社会力量参与高等职业教育办学的办法”（RW–33）任务方面，2016 年 8 个省份执行了相关任务工作；2017 年有 10 个省份执行了相关任务工作，天津、山西、甘肃、新疆 4 个省份未执行；2018 年 17 个承接任务省份均执行了相关任务工作，执行率为 100%。

在“落实社会声誉好、教学质量高、就业有保障的民办专科高等职业院校，由省级政府统筹、在核定的办学规模内自主确定招生方案”（RW–34）任务方面，2016 年有 9 个省份执行了相关任务工作；2017 年有 11 个省份执行了相关任务工作，新疆维吾尔自治区未执行该任务；2018 年 13 个承接任务省份均执行了相关任务工作，执行率为 100%（表 4–7–1）。

表 4–7–1　支持民办教育发展任务承接省份启动情况一览表

任务	承接省份数量	2016 年执行省份数量	2017 年执行省份数量	2018 年执行省份数量	执行率
RW–32	18	13	15	18	100%
RW–33	17	8	10	17	100%
RW–34	13	9	11	13	100%

截至 2018 年底，承接省份民办高职院校共 124 所，其中独资院校 97 所，合资院校 3 所，合作院校 3 所，其他类型院校 21 所，民办院校在校生 824 487 人，设置专业 3 299 个，

校均学生数 6 649 人，专业人均数 249 人。民办学院稳步发展，成为高职教育的重要组成部分。

（二）各地积极探索，鼓励社会力量兴办民办教育

办好民办教育难点在于吸引社会力量的积极投入，重点在于规则制定，提升社会力量的投资信心。为此，各地纷纷出台相关政策性文件，营造民办院校发展的良好环境。

1. 科学建立分类管理制度　在鼓励兴办的基础上，各省份继续出台文件，从加强党对民办学校的领导、畅通社会力量进入教育领域渠道、建立分类管理制度、实行差异化扶持政策、稳定和优化教师队伍、充分落实办学自主权、依法保障办学权益、加快现代学校制度建设、提高管理和服务水平等方面规范民办院校的办学行为。福建、陕西、山东和黑龙江等省份相继出台相关政策，实施民办院校分类登记制度，对盈利性民办院校进行监督管理。辽宁省要求民办学校完善法人治理结构，健全财务报告制度、内部控制制度、审计监督制度，落实关键管理岗位亲属回避制度，规范资产管理，加强风险防范。同时，加强对民办学校的规范管理，对办学条件不达标、办学行为不规范、举办者无偿占用办学资金的学校，视情节轻重，给予限期整改、减少招生直至停止招生处理；建立民办学校信息强制公开制度，建立违规失信惩戒机制，健全联合执法机制，加大对违法违规办学行为的查处力度。确保民办院校办得好、办得规范。

2. 部门联动打破政策壁垒　2017 年 11—12 月，教育部组织全国各省份对鼓励社会力量兴办教育及有关配套改革任务落实情况开展全面自查，并会同发改、人社、国土、民政、税务、财政、工商等民办教育工作部际联席会议成员单位以及有关专家学者，分别赴安徽、广东、四川、浙江、云南、北京 6 个省份进行实地督察。湖南省建立了由省教育厅为牵头单位，15 个厅（委）为成员的湖南省民办教育工作部际联席会议制度，该制度旨在加强部门协调配合，共同破解民办教育发展中的重点难点问题，鼓励并规范民办教育的发展。福建省印发《福建省民办高等教育发展专项资金管理办法》，研究制定《福建省人民政府关于鼓励社会力量兴办教育促进民办教育健康发展的实施意见》等制度，设立民办高等教育发展省级财政专项资金，对长期坚持依法规范办学、教育质量较高的民办高校进行奖励，2017 年安排 1 588 万元用于向民办高职院校购买服务和规范办学奖励扶持；安排 1 428 万元职业教育专项资金用于支持民办高职院校加快内涵建设。从中央专项资金中安排 5 088 万元用于支持民办高职院校现代职业教育质量提升计划。

（三）公共财政对民办院校的投入不断增加

《行动计划》管理平台数据显示：各级政府对民办院校的支持中，通过购买服务方式获得的资金支持在三年间呈现出显著上升趋势，从 2016 年的 4 309.95 万元上升为 2018 年的 33 541.99 万元，同比增长 778%，通过以奖代补方式获得的资金支持从 2016 年的 3 552.25 万元上涨为 2018 年的 15 879.44 万元，同比上涨 447%（图 4–7–1）。

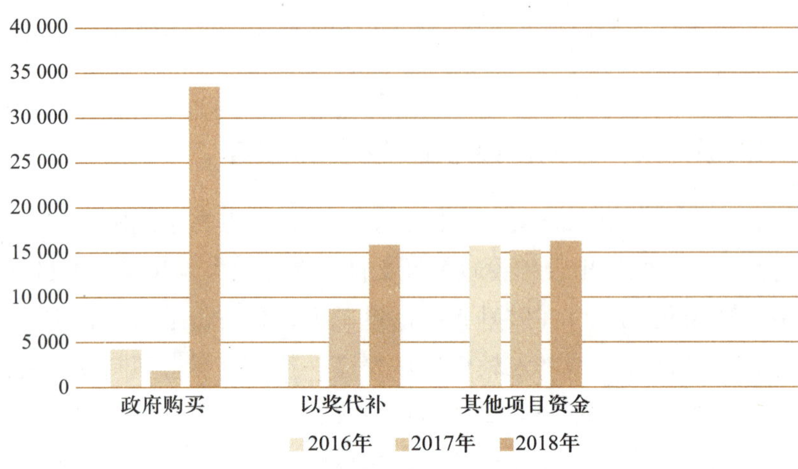

图 4-7-1 民办院校资金来源（单位：万元）

案例 23：地方财政投入力度不断增加

福建省财政设立民办高等教育发展专项资金，对长期坚持依法规范办学、教育质量较高的民办高校进行奖励。每年安排 3 000 万元用于向民办高职院校购买服务和规范办学奖励扶持。从现代职业教育质量提升计划中央专项资金、省级现代职业教育发展专项资金中安排资金用于支持民办高职院校加快内涵建设，推动高质量发展。

四川省制定明确专项信贷政策，细化民办学校准入条款，明确信贷支持重点。择优支持社会资本参与投资建设、已纳入政府购买服务范围的教育领域优质项目，提供专项建设基金支持。探索创新抵质押担保方式，针对法律规定学校资产不能作为抵押标的的情况。实施优惠利率降低融资成本。降低贷款利率，如按小贷款的利率、按基准利率发放贷款。实行分类定价，提供综合性金融服务。如开展信息科技合作、提供便捷支付结算等。据初步统计，四川省银行业机构向全省各类民办学校贷款余额 91.58 亿元，占全省教育行业贷款余额的 43.66%，同比增长 18.52%，高于同期贷款增速 15.38%。此外，通过委托贷款、承兑汇票等表外业务提供资金 2.5 亿元。

（四）落实同等待遇，营造民办教育良好政策环境

1. 落实民办院校同等待遇　长期以来，普遍困扰民办院校发展就是因身份问题带来的在政策上与公办院校的不平等。承接任务省份通过加强部门协调，打出“组合拳”，促进民办院校提质升级。辽宁省着力解决民办学校在教师发展、项目申报、评优评先等方面的实际问题。山东省明确了民办院校学生在评优、升学就业、社会优待、医疗保险等方面与公办学校学生享有同等权利，同等享受助学贷款、奖助学金、困难学生资助、学费减免等各项国家和地方资助政策。非营利性民办学校教师享受当地公办学校同等的人才引进政策。民办学校教师在资格认定、职称评聘、科研立项、培养培训、国内外进修、奖励表彰等方面享有与公办学校教师同等权利。四川省建立健全“奖助贷勤勉补”多位一体的高校

学生资助体系，实现了公、民办学校全覆盖，学生就读民办高校均等享有资助机会。省地方属高校（含民办高校）国家助学贷款利息在学生在读期间由省市财政全额承担，所需风险补偿金由中央和地方财政、高校共同承担。2018 年湖南省有 10 所民办高职共立项 10 个一流特色专业群，每个专业群给予一定建设经费支持，以此来推动民办高职的提质升级。

2. 民办院校自主招生不断向好 《行动计划》管理平台数据显示，承接省份民办院校自主招生情况呈现不断向好趋势。截至 2018 年，45 所院校自主设置招生方案，超过承接省份全部民办院校的 1/3。2016 年自主招生人数 39 449 人，招生专业数 446 个；2017 年招生 50 389 人，招生专业数 839 个；2018 年招生 62 828 人，招生专业数 865 个。民办院校招生情况呈良性发展态势。

八、服务社区教育和终身学习

（一）任务（项目）执行情况

《行动计划》将高职院校服务社区教育和终身学习作为重要的建设内容，全国 27 个省份承接"落实专科高等职业院校积极开展社区教育、老年教育活动；建立专科高等职业院校和社区教育机构联席会议制度"(RW–35) 任务，2016 年有 23 个省份（含兵团）执行了相关任务工作，山西、内蒙古、甘肃、新疆 4 个省份未执行该任务；2017 年 27 个任务承接省份均执行了相关任务工作，执行率达 100%（表 4–8–1）。

表 4–8–1 社区教育服务任务承接省份执行情况

任务	承接省份数量	2016 年执行省份数量	2017 年执行省份数量	执行率
RW–35	27	23	27	100%

（二）社区教育组织架构进一步改善

承接任务省份大力发展社区教育，各高职院校积极发挥职教辐射功能，对接社区发展需求，助力社区建设，丰富市民文化生活。2016 年，承接任务省份有 333 所高职院校开展各类社区教育，参与人数 211 万人；2017 年，承接任务省份有 349 所高职院校开展各类社区教育，参与人数 227 万人；2018 年 379 所高职院校开展此类项目，参与人数上升为 257 万人。从上述数据中可见，承接省份在开展社区教育服务方面呈逐年上升趋势，其中政策引领，制度保障，平台建设，创新社区教育模式、规范社区教育工作在推进该项任务中发挥了积极作用（图 4–8–1）。

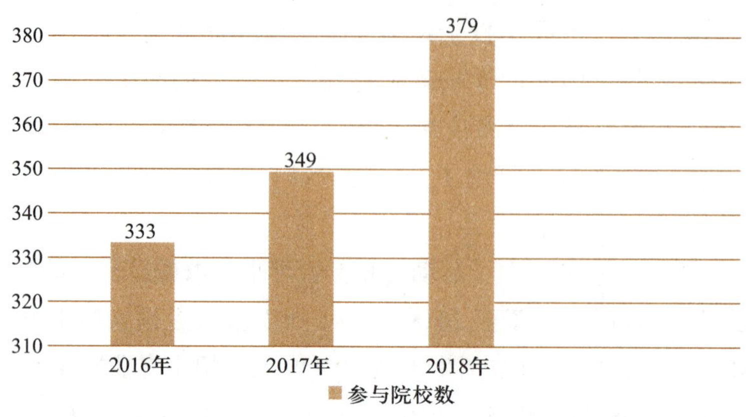

图 4-8-1 院校参与社区活动的情况

1. 出台社区教育发展规划 《行动计划》管理平台数据显示，河北、安徽、黑龙江、湖北、湖南、江苏、甘肃、海南、内蒙古、青海、上海、新疆等省份纷纷印发推进社区教育发展的相关文件。湖南省教育厅等九部门出台了《关于进一步推进社区教育发展的实施意见》，以促进全民终身学习、形成学习型社会为目标，提高国民思想道德素质、科学文化素质、健康素质和职业技能，传承中华优秀传统文化、形成科学文明生活消费方式、服务人的全面发展等。

2. 建立社区联席会议制度 2016 年承接省份有 128 所高职院校与社区建立联席会议制度，召开会议 249 次；2017 年 187 所高职院校与社区建立联席会议制度，召开会议 909 次；2018 年建立社会联席会议的高职院校增长为 210 所，召开会议 1 103 次。为社区居民代表参与学校发展规划和高职院校有针对性地提供社区教育服务计划搭建平台，为整合社区建设资源，统筹推进社区建设工作，确保高职服务社区教育有序开展提供了组织保障（图 4–8–2）。

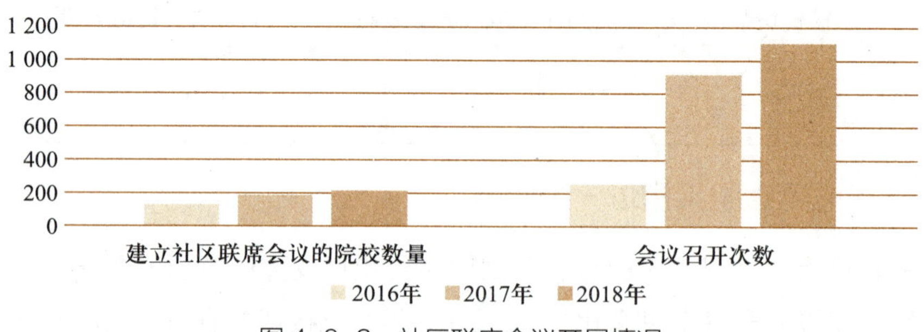

图 4-8-2 社区联席会议开展情况

3. 利用电大系统构建社区教育体系 承接省份积极探索社区教育机制创新，湖北省依托湖北广播电视大学成立了“湖北省社区教育指导中心”，各市州依托市州电大或职业院校相应成立了“社区教育指导中心”，各县（市、区）也依托县电大或县级职教中心成立了社区教育学院（中心），各职业院校积极参与，纷纷成立社区教育学院，形成了从上至下的社区教育网络。职业院校为更好地服务社区教育和终身学习，构建了“城区—街道—社区”三级社区教育等管理模式，以建立社区教育分院、社区教育中心、社区居民学习中心等方式，形成区域内全覆盖的社区教育网络。辽宁省成立省社区教育指导中心，利用电大系统优势，及时敦促各市及相关区县成立社区教育机构，截至2018年12月，全省14个地级市中有12个市依托电大成立了社区教育指导机构，初步形成了覆盖全省的社区教育指导服务体系和社区教育工作机构。

（三）丰富社区教育内容

1. 开展教育服务　2016—2018年，各高职院校积极开展社区教育服务，内容涵盖社工培训、公益服务、技能培训等领域，较好地满足了社区居民需要。黑龙江省面向行业企业开展职工和农民工学历教育与培训，实施“求学圆梦”行动。石河子职业技术学院先后组织482人次深入团场、社区街道、企事业单位开展三下乡实践服务活动，并组建“红细胞”工程志愿服务队深入社区开展教育和服务，受到职工群众的欢迎。义乌工商职业技术学院社会工作专业教师于2014年创办义乌市首家社工机构—同悦社工。同悦社工自成立以来承接了义乌市国际性融合社区、城市少数民族社区融入、孤残儿童家庭寄养、社区司法矫正等项目，年政府购买服务额达110多万元。2017年，同悦社工开展社区活动200余场次，服务社区居民、少数民族、外商18 000余人次，所服务社区获得全国民族团结工作示范单位荣誉称号，接待外交部、国家民委、公安部、中宣部及联合国国际移民组织、欧盟非政府组织考察团20余批次，受到中央电视台、人民日报、新华社、新疆广播电视台等各级媒体宣传报道20余次，成为引领义乌基层社区治理创新的标杆。

2. 开放院校资源　宁波职业技术学院和北仑区政府突破传统管理体制的束缚，整合双方资源联合建立图书馆。2017年，把学校馆和公共馆两个不同体系的技术管理平台有效整合，实现两馆“一卡通借”，拓展了阅读群，极大地丰富了读者借阅资源，促进公共阅读率，提高资源使用率；推出“订单式”服务，满足特定读者个性需求；创建流动图书站9个，实现图书资源利用最大化；组织开展“书香家园”阅读活动、“宁职艺韵”音乐鉴赏活动、“港城画廊”书画交流活动、“真人图书馆”阅人分享等系列品牌活动，举办第三届“书香家园”读书月系列活动，开展各类专题书展25期，极大地丰富了北仑区居民的精神生活，提升了区域居民精神生活品质。

3. 创建社区教育示范区　2018年，承接省份建设省级及以上社区教育试验区、示范区220个，通过示范建设引领来推动社区教育的发展。湖北省积极开展社区教育实验区、示范区建设，开展学习型乡镇（街道）、学习型社区、学习型家庭等各类学习型组织的创建活动，力争到2020年创建全国社区教育实验区30个，建成全国社区教育示范区10个。

案例24：探索社区教育模式，增强文化教育社会效益

石家庄职业技术学院积极打造社区教育的“石家庄模式”，即以社区学院为龙头，以二级学院为支点，以协会组织为依托，以四级网络为渠道，多方合作、融合发展的社区教育新模式，形成学院、协会、社区“三位一体”的教育形式。2017年石家庄社区学院先后与石家庄市美术家协会、书法家协会、文化协会合作成立了美术学院、书法学院、人文学院

三个二级学院。构建了社区教育的市—区（县）—街道（乡、镇）—居委会（村）四级网络教育渠道，深入开展社区教育工作。2017 年举办了 16 000 多人次的社区培训，促进社区教育的全面推动与普及。

珠海艺术职业学院围绕珠海会展、珠宝展、航展和国际马戏节、妈祖文化节等开展品牌文化活动，服务于珠海社会文化艺术事业。2017 年，学校开展社会服务、艺术培训共 7 660 人次。学校艺术设计学院的环艺专业约 50 名师生在斗门区白蕉镇南澳村主干道墙壁上绘制“幸福村居、旦家文化”为主题的壁画共 28 幅，得到了南澳村委会及村民的好评。音乐舞蹈学院每年举办音乐会，走出校园，走向珠海社区、老年大学、红十字会、军营、幸福村居义演、商演、巡演或展演，形成“商业公益融合”良性互动的社会服务体系，为珠海的文艺发展、企业文化、社区公益活动等领域服务。

（四）老年教育成为社区教育服务热点

当前我国已进入老龄化社会，发展老年教育，是积极应对人口老龄化、实现教育现代化、建设学习型社会的重要举措，是满足老年人多样化学习需求、提升老年人生活品质、促进社会和谐的必然要求，也是高职院校发挥资源优势，服务社区发展的重要内容。《行动计划》实施以来，各高职院校积极利用专业优势开展内容丰富的老年教育。

1. 政策引领，构建老年教育服务体系　安徽、北京、福建、湖南、山东、兵团等省份相继出台关于加强老年教育发展的实施意见，分析研判老年教育的挑战与问题，确定老年教育的指导思想、基本原则和总体目标，提出要理顺管理体制，扩大老年教育供给资源，创新老年教育办学机制，提升优质服务能力，建立教育管理长效机制，鼓励高职院校设立老年教育相关专业，培养从事老年教育工作的专业人才，满足老年教育及服务的发展需求。

2. 实践落实，积极开展老年教育服务　2016 年，承接任务省份高职院校开展老年教育服务活动 1728 839 次，2018 年开展活动 2117 998 次，较 2016 年增长 166%。重庆工业职业技术学院等院校开展的“教育关爱”服务团渝北区中间村关爱孤寡老人、青木关社区老年人文体活动、“健康行”志愿服务活动等项目已形成品牌效应，深受社区群众喜爱。陕西省开设有养生保健、文化艺术、信息技术、家政服务、社会工作、医疗护理、园艺花卉、传统工艺等专业的职业院校，结合学校特色率先开展老年教育。青海畜牧兽医职业技术学院紧密结合青藏高原地区养老事业发展需求和实际情况，坚持面向“三区”（“三区”指高原地区、农牧区和少数民族地区，以下简称“三区”），赴养老机构“献爱心”服务活动，老年服务与管理专业师生走进社区积极开展“关爱老年人”主题活动、“人间重晚情”等主题活动；参加省民政厅养老政策落地会宣传教育活动，对近万名老年人进行养老政策宣讲与服务活动，赴青海省慧灵智障人士社区服务工作站为残障人员提供义演服务，赴城北区新乐花园社区养老机构为老人提供测血压、推拿与按摩等服务。

（五）形成一批社区教育成果

承接任务省份各高职院校在积极开展社区教育服务的同时，结合专业建设和课程建设的成果，积极开发学习课程，教材，各种资源包、培训包、学习包，学习视频，微课等，以满足社区教育和终身学习的需要。湖南省加快社区教育学习资源库建设，顺利验收第一批立项建设的 21 门省级社区教育课程资源，并启动了第二批社区教育课程资源建设。湖北省大力推进线上线下混合式“互联网 +”时代下的培训形式，建设社区教育平台，实现省、市州、区县三级覆盖，一库多网并设计了收集移动端学习 App。江苏食品药品职业技术学院制定社区教育纲要，以地方性知识为理论基础，构建融通识课程、特色课程和拓展项目为一体的课程资源体系，开设了 20 余门不同类型的特色课程，并拟定了相应的课程标准，参与编写了 30 余本社区教育教材资料。烟台职业学院构建社区教育课程体系，三年共开发培训教材 15 门，开设职业技能培训、文明礼仪、保健养生、信息技术等社区培训课程 15 门。天津市将职业教育、成人教育、社区教育和企业等方面的各种资源通过职教集团的形式进行整合，服务终身学习，先后成立了天津城市职业学院职教集团等，实现区域型职业教育集团的全覆盖。南京城市职业学院“南京市民终身学习体验中心”先后举办《金陵学堂》系列讲座二十余场，组织各类活动百余次，体验中心所拍摄的《金陵学堂》系列课程分别荣获全国“NERC 杯”微课程评比、江苏省社区教育优秀数字化课程大赛等各类奖项 40 余个。

第五章　加强技术技能积累

高等职业院校适应区域发展规划和产业转型升级需要，专业与产业对接，成为区域内技术技能积累的重要资源集聚地，培养大批重点产业亟需人才，提升职业教育服务区域、产业发展的能力；多种形式开展国际合作项目，支持优质产能走出国门，打开职业教育窗口，服务国家“一带一路”倡议；依托应用技术协同创新中心和技能大师工作室，对接时代与地域需求，搭建校企深度合作平台，丰富高职院校技术技能积累的实践形式；开展现代学徒制培养，打造优秀专兼结合双导师队伍，实现校企良性互动，创新技术技能人才校企协同育人模式；加强创新创业教育，通过制度、经费、平台等多重保障支持双创成果落地生根，发扬双创精神，拓展人才发展渠道；注重文化传承与创新，弘扬优秀民族技艺，强化高职院校技术技能积累的底蕴；积极发展现代农业职业教育，以涉农职业教育改革试验区为引领，大力培养新型职业农民，服务职业教育脱贫攻坚，焕发涉农专业新活力；扩大国际交流，通过对话、援助及课标制定构建职业教育“中国模式”，提升我国职业教育国际影响力和话语权。

《行动计划》加强技术技能积累部分包含12个任务（RW–36到RW–48）、6个项目（XM–15到XM–20）。

一、服务中国制造2025

各地积极调整优化职业院校区域布局，高职院校建立健全专业随产业发展动态调整的机制，重点提升面向先进制造业、生产性服务业、现代服务业、战略性新兴产业等领域的人才培养能力，加强发展型、复合型、创新型技术技能人才的培养，确保专业与产业转型升级同步协调，提升人才培养与产业发展的契合度。全国高职院校相关专业的专业布点数和培养规模不断扩大，学生就读情况和就读意愿总体稳中有增。

“服务中国制造2025”包括5个任务，分别是：优化院校布局、调整专业结构（编号：RW–36）；建立产业结构调整驱动专业设置与改革、产业技术进步驱动课程改革的机制（编号：RW–37）；重点服务中国制造2025，主动适应数字化、网络化、智能化制造需要，围绕强化工业基础、提升产品质量、发展制造业相关的生产性服务业调整专业、培养人才（编号：RW–38）；优先保证十大重点产业相关专业的布局与发展（编号：RW–39）；加强现代服务业亟须人才培养，加快满足社会建设和社会管理人才需求（编号：RW–40）。

（一）任务（项目）执行情况

根据《任务（项目）承接通知》和 2016 年、2017 年、2018 年创新发展行动计划执行通报，各任务的承接和执行情况如表 5-1-1 所示。

表 5-1-1 “服务中国制造 2025”任务承接和执行情况

任务	承接省份数量	2016 年执行省份数量	2017 年执行省份数量	2018 年执行省份数量执行
RW-36	27	26	27	27
RW-37	23	23	23	23
RW-38	28	26	27	28
RW-39	27	25	26	27
RW-40	28	27	28	28

（二）优化专业布局提供有力人才支撑

各地围绕区域产业升级调整需要，结合产业结构、区域特色和市场需求等，统筹院校布局和专业结构，高职院校建立产业结构调整驱动专业设置与改革、产业技术进步驱动课程改革的机制，促使专业设置与产业发展更加契合。

1. 优化专业和院校布局　教育部 2015 年修订并形成《普通高等学校高等职业教育（专科）专业设置管理办法》和《普通高等学校高等职业教育（专科）专业目录（2015 年）》后，2016 年、2017 年、2018 年分别公布了当年的增补专业名单。其中，于 2016 年增补专业 13 个，2017 年增补专业 6 个，2018 年增补专业 3 个（表 5-1-2）。

表 5-1-2　2016—2018 年增补专业名称、专业代码及专业布点数

年份	增补专业名称	增补专业代码	次年招生专业点数	年份	增补专业名称	增补专业代码	次年招生专业点数
2016 年	食用菌生产与加工	510120	6		公益慈善事业管理	690209	1
	权籍信息化管理	520107	2		幼儿发展与健康管理	690306	57
	机场电工技术	530113		2017 年	宠物临床诊疗技术	510315	31
	珠宝首饰技术与管理	580112	1		化学制药技术	590206	8
	食品药品监督管理	590305	30		生物制药技术	590207	42
	大数据技术与应用	610215	64		中药制药技术	590208	28
	医疗器械经营与管理	620812	7		药物制剂技术	590209	32
	中小企业创业与经营	630607	22		朝医学	620111K	1
	商务数据分析与应用	630804	12	2018 年	水净化与安全技术	520812	9
	音乐传播	650220	3		储能材料技术	530505	5
	电子竞技运动与管理	670411	19		虚拟现实应用技术	610216	71

数据来源：全国职业院校专业设置管理与公共信息服务平台

高等职业教育专业设置备案结果显示，2015 年高等职业教育（含高等专科学校及其他举办专科层次学历教育的普通高等学校，下同）拟招生专业 1 046 个，专业点 47 208 个（含国家控制的高职专业点，下同），2016 年调整后拟招生专业为 708 个，专业点 50 751 个；2017 年 726 个专业、55 481 个专业点；2018 年 733 个专业、57 087 个专业点；2019 年 744 个专业、58 085 个专业点。拟招生专业和专业点数量均呈现逐年递增趋势。

我国高等职业教育专业布局不断调整优化，装备制造大类发展迅速。对 2016—2019 年高等职业教育拟招生专业布点情况进行分析（图 5–1–1、表 5–1–3），可以发现 2016—2019 年间财经商贸、装备制造、电子信息、土木建筑、教育与体育、文化艺术大类的布点位一直位于前 6 位，且财经商贸大类始终是布点数最多的专业大类。2016—2019 年，拟招生专业布点数量增加最多的是装备制造大类（增加了 1 457 个），增长比例最大的是交通运输大类（增长了 49.06%）；而生物与化工大类的拟招生专业布点数逐年递减，累计降幅最大，布点数减少了 121 个，降低了 13.37%。从 2016—2019 年各专业大类招生学校的校均布点数来看，财经商贸大类的校均布点数在 2016—2018 年均位于 19 个专业大类之首，装备制造大类的校均布点数在 2018 年接近财经商贸大类，并于 2019 年超过财经商贸大类，成为校均布点数最多的专业大类，但公共管理与服务大类在这几年间都是校均布点数最低的专业大类。

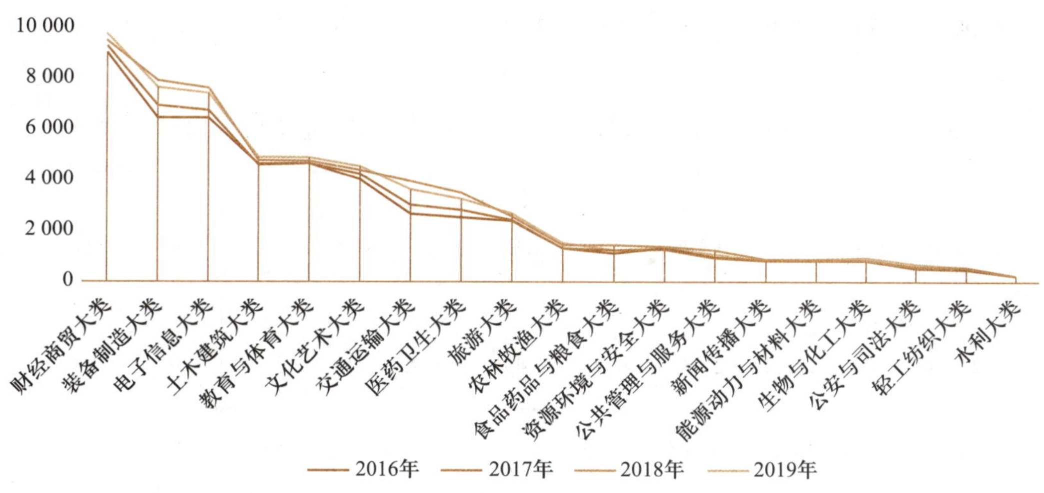

图 5–1–1 2016—2019 年高等职业教育各专业大类的拟招生专业布点数分布

表 5–1–3 2016—2019 年高等职业教育拟招生专业布点数和学校数等情况

专业大类名称	2016 年布点数	2016 年招生学校数	2016 年校均布点数	2017 年布点数	2017 年招生学校数	2017 年校均布点数	2018 年布点数	2018 年招生学校数	2018 年校均布点数	2019 年布点数	2019 年招生学校数	2019 年校均布点数
农林牧渔	1 278	352	3.63	1 334	360	3.71	1 442	335	4.30	1 425	342	4.17

续表

专业大类名称	2016年布点数	2016年招生学校数	2016年校均布点数	2017年布点数	2017年招生学校数	2017年校均布点数	2018年布点数	2018年招生学校数	2018年校均布点数	2019年布点数	2019年招生学校数	2019年校均布点数
资源环境与安全	1 270	497	2.56	1 291	500	2.58	1 325	502	2.64	1 345	508	2.65
能源动力与材料	827	383	2.16	834	379	2.20	842	353	2.39	815	352	2.32
土木建筑	4 574	1 126	4.06	4 601	1 119	4.11	4 830	1 085	4.45	4 721	1 092	4.32
水利	172	77	2.23	184	79	2.33	206	79	2.61	199	79	2.52
装备制造	6 394	1 164	5.49	6 848	1 191	5.75	7 591	1 176	6.45	7 851	1 217	6.45
生物与化工	905	414	2.19	879	406	2.17	859	378	2.27	784	368	2.13
轻工纺织	464	223	2.08	449	222	2.02	477	218	2.19	455	216	2.11
食品药品与粮食	1 136	501	2.27	1 198	509	2.35	1 369	505	2.71	1 419	521	2.72
交通运输	2 613	783	3.34	2 982	854	3.49	3 582	919	3.90	3 895	983	3.96
电子信息	6 402	1 386	4.62	6 718	1 410	4.76	7 360	1 395	5.28	7 541	1 408	5.36
医药卫生	2 486	501	4.96	2 765	537	5.15	3 205	563	5.69	3 422	623	5.49
财经商贸	8 956	1 534	5.84	9 171	1 524	6.02	9 696	1 499	6.47	9 430	1 499	6.29
旅游	2 349	1 119	2.10	2 375	1 113	2.13	2 612	1 085	2.41	2 560	1 088	2.35
文化艺术	4 027	1 194	3.37	4 169	1 184	3.52	4 466	1 165	3.83	4 334	1 166	3.72
新闻传播	804	401	2.00	815	400	2.04	834	404	2.06	820	389	2.11

续表

专业大类名称	2016年布点数	2016年招生学校数	2016年校均布点数	2017年布点数	2017年招生学校数	2017年校均布点数	2018年布点数	2018年招生学校数	2018年校均布点数	2019年布点数	2019年招生学校数	2019年校均布点数
教育与体育	4 640	1 115	4.16	4 684	1 112	4.21	4 805	1 117	4.30	4 700	1 136	4.14
公安与司法	577	218	2.65	577	211	2.73	586	181	3.24	511	170	3.01
公共管理与服务	930	574	1.62	979	600	1.63	1 008	611	1.65	1 202	707	1.70
总计	50 804	1 897	26.78	52 853	1 893	27.92	57 095	1 873	30.48	57 429	1 881	30.53

从700多个招生专业来看，相对于2016年，2019年各专业拟招生布点数增加较快的具体专业中既包括服务十大重点领域的相关专业，如大数据技术与应用、工业机器人技术、新能源汽车技术、无人机应用技术、物联网应用技术、高速铁路客运乘务、汽车检测与维修技术、云计算技术与应用、机电一体化技术、智能控制技术等专业；又包括服务民生需求的幼儿发展与健康管理、电子商务、学前教育、护理、互联网金融、助产、电子竞技运动与管理、虚拟现实应用技术、移动应用开发、康复治疗技术、室内艺术设计、健康管理等专业。数据显示，高等职业院校能服务国家重大战略的实施，并为民生发展提供人才，也为技术技能积累做好准备。原先一些布点数较多的专业也出现了调整，如文秘专业2019年的布点数比2016年减少了112个，降幅达29.3%；计算机信息管理专业的布点数也从288个减少到212个，减少了26.4%；等等。这体现了各院校对专业设置的主动思考和积极调整。但分析还发现一些原先布点数并不多的专业也出现布点减少的情况，如“煤炭深加工与利用”专业从2016年的40个招生布点数减少到2019年的24个。有些布点数减少的专业与影响国计民生的基础行业密切相关，这些专业的布局情况需引起重视。部分专业招生布点数变化情况如表5–1–4所示。

表5–1–4　部分专业2016年和2019年招生布点数变化情况

专业代码	专业名称	2016年布点数	2019年布点数	增加数	增长率	专业代码	专业名称	2016年布点数	2019年布点数	增加数	增长率
610215	大数据技术与应用		447	447		670301	文秘	382	270	–112	–29.3%

续表

专业代码	专业名称	2016年布点数	2019年布点数	增加数	增长率	专业代码	专业名称	2016年布点数	2019年布点数	增加数	增长率
560309	工业机器人技术	240	629	389	162.1%	610102	应用电子技术	541	450	-91	-16.8%
560707	新能源汽车技术	100	453	353	353.0%	540505	建设工程监理	268	180	-88	-32.8%
690306	幼儿发展与健康管理		256	256		610203	计算机信息管理	288	212	-76	-26.4%
630801	电子商务	1 086	1 339	253	23.3%	630205	保险	166	91	-75	-45.2%
600405	空中乘务	375	588	213	56.8%	670202	商务英语	593	522	-71	-12.0%
560610	无人机应用技术	49	250	201	410.2%	630604	连锁经营管理	282	212	-70	-24.8%
630302	会计	1 435	1 620	185	12.9%	560113	模具设计与制造	471	409	-62	-13.2%
610119	物联网应用技术	370	551	181	48.9%	540703	物业管理	218	162	-56	-25.7%
600112	高速铁路客运乘务	112	292	180	160.7%	630506	报关与国际货运	206	151	-55	-26.7%
560702	汽车检测与维修技术	737	916	179	24.3%	540701	房地产经营与管理	170	117	-53	-31.2%
610213	云计算技术与应用	50	226	176	352.0%	630203	证券与期货	139	86	-53	-38.1%
670102K	学前教育	533	705	172	32.3%	630702	汽车营销与服务	571	523	-48	-8.4%
620201	护理	454	607	153	33.7%	670204	旅游英语	177	134	-43	-24.3%
600606	城市轨道交通运营管理	178	321	143	80.3%	670203	应用英语	285	244	-41	-14.4%
560301	机电一体化技术	965	1 103	138	14.3%	540403	建筑电气工程技术	105	69	-36	-34.3%
630209	互联网金融	67	184	117	174.6%	630206	投资与理财	232	198	-34	-14.7%
560304	智能控制技术	80	190	110	137.5%	560703	汽车电子技术	306	273	-33	-10.8%

续表

专业代码	专业名称	2016年布点数	2019年布点数	增加数	增长率	专业代码	专业名称	2016年布点数	2019年布点数	增加数	增长率
630301	财务管理	398	503	105	26.4%	690205	公共事务管理	59	27	–32	–54.2%
620202	助产	198	296	98	49.5%	610301	通信技术	259	228	–31	–12.0%
670411	电子竞技运动与管理		93	93		630505	经济信息管理	93	62	–31	–33.3%
540502	工程造价	777	863	86	11.1%	630602	商务管理	116	85	–31	–26.7%
610216	虚拟现实应用技术		84	84		680503	法律事务	172	141	–31	–18.0%
610212	移动应用开发	88	166	78	88.6%	690206	行政管理	86	55	–31	–36.0%
620501	康复治疗技术	215	293	78	36.3%	630502	国际经济与贸易	265	236	–29	–10.9%
650109	室内艺术设计	112	190	78	69.6%	630601	工商企业管理	421	392	–29	–6.9%
620801	健康管理	40	117	77	192.5%	560204	数控设备应用与维护	105	77	–28	–26.7%
540102	建筑装饰工程技术	321	396	75	23.4%	630303	审计	173	145	–28	–16.2%
630201	金融管理	257	332	75	29.2%	520507	煤炭深加工与利用	40	24	–16	–40.0%
540102	建筑装饰工程技术	321	396	75	23.4%	570201	应用化工技术	253	226	–27	–10.7%

尽管专业布局在不断调整优化，但专业结构仍存在一些不平衡、不合理的现象，如教学成本较低的会计类、计算机类等专业点数偏多。2019 年高等职业教育“会计”“会计信息管理”专业布点数为 1 737 个，高等职业教育 1 881 所院校校均 0.92 个；“计算机应用技术”“计算机网络技术”等专业布点数为 2 008 个，校均 1.07 个。这也说明为了提升人才竞争力和服务能力，各院校还需精准定位，将专业与产业发展更好地衔接起来。

除专业布局外，高等职业院校布局也在不断优化。全国各省级人民政府通过审批新设立、更名、合并或撤销实施专科教育高等学校等，对院校布局进行了优化，近 4 年共新设立高等职业学校 99 所，更名 19 所，合并 7 所，撤销 4 所。具体情况如表 5–1–5 和表 5–1–6 所示。

表 5-1-5　2016—2019 年各省级人民政府审批新设、更名、合并、撤销的专科层次高等学校情况

年份	新设立实施专科教育高等学校	更名高等职业学校	合并调整高等职业学校	撤销高等职业学校
2016 年	37	4	1	3
2017 年	31	10	0	1
2018 年	34	2	4	—
2019 年	16	3	2	—
合计	118	19	7	4

表 5-1-6　2016—2019 年各省级人民政府审批新设、更名、合并、撤销的高等职业学校情况

序号	省份	截至 2019 年高等职业学校数量	新设高等职业学校	改制高等职业学校	更名高等职业学校	撤销高等职业学校	合并调整高等职业学校
1	北京	25	1	—	—	1	—
2	天津	26	2	—	1	—	1
3	河北	61	2	—	2	—	—
4	山西	49	—	1	—	—	1
5	内蒙古	36	—	—	—	—	—
6	辽宁	51	—	—	—	—	1
7	吉林	25	3	—	—	—	—
8	黑龙江	42	1	—	2	1	2
9	上海	25	—	—	—	1	1
10	江苏	90	3	—	4	—	—
11	浙江	49	1	—	—	—	—
12	安徽	74	—	—	1	—	—
13	福建	51	—	—	1	—	—
14	江西	58	4	—	—	—	—

续表

序号	省份	截至2019年高等职业学校数量	新设高等职业学校	改制高等职业学校	更名高等职业学校	撤销高等职业学校	合并调整高等职业学校
15	山东	76	3	—	—	—	—
16	河南	84	7	—	1	—	—
17	湖北	60	3	—	1	—	1
18	湖南	74	—	—	2	—	—
19	广东	87	6	—	—	—	—
20	广西	40	5	—	—	—	—
21	海南	12	3	—	—	—	—
22	重庆	39	1	—	1	—	—
23	四川	74	14	1	1	—	—
24	贵州	43	11	—	—	—	—
25	云南	49	11	—	—	1	—
26	西藏	3	—	—	—	—	—
27	陕西	38	3	—	1	—	—
28	甘肃	27	4	—	—	—	—
29	青海	8	—	—	—	—	—
30	宁夏	11	1	—	1	—	—
31	新疆	31	10	—	—	—	—
32	兵团	5	—	—	—	—	—
	合计	1423	99	2	19	4	7

其中，在2016—2018年三年间，27个承接任务省份共新建高等职业学校76所，更名高等职业学校14所、合并5所、撤销4所，这些调整也促进了各地高职院校布局的进一步优化。

2. 建立产业驱动专业设置和课程改革的机制　23个承接任务省份的566所院校承接本任务，2017—2018年共有529所院校执行了相关任务并在《行动计划》管理平台上填报了数据。其中有511所院校设置专业动态调整机制，具体情况见图5–1–2。

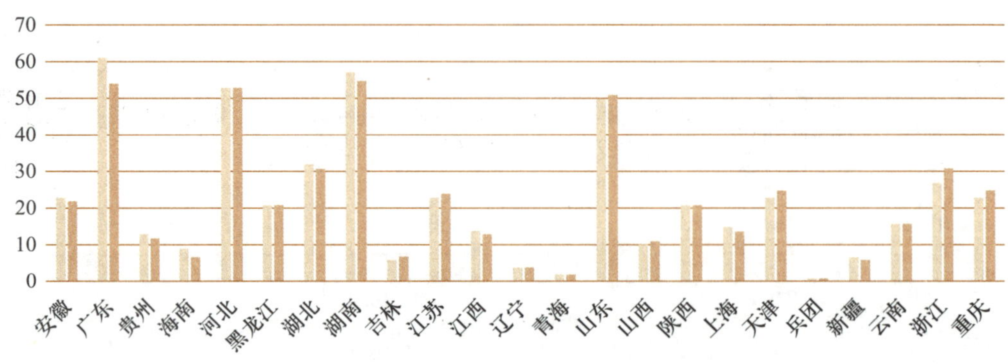

图 5-1-2　2017—2018 年各地设置专业动态调整机制或课程改革动态调整机制院校数量

任务承接学校不仅设置了专业或课程动态调整机制，也积极进行了专业调整。上述 529 所院校中有 521 所院校可以从状态数据平台查询到 2016—2019 年招生的专业调整情况。对这 521 所院校 2016—2018 年的招生专业调整情况进行分析，发现仅有一所学校没有增加、合并或撤销等专业调整，其余院校在这三年间的专业设置均有调整。三年间这些学校年均停招专业点数 2 681 个，占其年均专业点设置数的 14.94%。各校年均停招专业点数 5.15 个，各校年均撤销专业点数 0.86 个，各校年均新增专业点数 3.34 个（表 5–1–7）。

表 5–1–7　承接任务的 521 所高职院校 2016—2018 年专业设置调整情况（单位：个）

年份	专业设置数（不含方向）校均 / 总数	招生专业数（不含方向）校均 / 总数	新增专业数（不含方向）校均 / 总数	停招专业数（不含方向）校均 / 总数	撤销专业数（不含方向）校均 / 总数
2016 年	32.89/17 137	27.77/14 470	2.64/1 373	5.12/2 667	0.66/343
2017 年	34.46/17 953	29.51/15 373	4.28/2 228	4.95/2 580	0.89/463
2018 年	36.01/18 761	30.64/15 964	3.12/1 624	5.37/2 797	1.02/531
三年平均	34.45/17 950	29.31/15 269	3.34/1 742	5.15/2 681	0.86/446

不仅任务承接学校进行专业调整，全国独立设置高职院校也广泛开展了专业调整工作。从整体来看，2016—2018 年，全国独立设置高职院校校均每年新增专业点数（不含方向）3.01 个，停招专业点数 5.02 个，撤销专业点数 0.61 个。

案例 25：加强顶层设计和制度建设，引导院校布局和专业调整

广东省配合教育部《普通高等学校高等职业教育（专科）专业设置管理办法》在专业设置管理方面的重大调整，组织编制广东高职教育专业设置指导意见，从全省专业开办现状、结构布局、招生就业、产业规划等方面，向全省高职院校提供相关数据信息和建议，为各校专业申报工作提供决策参考，引导全省专业申报工作理性开展，推进建立专业设置动态调整机制。

河北省重视专业结构的优化与调整，制定了《河北省普通高等学校高等职业教育（专

科）专业设置管理实施细则》，印发了《转发教育部〈关于做好2017年高等职业学校拟招生专业申报工作的通知〉的通知》，提出了七条专业调整思路，并指出院校进行专业布局调整要避免盲目设置和重复建设，力争五年达到对应某行业建设的专业群平均在校生不少于1 800人，每专业在校生不少于300人等预期目标。

重庆市制定并印发了《重庆市职业教育有效对接产业发展改革试点实施方案》《重庆市深化普通高等学校专业设置改革的实施意见》和《2017年本科高职（专科）新专业设置指南》，引导高校设置和优化专业，服务产业发展。对全市高校专业结构进行调研分析，形成《重庆市高校专业结构现状报告》；对全市智能产业相关专业建设及人才培养情况进行了调研，形成《智能产业类学科专业服务产业能力分析报告》，引导院校进行专业调整。

（三）围绕生产性服务业发展调整专业

大力提升和发展生产性服务业，可以有效推动我国制造业向产业链高端转移，提高产品附加值，有效带动制造业的转型升级。根据《生产性服务业分类（2015）》，生产性服务业包括为生产活动提供的研发设计与其他技术服务、货物运输仓储和邮政快递服务、信息服务、金融服务、节能与环保服务、生产性租赁服务、商务服务、人力资源管理与培训服务、批发经纪代理服务、生产性支持服务。从宽泛角度看，生产性服务业大致涵盖300多个专业。

2016年以来，我国各地高职院校积极开展与中国制造2025相关的生产性服务业专业教育，范围大致涵盖19个专业大类。状态数据平台显示，2017年各地高职院校的中国制造2025相关生产性服务业专业设置的布点数超过2.3万个，2018年超过2.4万个。总体而言，各院校专业设置紧跟生产性服务业发展要求展开调整，布点数逐年增加。2017年和2018年布点数分别超过1 000个的省份有江苏、广东、山东、河南、安徽、河北、四川和湖北等（图5–1–3）。

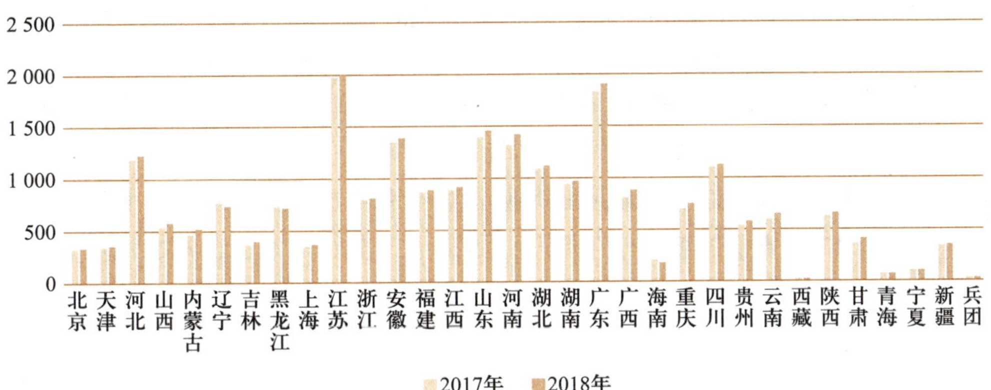

图5–1–3 各地2017年、2018年中国制造2025相关生产性服务业专业设置布点数

高职院校积极调整专业设置，为中国制造2025相关生产性服务业培养输送了大批人才。2017年和2018年全国高职院校生产性服务业相关专业在校生总数均在450万以

上，均约占所有在校生的55%。其中，广东、江苏和山东三省的在校生总数相对较高（图5–1–4）。

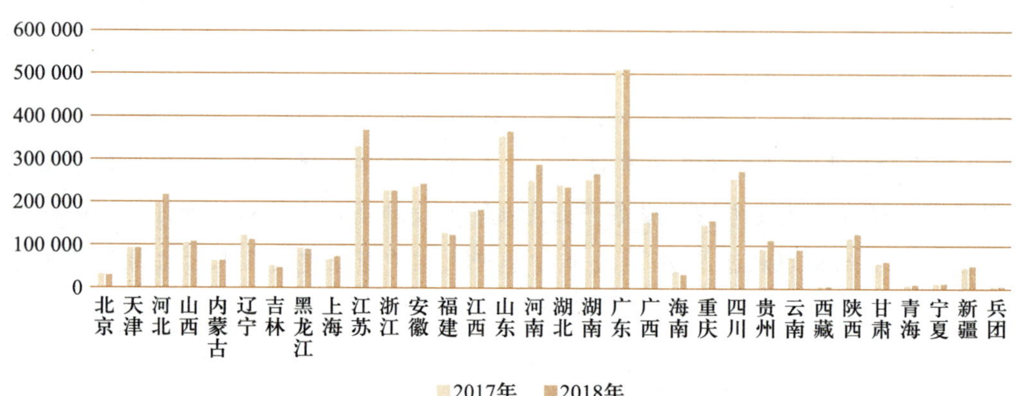

图5-1-4 各地2017年、2018年中国制造2025相关生产性服务业专业在校生总人数

生产性服务业相关专业的学生就读情况和就读意愿总体上稳中有增。从2016—2017学年、2017—2018学年全国生产性服务业相关专业学生的实际报到人数和报到率来看，实际报到人数分别约为164.4万和173.0万，增长了5.24%；各地各专业的实际报到率的均值分别为84.62%和85.40%，增长了约0.8个百分点（图5–1–5）。

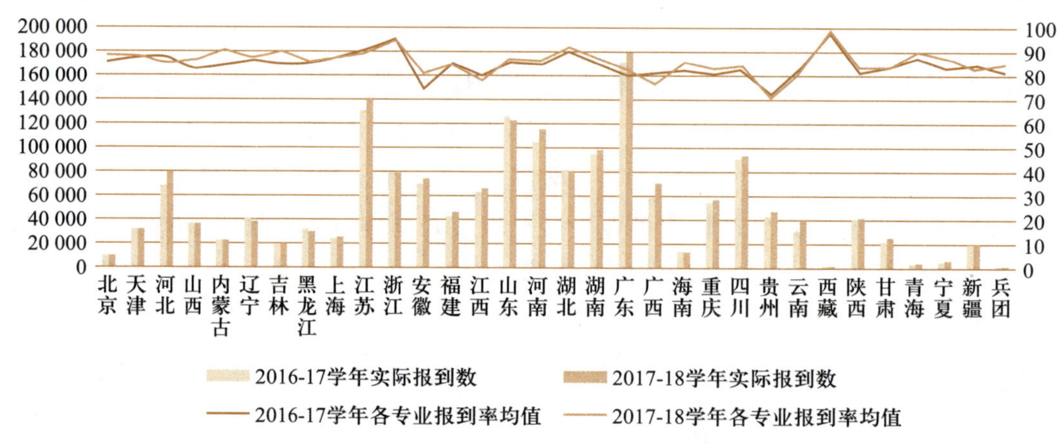

图5-1-5 各地2016—2017学年、2017—2018学年中国制造2025相关生产性服务业专业实际报到人数和各专业报到率均值

2017—2018年，生产性服务业专业就业学生分别超过141.70万人、155.65万人。到2018年，全国有12个省份的就业学生数量过5万人，其中广东、山东、江苏当年就业人数超过13万（图5–1–6）。

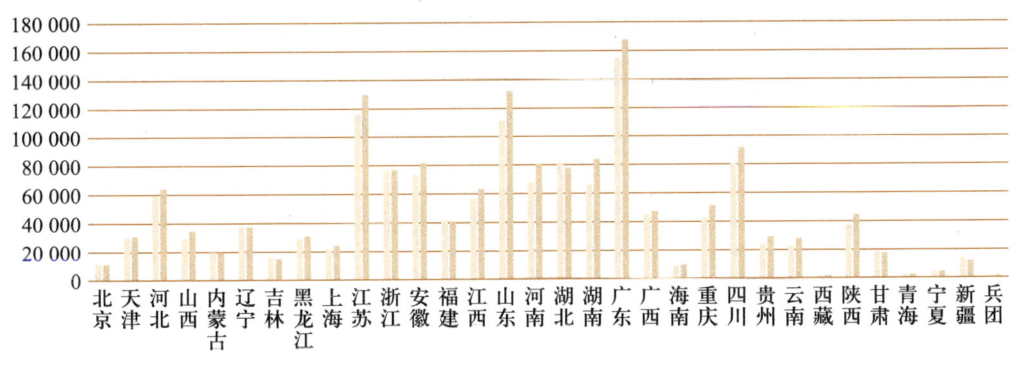

图 5-1-6 各地 2017—2018 年中国制造 2025 相关生产性服务专业毕业生数

（四）优先保证十大重点产业设置专业

各地主动对接“中国制造 2025”十大重点领域，优先保证与新一代信息技术产业、高档数控机床和机器人、航空航天装备、海洋工程装备及高技术船舶、先进轨道交通装备、节能与新能源汽车、电力装备、农机装备、新材料、生物医药及高性能医疗器械产业等战略性新兴产业相关专业的布局与发展，确保专业与产业升级同步协调。

2017—2019 年，高等职业教育与国家十大重点领域相对接专业的招生专业布点数增长较为迅速，部分专业如表 5–1–8 所示。

表 5-1-8 与十大产业相对接的部分高职专业 2017—2019 年招生专业布点数

专业名称	2017 年招生专业布点数	2018 年招生专业布点数	2019 年招生专业布点数
智能产品开发	41	44	58
云计算技术与应用	110	160	210
大数据技术与应用	64	214	409
物联网工程技术	22	23	24
工业机器人技术	406	536	616
无人机应用技术	97	160	229
新能源汽车技术	189	299	430
新能源装备技术	12	16	25
总计	941	1452	2001

数据来源：高等职业教育专业设置备案结果

本报告根据《制造业人才发展规划指南》，选择了对接十大产业的 100 个典型相关专业进行分析。根据状态数据平台显示，2017 年各地高职院校的十大重点产业相关专业设置了近 9 500 个专业点，2018 年则超过了 10 000 个专业点，增加近 7%。其中江苏、山东、广东和河南的专业点数相对较多（图 5–1–7）。

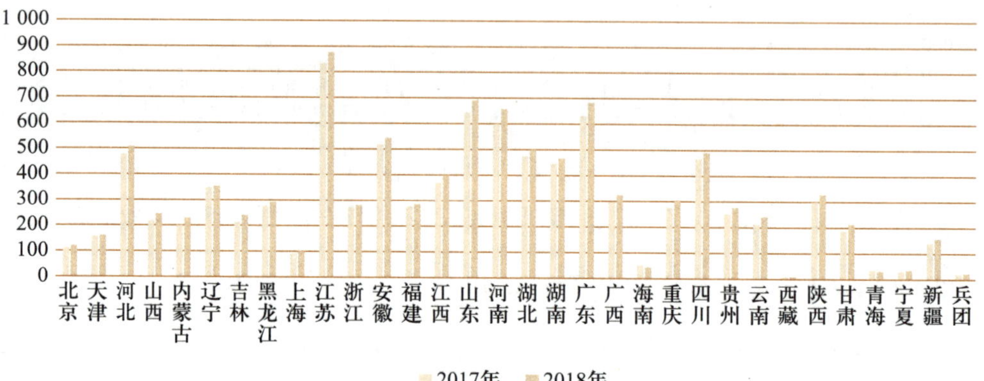

图 5-1-7 2017 年、2018 年各地十大重点产业相关专业的专业点数量

从在校生规模来看，各地相关专业的平均各专业在校生数约为每专业 200 人，天津、山东、湖南、浙江、广东、湖北平均各专业的在校生数超过了 260 人，各专业人才培养规模相对较大（图 5–1–8）。

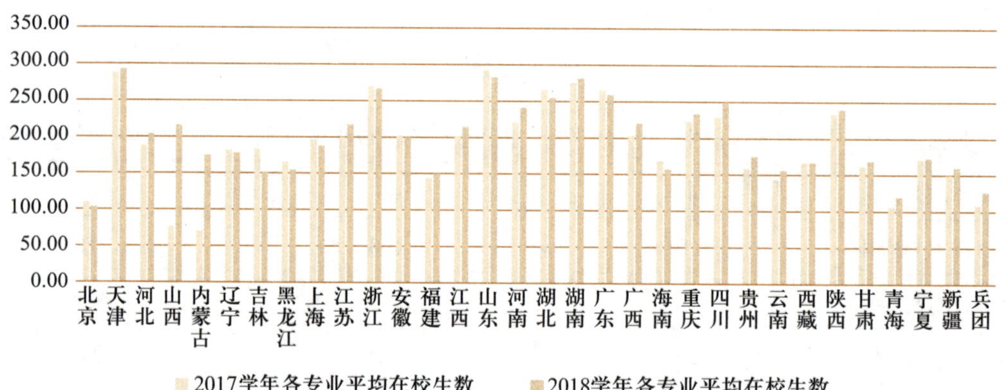

图 5-1-8 2017 年、2018 年各地十大重点产业相关专业的平均各专业在校生人数

十大重点产业相关专业的学生就读情况和就读意愿总体上呈现稳中有增的特点。全国 2016—2017 学年十大重点产业相关专业的实际报到学生数约为 77.96 万，2017—2018 学年约为 85.26 万，比上一学年增长了 9.37%；各地各专业的实际报到率的均值分别为 86.00% 和 86.62%，增长了约 0.6 个百分点（图 5–1–9）。

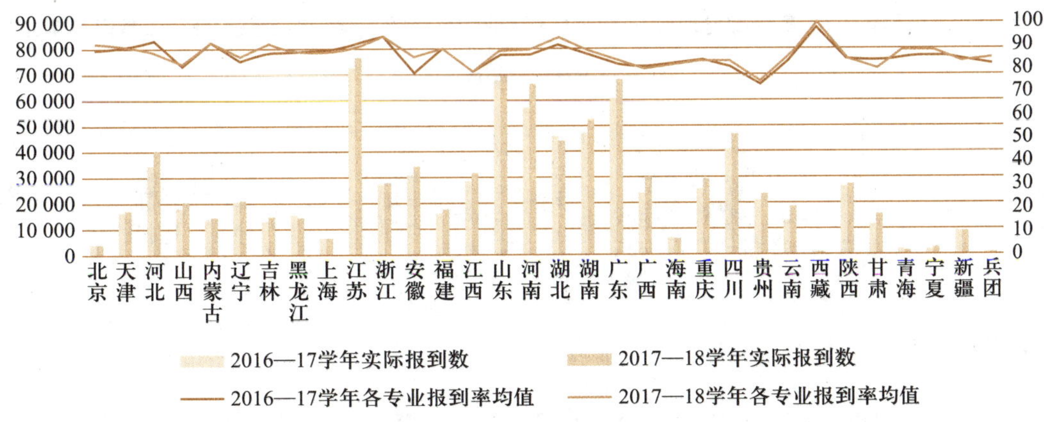

图 5-1-9 各地 2016-2017 学年、2017-2018 学年十大重点产业相关专业实际报到人数和各专业报到率的均值

2017—2018 年，十大重点产业相关专业就业学生分别超过 60.69 万人、70.25 万人。到 2018 年，全国有 14 个地区的就业学生数量过 2 万人，其中山东、江苏、广东当年就业人数超过 5 万人（图 5–1–10）。

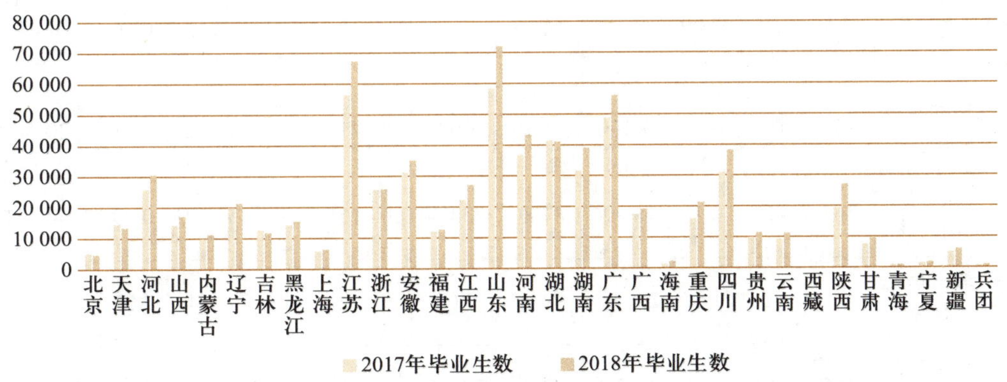

图 5-1-10 各地 2017—2018 年十大重点产业相关专业毕业生数

（五）加强现代服务业亟须的人才培养

在现代服务业领域，高职院校广泛开设网络金融、电子商务、现代物流、养老护理、社区工作、文化体育、旅游等相关专业，为推动生产性服务业向专业化和价值链高端延伸、生活性服务业向精细和高品质转变提供了人力资源基础，成为服务中国制造的新动力。

表 5–1–9 选择了部分现代服务业的专业，借助状态数据平台，对这些专业在 2017 年、2018 年的布点数、学生报到人数、在校生人数以及毕业生人数进行说明。可以发现这些专业中多数专业的布点数在增加，在校生规模也在扩大。这些专业的发展也与上述网络金融、电子商务、现代物流、养老服务、文化体育等领域相呼应，为社会发展提供了良好基础。

表 5-1-9　2017 年、2018 年部分现代服务业相关专业的布点数、学生报到数、在校生数以及毕业生数等基本情况

专业代码	专业名称	2017年布点数	2018年布点数	布点数增长率	2016–2017学年实际报到人数	2016–2017学年各专业点报到率均值	2017–2018学年实际报到数	2017–2018学年各专业点报到率均值	2017年在校生数	2018年在校生数	在校生数增长率	2017年毕业生数	2018年毕业生数
510105	休闲农业	18	23	0.28	406	81.22	533	88.87	981	1 152	0.17	366	330
600112	高速铁路客运乘务	118	172	0.46	12 805	86.87	17 661	85.37	17 107	31 179	0.82	1 772	4 715
600302	国际邮轮乘务管理	68	93	0.37	4 295	86.33	5 116	79.37	8 513	11 156	0.31	1 686	2 669
610104	智能产品开发	22	38	0.73	527	68.43	1 160	81.26	1 106	1 810	0.64	240	401
610109	电子产品营销与服务	10	10	0.00	171	56.51	173	68.35	304	475	0.56	16	112
610115	移动互联应用技术	130	145	0.12	7 160	86.19	8 023	85.41	11 868	17 927	0.51	1 202	3 689
610119	物联网应用技术	363	415	0.14	18 996	87.80	23 044	88.15	41 053	53 121	0.29	9 440	13 597
610209	数字展示技术	6	15	1.50	94	94.72	400	91.62	141	454	2.22	47	30
610210	数字媒体应用技术	365	364	0.00	17 799	87.85	20 681	86.85	46 624	52 582	0.13	13 918	14 933
610212	移动应用开发	96	125	0.30	4 396	87.81	6 524	86.21	4 663	10 869	1.33	303	277
610213	云计算技术与应用	67	127	0.90	2 222	87.79	6 267	88.17	1 640	6540	2.99		1
610214	电子商务技术	61	79	0.30	3 361	78.79	5 584	79.59	3 397	8 500	1.50	112	163
620501	康复治疗技术	176	190	0.08	15 829	90.63	21 026	91.79	35 431	45 417	0.28	8 972	11 883
620503	中医康复技术	15	24	0.60	528	80.13	1 061	84.51	694	1 663	1.40	82	164
620801	健康管理	36	52	0.44	942	78.43	1 673	77.75	1 438	2 223	0.55	118	300
620803	中医养生保健	16	28	0.75	608	88.92	1 036	82.49	745	1 244	0.67	120	136

续表

专业代码	专业名称	2017年布点数	2018年布点数	布点数增长率	2016-2017学年实际报到人数	2016-2017学年各专业点报到率均值	2017-2018学年实际报到数	2017-2018学年各专业点报到率均值	2017年在校生数	2018年在校生数	在校生数增长率	2017年毕业生数	2018年毕业生数
620806	精密医疗器械技术	2	3	0.50	102	83.33	156	79.95	23	230	9.00		55
620808	康复工程技术	3	5	0.67	136	97.06	174	94.57	88	251	1.85		
620811	老年保健与管理	12	30	1.50	310	211.57	683	71.12	202	724	2.58		
630209	互联网金融	79	117	0.48	2060	79.28	4370	87.89	1923	5 606	1.92	50	330
630801	电子商务	808	835	0.03	9 1229	85.70	97 847	87.04	219 580	257 736	0.17	52638	76545
630802	移动商务	42	57	0.36	856	78.73	1 772	71.38	1 229	2 583	1.10	117	234
630803	网络营销	57	65	0.14	1 767	75.10	2 302	74.17	2 036	3 820	0.88	164	387
630902	物流信息技术	23	28	0.22	793	74.50	921	82.60	1 399	1 949	0.39	303	324
630904	物流金融管理	7	12	0.71	171	85.61	325	85.53	144	440	2.06	13	9
630905	工程物流管理	5	6	0.20	312	89.06	540	94.27	364	874	1.40		54
630906	冷链物流技术与管理	6	10	0.67	204	88.98	214	62.16	287	493	0.72	50	95
640106	休闲服务与管理	38	45	0.18	959	79.54	1 041	72.14	2 289	2 742	0.20	592	1 030
650401	文化创意与策划	13	19	0.46	329	85.03	634	89.77	386	828	1.15	40	96
660208	影视多媒体技术	46	45	–0.02	1 322	87.27	1 247	80.05	3 264	3 568	0.09	849	1 070
670403	社会体育	65	64	–0.02	3 623	74.64	3 997	78.71	7 396	9 325	0.26	1 628	2 367
670404	休闲体育	22	29	0.32	762	78.40	1 045	80.47	1 194	1 900	0.59	191	388
670407	体育艺术表演	8	10	0.25	214	79.61	202	86.06	339	415	0.22	100	33

续表

专业代码	专业名称	2017年布点数	2018年布点数	布点数增长率	2016-2017学年实际报到人数	2016-2017学年各专业点报到率均值	2017-2018学年实际报到数	2017-2018学年各专业点报到率均值	2017年在校生数	2018年在校生数	在校生数增长率	2017年毕业生数	2018年毕业生数
670408	体育运营与管理	54	54	0.00	2 120	71.37	2 371	76.18	4 457	5 464	0.23	1 008	1405
670409	体育保健与康复	30	27	-0.10	702	80.11	904	84.72	1 410	2 156	0.53	298	708
670410	健身指导与管理	14	20	0.43	682	77.84	1 012	76.02	1 127	1 995	0.77	127	415
690301	老年服务与管理	110	118	0.07	2 891	74.87	3 925	81.57	5 566	7 599	0.37	1 199	1 679
690302	家政服务与管理	24	26	0.08	403	66.11	441	73.74	1 042	1 174	0.13	356	411
690304	社区康复	34	37	0.09	750	68.15	1 079	130.90	1 253	1 784	0.42	475	338

《中国劳动统计年鉴2017》的数据显示，在卫生和社会工作，信息传输、软件和信息技术服务业，金融业，以及社会保障和社会组织等行业中，接受过高职高专教育的从业人员超过各自领域的30%，成为行业发展的生力军。这也再次验证了高等职业院校对现代服务业发展的有力支持。

案例26：优化专业结构，推进专业集群发展

广东交通职业技术学院重点对接智能制造、船舶、轨道、信息等产业发展，按照“行业需求为根本、办学定位为目标、技术基础为支撑、教学资源为基础”的准则，四个向度测评专业发展状态，历时三年分三轮完成了专业结构优化调整工作。裁撤了34个专业（含方向），新增了对接行业新业态的专业3个，改造专业19个，组建了7大专业集群，形成了“公路、水路、轨道三路引领，机电信息、经济管理两翼发展”的专业整体布局。

长沙航空职业技术学院按照“对接产业办专业，打造航空特色专业品牌”的专业建设思路和瞄准产业链、紧贴行业类、对接岗位群的“三需驱动”专业群构建思路，调整专业设置，先后撤销与航空产业对接不紧密的专业23个，新增飞行器制造技术等与航空产业紧密对接的专业13个。专业结构由过去的8个大类33个专业调整为4个大类22个专业，并构建航空机电设备维修、航空电子设备维修、航空机械制造、航空服务与管理四大特色专业群。

河北工业职业技术学院2017—2018年主动暂停招生专业24个，撤销与区域发展关联度不高和产业升级后适应度差的专业23个（含专业方向），新增大数据技术与应用、智能控制技术、新能源汽车运用与维修、物流金融管理和健康管理等19个专业，形成了与河北

省新兴战略产业发展和传统产业转型升级人才需求相适应的专业布局，开设了覆盖能源化工类、装备制造大类、电子信息大类、土木建筑大类、财经商贸大类、服务类等专业群。

二、支持优质产能“走出去”

高职院校主动服务“一带一路”倡议，不断扩大和深化与“一带一路”沿线国家的职业教育合作，主动发掘和服务“走出去”企业的人才需求，配合“走出去”企业面向当地员工开展技术技能培训、学历职业教育、中华传统文化宣传等一系列活动，加快培养了一批符合我国企业“走出去”要求的技术技能人才，有力支持了“一带一路”建设。

支持优质产能“走出去”任务（编号：RW–41），包括扩大与“一带一路”沿线国家的职业教育合作；服务“走出去”企业的需求，培养具有国际视野、通晓国际规则的技术技能人才和中国企业海外生产经营需要的本土人才；配合“走出去”企业面向当地员工开展技术技能培训和学历职业教育；支持专科高等职业院校国（境）外办学，为周边国家培养熟悉中华传统文化、当地经济发展亟须的技术技能人才。

（一）任务（项目）执行情况

27 个省份承接了支持优质产能“走出去”任务，2016 年有 23 个省份执行任务；2017 年有 26 个省份执行任务；2018 年 27 个承接任务省份均执行了任务，任务执行率达到 100%。

（二）扩大与“一带一路”沿线国家合作

高职院校在中国境内、境外与“一带一路”沿线等国家开展国际合作，开展合作的高职院校数、合作国家数以及校均合作项目数等明显增多，国际合作不断深化。

根据《行动计划》管理平台的数据显示，2018 年 27 个承接任务省份的 376 所高职院校在中国境内开展国际合作项目 602 项，在中国境外与 90 个国家（地区）开展国际合作项目 616 项。

高职院校开展国际合作与交流的国家范围广泛，覆盖泰国、马来西亚、柬埔寨、老挝、印度尼西亚、新加坡、缅甸等东盟国家，哈萨克斯坦、乌兹别克斯坦等中亚国家，巴基斯坦、印度、尼泊尔等南亚国家，日本、韩国等东亚国家，俄罗斯、加拿大、英国、德国、荷兰、美国等欧美国家，以及肯尼亚、赞比亚等非洲国家。

高职院校在中国境外开展的国际合作发展更为迅速。《行动计划》管理平台数据显示，2018 年开展国际合作项目的高职院校数比 2017 年增加了约 14%；高职院校在中国境内开展的国际合作项目校均 1.60 项，比 2017 年增加了 36%；高职院校在中国境外开展的国际合作项目校均 1.64 项，比 2017 年增加了 54%，增幅明显高于境内开展国际合作的校均项目数。2018 年我国高职院校与部分合作国家和合作项目数量如表 5–2–1 所示。

表 5-2-1　2018 年我国高职院校在中国境外开展国际合作的部分国家和项目数量

序号	国家	项目数量	序号	国家	项目数量
1	泰国	78	11	新加坡	18
2	马来西亚	71	12	越南	15
3	俄罗斯	32	13	缅甸	13
4	老挝	31	14	肯尼亚	12
5	柬埔寨	30	15	尼泊尔	11
6	印度尼西亚	25	16	赞比亚	11
7	巴基斯坦	23	17	澳大利亚	10
8	孟加拉国	19	18	菲律宾	10
9	德国	18	19	蒙古	10
10	韩国	18	20	波兰	9

案例 27：紧扣行业特色，服务“一带一路”倡议

成都纺织高等专科学校积极响应国家“一带一路”倡议，开设国际交流特色课程，搭建教育国际化交流平台，连续两年举办“一带一路”国际文化艺术周，充分利用学校现有的中国传统技艺文化和非遗项目，吸引了东南亚国家的高校师生约 200 人来成都学习文化与技艺。建设了 23 门中英文双语教学国际交流特色课程。500 余名师生先后赴印度、新加坡等国，交流民族纺织服装文化与传统技艺。

湖南铁路科技职业技术学院与肯尼亚铁路技术培训学校共建“东非（肯尼亚）铁道交通高技能人才培养基地”于 2016 年 5 月正式挂牌，首批选派的专家团队赴肯尼亚承担了 4 个多月的培训任务，培训赢得了肯尼亚政府的好评，被媒体誉为“中国铁路职业培训海外第一单”。学院还以中车株洲电力机车有限公司装备输出为契机，与马来西亚铁路局合作共建“东盟轨道交通人才培训中心”，重点在中国装备、铁路动车、城市轨道等领域为马来西亚培训技术技能人才。

重庆市 13 所院校与乌兹别克斯坦等 19 个“一带一路”沿线国家在境内外开展了 40 项国际合作项目。中外合作办学培养学生数量为 1 869 人，其中在国内为“一带一路”沿线国家开展学历教育培养学生 325 人，在国外为“一带一路”沿线国家开展学历教育培养学生 1 544 人。在国内为“一带一路”沿线国家开展培训 3 682 人次，其中国内培训 1 658 人次，国外培训 2 024 人次。开展中华传统文化培训 548 次，2 785 人次接受了中华传统文化培训。

高职院校开展国际合作的形式日益多样化。一些高职院校与境外院校、教育机构签订合作协议，建立合作关系，共同开展各类合作项目，多途径、多渠道为学生出国交流、学历提升及实习就业提供了机会和平台。更有一批高职院校与“一带一路”沿线国家政府、企业、院校等合作，通过组建联盟、职教集团、研究中心等，构建“一带一路”教育合作

体，推动职业教育资源共建共享，提升国际合作水平。各院校质量年度报告显示，高职院校牵头成立的职业教育合作发展平台已经超过 15 个，如“一带一路”国际艺术教育联盟、中国东盟边境职业教育联盟、中国－东盟交通职业教育联盟、“海上丝绸之路”职业教育国际化联盟等。

（三）培养“走出去”企业亟须的优质人才

高职院校对接企业“走出去”过程中的人才需求，校企合作积极进行人才培养方案的调整，通过共建学院、实习基地、培训基地，定制化培养等方式，培养两类人才，一是面向国内学生，培养具有国际视野、通晓国际规则的技术技能人才，二是面向“一带一路”海外学生，培养中国企业海外生产经营所需要的本土人才。

高职院校在境内开展面向“一带一路”沿线国家学生的学历教育，2017—2018 年，承接任务的高职院校共计培养海外学生 1.6 万余人，且 2018 年的培养规模超过 1 万人，是 2017 年的 1.85 倍。承接任务的高职院校还在境内为“一带一路”沿线国家开展培训，2017 和 2018 年的培训人次超过 23 万，且 2018 年的培训规模是 2017 年的 1.24 倍。快速增长的海外人才培养培训规模，为中国企业海外生产经营提供了强有力的保障。

（四）共建海外办学基地培养本土化人才

除在中国境内培养培训人才外，高职院校还配合“走出去”企业人才需求，通过与积极拓展国际业务的大型企业联合办学、共建国际化人才培养基地、开设分校等方式，积极面向当地员工开展学历职业教育和技术技能培训。2017—2018 年度，承接任务的高职院校在中国境外为“一带一路”沿线国家开展学历教育，年均培养学生 3 100 多人；在境外为“一带一路”沿线国家开展培训，受训人数超过 15 万人次，且 2018 年度的受训规模是 2017 年的 2.54 倍，发展迅速。

海外办学也是培养当地本土化人才的一种重要形式。《行动计划》管理平台数据显示，2017—2018 年共有 100 多所高职院校到“一带一路”沿线国家办学，其中江苏、浙江、山东和湖南进行海外办学的高职院校数均在 10 所以上。

为更好地服务“一带一路”倡议，《中国教育现代化 2035》提出要鼓励有条件的职业院校在海外建设“鲁班工坊”。部分高职院校先后在泰国、英国、印度、印度尼西亚、巴基斯坦、柬埔寨等国与当地机构合作成立“鲁班工坊”，培养培训了大量技术技能人才。2016 年 3 月 8 日，天津渤海职业技术学院依托渤海化工集团在泰国大成技术学院建成我国首个境外“鲁班工坊”。

为进一步推进“一带一路”沿线国家对中国传统文化的了解，高职院校在境外除了开展技术技能培养培训外，还以培训等方式积极开展中华传统文化交流。任务承接省份开展中华传统文化培训的次数和人次不断增加，如广西的任务承接高职院校在 2018 年开展了近 600 次的中华传统文化培训。中华传统文化培训已成为中外人文交流机制的重要组成部分。

2018 年度，11 个行指委执行了本任务。在与“一带一路”沿线国家在中国境外开展国际合作上，45 所职业院校共开展了 110 项国际合作项目，其中交通运输行指委的 12 所院校开展国际合作项目 28 项，数量居于榜首。在境内开展国际合作上，45 所职业院校共开展了 105 项国际合作项目，其中交通运输行指委的 12 所院校开展国际合作项目 21 项。在国内为“一带一路”沿线国家开展学历教育上，共培养学生 2 578 人，开展培训 14 042 人次；在国外为“一带一路”沿线国家开展学历教育上，共培养学生 710 人，开展培训 11 023 人次。到“一带一路”沿线国家办学的院校共 17 所。

案例 28：开展“一带一路”高职行动，注力培养本土人才

河北软件职业技术学院在泰国吞武里商业学院成立“祖冲之学院”，发挥软件技术和动漫制作技术等专业优势，共建共享“汉语 + 专业课程”资源，培养本土技术技能人才。黄河水利职业技术学院面向赞比亚，辐射南部非洲，与中水十一局共建赞比亚大禹学院，培养焊接、机械维修、工程测量等专业的本土人才。

福建省作为“21 世纪海上丝绸之路”核心区，推动职业院校与“一带一路”沿线国家（地区）开展多形式的教育交流合作，加快“走出去”办学，推进职业教育国际化。福建信息职业技术学院在泰国设立“中泰国际学院”，福州职业技术学院与马来西亚吉隆坡大学共建鲁班学院，在 ISBAUK 学院设立马来西亚分校，福建幼儿师范高等专科学校在沿线国家设立了“海外幼儿教师培训中心”，闽江师范高等专科学校在柬埔寨设立“中柬华文师资培训中心”。

三、深化校企合作发展

高职院校以应用技术协同创新中心、技能大师工作室为载体，切实提升校企合作水平。而学校自筹、省级财政专项资金则成为应用技术协同创新中心、技能大师工作室建设的主要经费来源。

深化校企合作发展包括 2 个项目，分别是：以市场为导向多方共建应用技术协同创新中心（编号：XM–16）；与技艺大师、非物质文化遗产传承人等合作建立技能大师工作室（编号：XM–17）。

（一）任务（项目）执行情况

1. 应用技术协同创新中心建设情况

根据《任务（项目）承接通知》和《行动计划》管理平台，项目计划建设 500 个应用技术协同创新中心，28 个省份承接该任务，计划建设数为 449 个。2016 年 29 个省份均执行了建设任务（承接省份增加了甘肃）。

各地在多方共建应用技术协同创新中心时形成了校级、地市级和省级的不同层次。至 2018 年，29 个省份共建设各种协同创新中心 976 个，其中省级协同创新中心 551 个，地市

级协同创新中心 113 个，校级协同创新中心 312 个。此外，各行指委 2018 年共建设了 121 个协同创新中心，其中省级协同创新中心 63 个，地市级协同创新中心 6 个，校级协同创新中心 52 个。

2019 年，教育部共认定了 480 个国家级协同创新中心。29 个省份共被认定了 441 个国家级应用技术协同创新中心。其中，山东拥有最多的国家级协同创新中心，为 40 个，其次则为江苏、广东，各拥有 39 个、35 个。12 个行指委共被认定了 39 个国家级应用技术协同创新中心。国家级协同创新中心的地区分布并不均衡，东部地区较为集中（表 5–3–1）。

表 5-3-1　各地应用技术协同创新中心计划建设数、2018 年实际建设数和国家认定数等情况

省份 / 行指委	计划建设数量	省级协同创新中心数量	地市级协同创新中心数量	校级协同创新中心数量	各级协同创新中心小计	国家认定数量
天津	60	78	0	0	78	15
河北	20	23	0	1	24	23
山西	15	4	5	7	16	11
内蒙古	2	1	0	1	2	2
辽宁	5	6	3	5	14	6
黑龙江	20	8	3	12	23	10
上海	15	8	1	10	19	15
江苏	10	38	6	23	67	39
浙江	10	18	2	38	58	20
安徽	30	30	0	1	31	20
福建	20	30	0	0	30	20
江西	5	14	1	3	18	14
山东	15	54	44	20	118	40
河南	10	13	2	0	15	15
湖北	30	44	4	10	58	28
湖南	30	12	6	24	42	30
广东	50	47	24	76	147	35
广西	15	16	3	17	36	15
海南	3	3	0	1	4	3
重庆	20	17	2	25	44	13
贵州	10	22	0	3	25	12

续表

省份 / 行指委	计划建设数量	省级协同创新中心数量	地市级协同创新中心数量	校级协同创新中心数量	各级协同创新中心小计	国家认定数量
云南	10	15	4	18	37	13
西藏	1	…	…	…	…	1
陕西	25	27	0	1	28	16
甘肃	…	16	1	5	22	10
青海	4	0	0	4	4	2
宁夏	10	1	0	0	1	6
新疆	3	6	1	7	14	6
兵团	1	0	1	0	1	1
行指委	…	63	6	52	121	39

各地应用技术协同创新中心建设经费投入 2017 年为 75 992.3 万元，2018 年为 175 800.3 万元，共计 251 792.6 万元。由表 5–3–2 所示，学校自筹、省级财政专项资金是应用技术协同创新中心建设的主要经费来源。

表 5-3-2 应用技术协同创新中心建设经费投入情况

序号	经费来源	2017 年	2018 年	小计
1	省级财政专项资金 / 万元	25 404.2	48 852.8	74 257.0
2	地市级财政专项资金 / 万元	6 889.1	26 914.9	33 804.1
3	行业企业专项资金 / 万元	10 523.1	29 660.1	40 183.2
4	学校自筹资金 / 万元	29 318.5	66 593.8	95 912.4
5	其他 / 万元	3 857.3	3 778.6	7 635.9
合计 / 万元		75 992.3	175 800.3	251 792.6

2. 技能大师工作室建设情况 根据《任务（项目）承接通知》和《行动计划》管理平台，建立技能大师工作室（编号：XM–17）项目，计划建立技能大师工作室 100 个，28 个承接省份的申报数达 244 个，且这 28 个省份在 2016 年均已开始执行建设任务。2017 年在大师工作室的类型上增加了“非物质文化遗产传承大师工作室”这一新类别。至 2018 年，28 个任务承接省份中的 400 所高职院校建设技艺大师工作室和非物质文化遗产传承大师工作室共 983 个，是申报数的 4.03 倍。此外，行指委 2018 年共建设技能大师工作室 70 个。

2019 年，教育部共认定了 98 个国家级技能大师工作室，28 个承接任务省份共被认定了 94 个国家级技能大师工作室，4 个行指委被认定了 4 个国家级技能大师工作室。山东和广东认定大师工作室最多，分别有 10 个，其次为江苏 9 个、浙江 8 个和湖南 7 个，东部地区的分布数量多于中西部地区（表 5–3–3）。

表 5–3–3 各地技能大师工作室计划建设数、2018 年实际建设数和国家认定数等情况

省份 / 行指委	计划建设数	建立技能大师工作室的职业院校数量	2018 年实际建设数	国家认定数
天津	10	19	32	5
河北	4	17	19	2
山西	10	12	19	2
辽宁	10	16	25	3
吉林	2	4	11	1
黑龙江	20	12	33	3
上海	15	15	47	5
江苏	10	39	97	9
浙江	10	22	76	8
安徽	29	28	30	3
江西	20	17	30	3
山东	10	38	143	10
河南	5	6	6	2
湖北	5	27	54	5
湖南	10	30	73	7
广东	10	22	127	10
广西	5	9	26	3
海南	1	1	2	0
重庆	10	13	22	2
四川	10	10	10	1
贵州	5	9	22	2
云南	5	17	55	5
西藏	2	—	—	0
陕西	6	6	6	1
青海	2	1	1	0
宁夏	5	3	5	1

续表

省份 / 行指委	计划建设数	建立技能大师工作室的职业院校数量	2018 年实际建设数	国家认定数
新疆	12	6	11	1
兵团	1	1	1	0
行指委	—	—	70	4
合计	244	400	983	98

技能大师的类型呈现多样化特点。2018 年的 983 个技能大师工作室中共拥有大师 1 093 位，其中技艺大师 517 位，非物质文化遗产传承大师 298 位。各级大师的分布如图 5–3–1 所示。

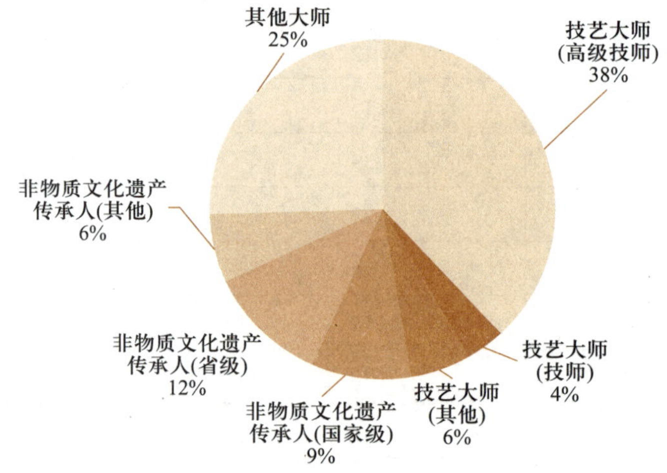

图 5-3-1　2018 年 983 个技能大师工作室中各级各类大师的分布情况

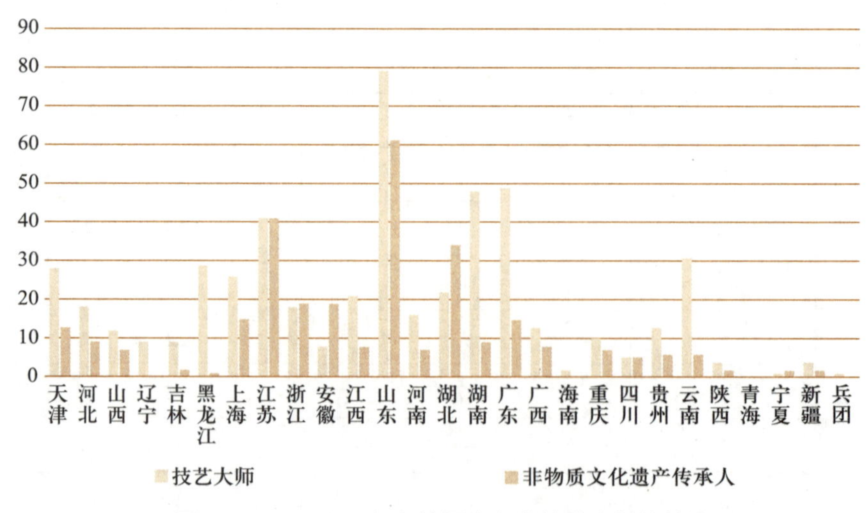

图 5-3-2　2018 年各地拥有各类技能大师的数量

在大师的地区分布上，2018 年 983 个技能大师工作室中，技艺大师分布最多的地区为山东，其次为广东和湖南。非物质文化遗产传承人分布最多的地区为山东，其次为湖北和江苏（图 5–3–2）。

根据《行动计划》管理平台中的填报数据，国家级技能大师工作室共有非物质文化遗产传承人 32 人，技艺大师 45 人，其他类型的大师 14 人，技艺大师数量占比接近一半（图 5–3–3）。

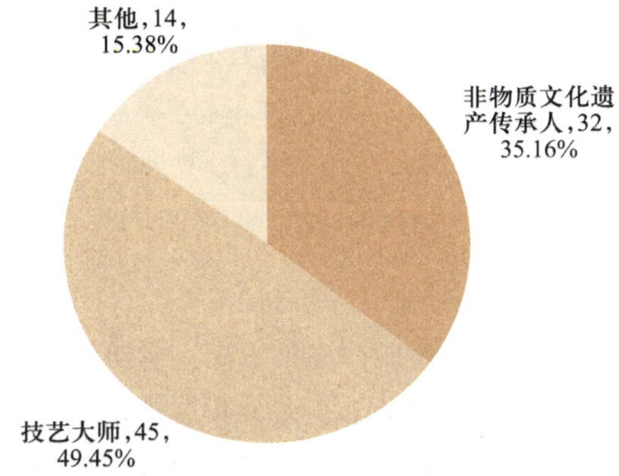

图 5-3-3 国家级技能大师工作室的技能大师分布

各地技能大师工作室建设经费投入 2017 年为 17 991.0 万元，2018 年为 34 451.9 万元，共计 52 442.9 万元。由表 5–3–4 可知，学校自筹、省级财政专项资金是技能大师工作室建设的主要经费来源。

表 5-3-4 技能大师工作室建设经费投入情况

序号	经费来源	2017 年	2018 年	小计
1	省级财政专项资金 / 万元	7 988.1	9 826.4	17 814.5
2	地市级财政专项资金 / 万元	1 785.5	1 846.0	3 631.5
3	行业企业专项资金 / 万元	905.6	3 441.8	4 347.3
4	学校自筹资金 / 万元	7 168.8	18 178.1	25 346.9
5	其他 / 万元	142.9	1 159.7	1 302.7
合计 / 万元		17 991.0	34 451.9	52 442.9

（二）校企共建应用技术协同创新中心

应用技术协同创新中心的校企共建不断深化，在合作单位拓展、科研运行等方面成果颇丰。

协同创新中心的各类合作机构数量大幅增加，行业企业成为主要的合作单位。2018 年，29 个省份所建设的 976 个协同创新中心共有各类合作单位 17 522 个，其中，合作行业占比 35.10%，合作企业占比 34.06%（图 5–3–4）。而行指委建立的 121 个协同创新中心的各类合作单位中，合作企业占比接近 50%，合作高校的占比为 22.63%。

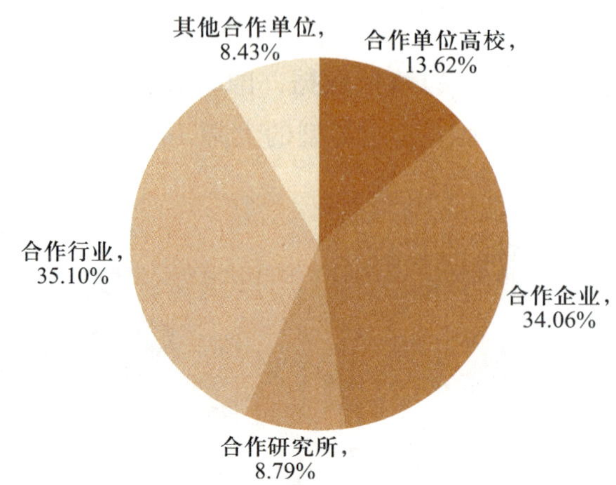

图 5-3-4　2018 年各地协同创新中心不同类型合作单位的分布

各级各类应用技术协同创新中心的运行成果丰硕，省级及以上科研项目的承担数量逐年不断提升，专利转化量亦有所增加。2016—2018 年各地协同创新中心共计承担省级及以上科研项目共计 6 200 余项，到账金额约 10 亿元；三年共计承担横向科研项目一万余项，到账金额超过 21 亿元；三年各地共计获得授权专利约 1.8 万项，实现授权专利转化 2 400 多项。这些成果不仅助推了学校和行业企业的发展，还进一步促进了校企合作的深入开展。

案例 29：聚焦优质特色产业，建立产教协同创新中心

贵州轻工职业技术学院协同贵州大学、贵州茅台集团、贵州省流通环节食品安全检验中心贵安分中心、贵州科学院、贵州省出入境检验检疫局、麻江县教育和科技局、贵州安健果业有限公司，建立了“贵州山地特色水果及其酒等制品协同创新中心”，搭建“政府 + 高校 + 科研机构 + 企业 + 行业协会 + 创业园区”的协同创新模式。中心针对贵州特色山地水果及其酒等制品，在国际性技术性贸易措施及标准、全产业链健康管理、营养检测及质量安全控制、酒等制品加工和资源综合利用领域等前沿核心问题进行协同创新。

温州职业技术学院联合政府、行业、企业和高校组建浙南轻工装备智能技术协同创新中心，利用智能制造新技术跨行业、跨专业集成应用优势，面向轻工行业实施“立地式”研发服务，开发了一批高端智能装备，已获得专利 347 项，其中发明专利 54 项，并转让 67 项，实施技术开发 172 项，获得省市各项支持 108 项，实施技术技能专项培训和咨询服务 400 余项。

天津城市职业学院与北京市科学技术研究院、河北工业大学、河北经贸大学四方联合成立京津冀康养产业技术协同创新中心，围绕养老创新人才培养，建立科研实验条件、建成养老专业人才培养示范基地，打造京津冀老年服务产品创新品牌，实现资源共享。目前已合作开发体适能（运动辅疗）系列教材一套并申请相关专利 1 项；教师团队面向社会开展养老专业技能培训及下厂（社区）实践服务，年均服务覆盖 1 500 人次。

（三）对接新需求建设技能大师工作室

技能大师工作室开展了丰富的活动，如指导校内学生和教师，承担教学任务，面向企

业、社区、其他学校开展研修培训和交流，承担省级或以上科研课题，成果转化，指导学生参加国家级、省级技能大赛，等等。这些活动深入推进校企合作，促进产、教、学、研、用的深度融合，实现多方合作共赢。

其中，在校内指导学生上，2017年度各地技能大师工作室共指导学生10万余人；2018年度各地技能大师工作室共指导学生近20万人，增幅显著。在校内指导教师上，2017年度各地技能大师工作室共指导教师4 829人，2018年度指导教师的数量则高达9 373人，近于增长一倍。2018年各地技能大师工作室还承担了38.5万学时的教学任务。在承担省级及以上科研课题上，2017年度各地技能大师工作室共承担课题500余项，2018年承担课题数则接近950项。

行指委承接建设的技能大师工作室在2018年指导校内学生近1.3万人，指导校内教师756人，承担教学任务约4.3万学时。承担省级科研课题100余项，承担或参与国家级科研课题总数量29项，成果转化资金总额达6 600万元。

与其他技能大师工作室相比，国家级大师工作室成果更为丰厚，凸显模范带头作用。在承担省级科研课题数量上，98个被认定的大师工作室平均每个承担1.26项，2018年其他技能大师工作室平均承担0.95项；在承担或参与国家级科研课题数量上，认定的大师工作室平均承担0.37项，2018年其他技能大师工作室平均承担0.17项。在指导学生参加国家级、省级技能大赛方面，认定的大师工作室指导学生的平均获奖人数为7.82人，明显高于其他技能大师工作室指导学生的平均获奖人数5.57人。由此可见，认定的98个国家级大师工作室在各项成果上显著优于其他大师工作室。

案例30：传承“大国工匠精神”，设立技能大师工作室

唐山科技职业技术学院借助河钢集团唐钢公司办学优势，着眼于打造国家级技能大师工作室——郑久强炼钢创新工作室，将该工作室的先进经验和前沿技术引入“黑色冶金技术”专业，成立了“郑久强大师班”，大师工作室成员参与修订了人才培养方案和课程标准，亲自承担实训教学任务。该大师工作室在传承工匠精神、制定人才培养方案、传授前沿科技信息、辅导各级技能大赛等方面发挥重要作用，服务京津冀协同发展以及行业产业升级。

青海建筑职业技术学院以保护和传承传统河湟民居为基点，立足建筑设计类专业群，成立“河湟民居大师工作室”，引入青海省传统民居设计、民族建筑研究、地域装饰风格研究、传统建筑与装饰技艺大师，结合专业学分制改革，开设了《室内设计——青海民居传统室内设计实训项目》《传统民居设计》等文化遗产（河湟民居）类课程，实施“学校学习－工作室提升－企业实训”的培养模式，发挥技能大师工作室对“河湟地区”民居建筑的研究、指导优势，为青海省经济建设助力。

天津工艺美术职业学院为了更好地继承“泥人张”彩塑艺术传统，为大师留名、为百工传艺，搭建学生、教师学习研究彩塑艺术的信息平台，特聘请泥人张彩塑大师——付长圣先生为顾问，组建专业教师团队，采用现代化多媒体手段以“泥人张”彩塑艺术的传承、

创新、赏析等为命题，全面展示其艺术魅力及技能技法，系统建设“泥人张”彩塑微课程。依托大师工作室培养“泥人张”彩塑传承人，为企业和社会培养工艺美术高技能人才。

四、加强创新创业教育

高职院校创新创业教育不断加强，逐步健全创新创业教育课程体系、强化创新创业实践、改革教学和学籍管理制度、改进学生创业指导服务、完善创新创业资金支持和政策保障体系，涌现出一大批优秀的双创成果，进一步推动大众创业、万众创新。学校专项和政府专项资金也成为创新创业经费的主要来源。

加强创新创业教育包括 4 个任务、1 个项目，分别是：促进专业教育与创新创业教育有机融合；利用各种资源建设大学科技园、大学生创业园、创业孵化基地和小微企业创业基地，作为创业教育实践平台（编号：RW–42）；探索将学生完成的创新实验、论文发表、专利获取、自主创业等成果折算为学分，将学生参与课题研究、项目实验等活动认定为课堂学习；优先支持参与创新创业的学生转入相关专业学习；实施弹性学制，放宽学生修业年限，允许调整学业进程、保留学籍休学创新创业（编号：RW–43）；地区、有关部门整合发改财政和社会资金，支持高校学生创新创业活动；高等职业院校优化经费支出结构，多渠道统筹安排资金，支持创新创业教育教学，资助学生创新创业项目（编号：RW–44）；举办全国大学生创新创业大赛（编号：RW–45）；建设一批创新创业教育专门课程（群）（编号：XM–18）。

（一）任务（项目）执行情况

举办全国大学生创新创业大赛（编号：RW–45）由国家有关部门统一组织实施，其执行情况不在本报告讨论范围内。根据《任务（项目）承接通知》和 2016 年、2017 年、2018 年创新发展行动计划执行通报，“加强创新创业教育”各任务的承接和执行情况如表 5–4–1 所示。

表 5-4-1　2016—2018 年“加强创新创业教育”各任务（项目）承接与执行情况

	承接省份数量	2016 年执行省份数量	2017 年执行省份数量	2018 年执行省份数量
RW–42	30	28	30	30
RW–43	28	25	27	28
RW–44	25	22	24	25
RW–45	国家有关部门统一组织实施			

建设一批创新创业教育专门课程（群）项目（编号：XM–18），根据《任务（项目）承接通知》，全国 29 个省份计划承接项目布点 473 个，根据 2016 年、2017 年、2018 年创新发展行动计划执行通报，该项目的执行情况如表 5–4–2 所示。

表 5-4-2 2016—2018 年“建设一批创新创业教育专门课程（群）”项目执行情况

年份	执行省份数量	项目布点数
2016 年	29	239
2017 年	29	6 332
2018 年	29	4 928

创新创业教育专门课程（群）建设经费投入 2017 年为 92 990.7 万元，2018 年为 60 193.0 万元，共计 153 183.7 万元。由表 5-4-3 可知，学校自筹、省级财政专项资金是创新创业教育专门课程（群）建设的主要经费来源。

表 5-4-3 创新创业教育专门课程（群）建设经费投入情况

序号	经费来源	2017 年	2018 年	小计
1	省级财政专项资金 / 万元	17 771.9	14 569.5	32 341.4
2	地市级财政专项资金 / 万元	2 718.0	16 033.6	18 751.6
3	行业企业专项资金 / 万元	3 937.5	5 885.2	9 822.7
4	学校自筹资金 / 万元	44 587.6	23 185.4	67 773.0
5	其他 / 万元	23 975.7	519.4	24 495.1
合计 / 万元		92 990.7	60 193.0	153 183.7

（二）课程体系渐趋完善

健全创新创业教育课程体系，要将学生的创新意识培养和创新思维养成融入教育教学全过程，按照高质量创新创业教育的需要调配师资、改革教法、完善实践、因材施教，促进专业教育与创新创业教育有机融合；需要集聚创新创业教育要素与资源，建设依次递进、有机衔接、科学合理的创新创业教育专门课程（群）。

《行动计划》实施以来，创新创业课程数量逐年增加，各地重视教材、师资和教学基地等的建设，逐步健全创新创业教育课程体系，但各地区课程开设情况仍存在不均衡现象。

创新创业课程的开设包括必修课程和选修课程，从 2016—2018 年，任务承接院校的课程开设门数总量逐年增加。29 个任务承接省份在 2018 年共开设创新创业课程 8 155 门，平均每所任务承接院校开设 12.66 门，其中，必修课程平均每校开设 5.37 门，选修课平均每校开设 7.30 门。从各地平均每所任务承接院校开设的必修课程和选修课程门数来看，福建校均开设必修课程 14.14 门，浙江校均开设 13.89 门必修课程，二者领先于其他省份；浙江校均开设 21.75 门选修课程，远超于河北和江苏校均 12 门左右的选修课程。各地院校创新创业课程开设总量和开设情况存在区域差异（图 5-4-1）。

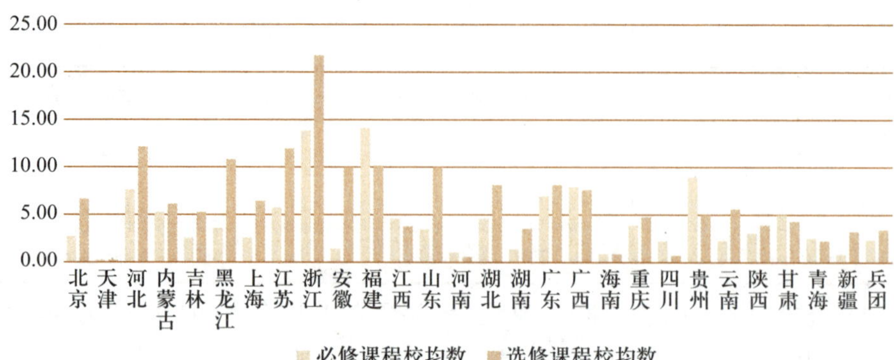

图 5-4-1 2018年各地创新创业教育专门课程（群）校均开设数量

三年来，除创新创业课程激增外，双创教育的顶层设计也不断加强。为落实《国务院办公厅关于深化高等学校创新创业教育改革的实施意见》，各地制定了相应文件，如《四川省人民政府办公厅关于深化高等学校创新创业教育改革的实施意见》等。《广东省教育厅关于深化高等学校创新创业教育改革的若干意见》，将创新创业教育融入人才培养的全过程。《甘肃省深化高等学校创新创业教育改革实施方案（试行）》，加强了对创新创业教育改革的服务与指导。河北、河南、新疆、西藏、山西、江西、湖南、福建等省份都制定了系列双创政策。另外，部分省份针对项目建设出台了具体指导文件，如河北省高职院校省级创新创业教育专门课程（群）建设项目绩效评价指标等。

各地重视创新创业教育师资队伍建设。2018年，29个任务承接省份中，总体上平均每所任务承接院校拥有15.01位专职教师，且广西（校均22.83人）、山东（校均22.02人）和广东（校均19.88人）3个省份的校均专职教师数量较多；总体上平均每所任务承接院校拥有16.93位具有创新创业培训资格证教师，其中山东（校均38.52人）较为突出；总体上平均每所任务承接院校拥有15.88位兼职创新创业教育教师，其中山东（校均38.91人）、安徽（30.50人）的校均兼职教师数较多。各地开展创新创业教育的教师配备呈现出不同特征，如陕西、云南以校内专职教师为主，山东、安徽侧重校外兼职教师，等等(图5–4–2)。

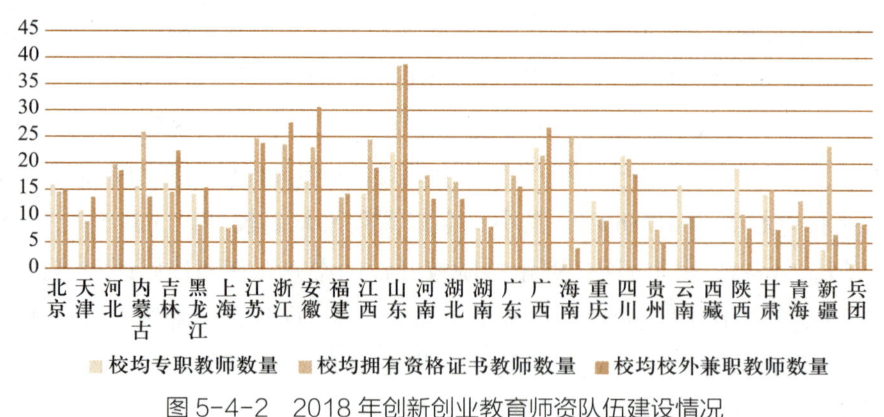

图 5-4-2 2018年创新创业教育师资队伍建设情况

各地加大创新创业教材的开发力度。2018年，29个省份共开发创新创业教材1 074种，江苏连续三年排在第一位，2016年110种、2017年109种、2018年143种；省级以上规划创新创业教材 267 种。

各地还依托基地开设双创课程。2018 年，有 443 所承接任务院校依托各种基地开设双创课程，其中包括 40 个国家级基地和 156 个省级基地。

不断健全创新创业课程体系的同时，越来越多的高职院校入选“全国创新创业典型经验高校”。2016—2018 年，共有 21 所高职院校入选（表 5–4–4），各校双创教育的典型经验得到认可、宣传和推广。

表 5–4–4　2016—2018 年度入选“全国创新创业典型经验高校”的高职院校名单

年度	入选院校数量	全国创新创业典型经验高校名单（高职高专院校）
2016 年度	6	包头轻工职业技术学院、江苏农牧科技职业学院、浙江工贸职业技术学院、山东商业职业技术学院、深圳职业技术学院、黔东南民族职业技术学院
2017 年度	7	北京财贸职业学院、上海工艺美术职业学院、江苏农林职业技术学院、温州职业技术学院、德州职业技术学院、湖南交通职业技术学院、重庆电子工程职业学院
2018 年度	8	河北工业职业技术学院、邢台职业技术学院、南京工业职业技术学院、杭州职业技术学院、东营职业学院、河南职业技术学院、广西职业技术学院、贵州轻工职业技术学院

案例 31：引入社会资源，建设各类创业教育实践平台

宝鸡职业技术学院以电子商务专业为依托，涵盖财经、电子信息、制造、教育、医护等专业，根据创业者所必须具备的核心能力、社会知识结构、意识和个性特征以及高职院校的实际需求，以模块化的形式促进系统化课程建设，形成了涵盖创业意识类、创业技能类、创业学科类和创业实践类的“CSSP 型”多层次、立体化、菜单式的创新创业教育课程体系。并形成了包含丰富资源的“互联网 + 创新创业”课程资源包，很好地满足了创新创业教育培训及创业孵化指导的需要。

福建信息职业技术学院坚持“以创新驱动创业、以创业引领创新”——探索形成“1335”创新创业育人模式。其中，“1”是形成学生创新创业素质育成的工作导向；第一个“3”是确立创新为基、创业为媒、素质为先的三大基本取向；第二个 3 是注重价值塑造、能力培养和知识传授三大双创教育价值追求；“5”是指探索创新创业教育与教育教学内容和方法改革相融合，与提升技术技能教育质量相融合，与社团活动和实践教学相融合，与高职校园文化建设和传承相融合，与职业精神和理想教育相融合的五条主要路径。

乌鲁木齐职业大学把创新创业教育融入了人才培养全过程，积极推动人才培养模式改革，整合“政府、学校、企业”资源，形成了教育、实训、孵化、服务“四位一体”的创新创业教育体系。“创业学院”负责统一组织实施全校创新创业教育，确定了课堂教育、科技创新活动、创业实践活动提升三大工作重心。结合学校专业特点，依托大学生创业孵化基地（园），逐步构建了创业课程、创业实践和创业服务一体化的创业教育体系。成立了“创业与素质教育研究所”，组建和培养了一支专兼结合的创新创业教育教师队伍。

（三）发展环境日益优化

创新创业教育的工作机构设置、平台建设等方面逐渐加强，为创新创业成果涌现提供了良好的环境保障。

在创新创业教育工作机构设置方面，《行动计划》管理平台的数据显示，2018 年，30 个省份共有 727 所院校设置创新创业教育工作机构，其中广东（62 所）、湖北（62 所）数量最多，此外，福建、河北、山东、四川 4 个省份设置创新创业教育工作机构的院校数量均超过 40 所。

在创新创业平台的建设上，大学科技园、大学生创业园、创业孵化基地、小微企业创业基地等各类平台蓬勃发展。2018 年，30 个省份设立了 1 092 个创新创业平台，山东创新平台数量最多（97 个），其次是广东（85 个）。从平台的类别上来说，创业孵化基地占 41%，是主要的平台类型，大学生创业园比例也超过 25%，而小微企业创业基地和大学科技园的占比相对较低（图 5–4–3）。

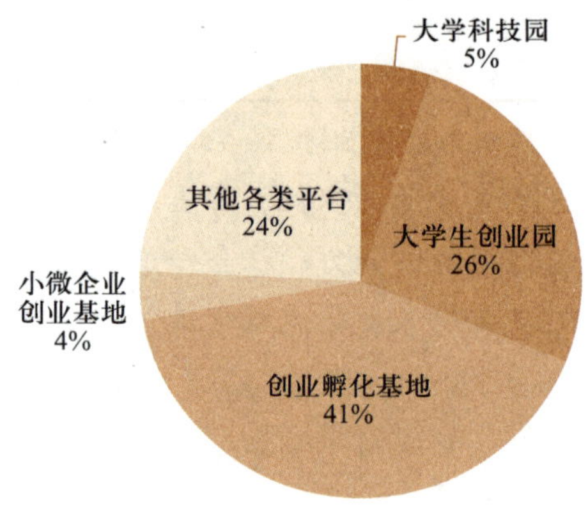

图 5-4-3 2018 年高职院校建设各类创新创业平台的分布

在创新创业平台的级别上，国家级、省级、地市级和校级创新创业平台发展迅速，为双创教育的开展提供了有力支撑。2018 年 30 个省份建有国家级创新创业平台 46 个，省级创新创业平台 283 个，地市级创新创业平台 157 个，校级创新创业平台 606 个（图 5–4–4）。

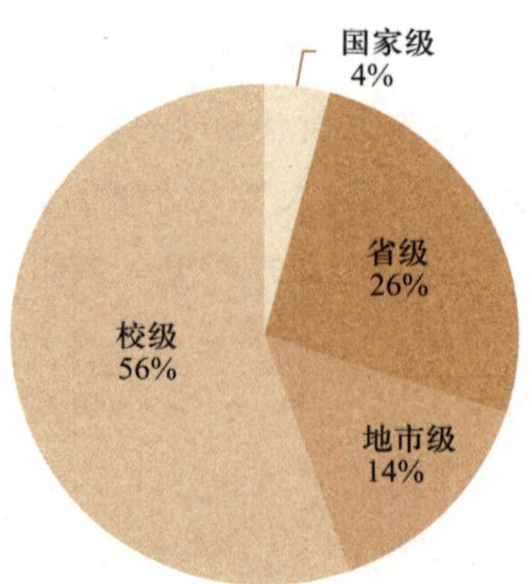

图 5-4-4 2018 年各级创新创业平台的分布

各地因地制宜，以多种多样的方式创建各级各类平台。如温州职业技术学院以产学研创相结合的方式建设平台，外经贸行指委开展“融合型创业”实践，通过大学生创业教育实践与专业教育教学相融合、与学生综合素质培养相融合、与区域产业动态和经济发展相融合的方式创建“三思树大学生众创空间”。《行动计划》管理平台的数据显示：2018 年，院校独立创办的平台接近 50%，校企联合创办创新创业平台占 29.30%，政校企联办的占 16.67%，其他举办形式所占比例相对较少 (图 5–4–5)。由此可见，创新创业平台主要由校办、校企联合创办或政校企联合创办，而单由企业办或政企联合办的创新创业平台非常少。

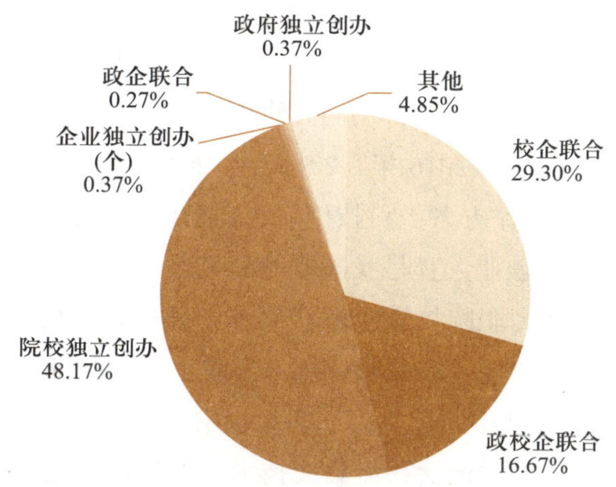

图 5-4-5　2018 年各类方式创办的创新创业平台分布

在创新创业教育开展情况方面，2018 年 30 个省份共入驻创业团队 16 263 个，入驻创业团队数最多的省份为四川（1 897 个）；学生创办企业 6 277 个，比 2017 年（6 600 个）减少了 323 个，创办企业数量最多的是山东（776 个）。整体上看，2018 年入驻创业团队较 2017 年有所增长，但是学生创办企业数量下降了。

案例 32：打造创客校园，推进专业与创业教育相融合

山东省组建高等学校创新创业教育导师库，高职院校入选 304 名创新教育导师、335 名学科专业导师、324 名创业教育导师。山东省人民政府办公厅出台了《关于支持双创示范基地建设推进全省双创深入发展的实施意见》，提出加快推动创新创业资源向双创示范基地集聚，带动全省大众创业万众创新向更大范围、更高层次、更深程度上发展，其中山东商业职业技术学院被列为省级双创示范基地。

湖南机电职业技术学院将建设“创客校园”列为学校重要的发展战略。近三年，学院以创客学习为抓手，努力将每一间教室都建成创客空间，每个学生都培养成智造创客。学院与同济大学设计创意学院合作，引进麻省理工学院的 Fab Lab（数制工坊）落户学院。学生自主创业率达到了 6%，是全国平均水平的 2 倍，师生申请专利（含软件著作权等）共计 837 件，位居全省高职前列。

长春职业技术学院国家级众创空间，以学生在校内期间完成一次创业和二次创业，成为连续创新创业者为定位，面向吉林省的在校或毕业两年内大学生为其提供研发、办公等

公共设施，对内在学校进行创业培训、搭建创业平台、协助办理工商营业执照等、参与创业大赛、帮助申请政府创业资金，对外推荐到专业孵化器进行投资融资等各方面的支持。学院以创客空间为依托和学院各分院研究所和实训基地相结合搭建创新创业实践平台，学生从参与前端创新到成果转化后参与创业的全过程，开创创新创业实践育人新模式。

（四）双创成果不断涌现

在环境日益优化、课程体系趋渐完善的背景下，高职院校双创教育发展迅速，以各类大赛为窗口，学生的获奖数量和获奖质量稳步增长，创新创业教育成果不断涌现。

为进一步激发高校学生创新创业热情，展示高校创新创业教育成果，搭建大学生创新创业项目与社会投资对接的平台，教育部会同其他相关部委于 2015 年举办了首届“互联网 +”大学生创新创业大赛，并相继于 2016 年、2017 年、2018 年举办了第二、第三、第四届大赛。同时，各地也积极筹划，举办各类科技创新、创意设计、创业计划等专题竞赛。

“互联网 +”大学生创新创业大赛是我国覆盖面最大、影响力最广的大学生创新创业盛会之一，在该赛事中，众多高职院校学生斩获奖牌。第一届“互联网 +”大学生创新创业大赛中，无锡城市职业技术学院、济源职业技术学院、深圳职业技术学院三所高职院校获得银奖，另有 17 所高职院校获得铜奖。第二届大赛中，高职院校首获金奖，山东商业职业技术学院“互联网 + 水产品无水保活物流集成技术”项目斩获金奖及最佳带动就业奖，芜湖职业技术学院、湖北交通职业技术学院、西藏职业技术学院 3 所院校获得银奖，另有 26 所高职院校获得铜奖。第三届大赛中，南京工业职业技术学院获得专家特别推荐奖，南京工业职业技术学院、山东商业职业技术学院、广东交通职业技术学院、西藏职业技术学院 4 所院校获得银奖，另有 51 所高职院校获得铜奖。第四届大赛中，扬州工业职业技术学院获得主赛道最佳带动就业奖及金奖，常州轻工职业技术学院亦获得金奖。另有 7 所高职院校获得银奖，45 所院校获得铜奖（图 5–4–6）。回顾四届大赛发现，高职院校的获奖数量和质量稳步提高，这也是双创教育成果的突出体现。

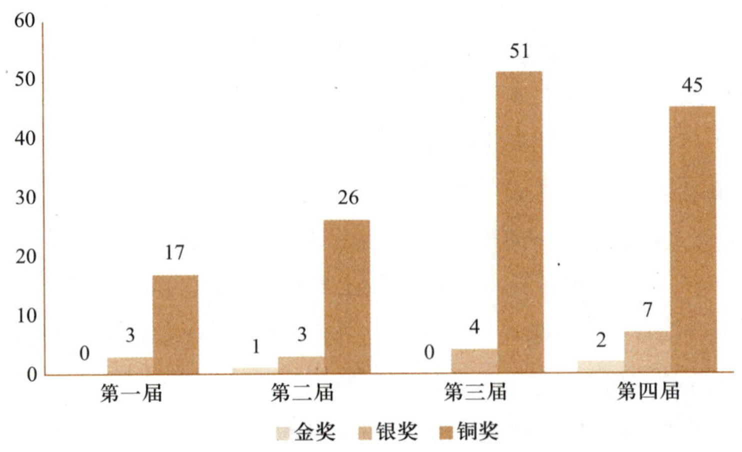

图 5-4-6 四届“互联网 +”大学生创新创业大赛高职院校获奖数量

各地还积极举办各种创新创业大赛。如安徽省围绕服务本省战略性新兴产业，组织开展了智能汽车竞赛等 33 个学科竞赛和 50 个技能竞赛，覆盖全省所有高校、本专科专业，每年参赛学生人数超过 50 万人，达全省在校生数的 50% 以上。

在双创教育大赛持续推进的同时，双创示范校的评选工作也不断推进。2017 年教育部分两期认定了 200 所高校成为“深化创新创业教育改革示范校”。在教育部办公厅《关于公布第二批深化创新创业教育改革示范高校名单的通知》中，唐山工业职业技术学院、成都职业技术学院、深圳职业技术学院、武汉职业技术学院等高职高专院校被评为“深化创新创业教育改革示范高校”。2018 年 3 月，教育部办公厅出台了《关于做好 2018 年深化创新创业教育改革示范高校建设工作的通知》，要求各示范校在继续落实好《国务院办公厅关于深化高等学校创新创业教育改革的实施意见》明确的 9 项改革任务的基础上，要重点抓好三方面工作，即着力建设创新创业教育优质课程、着力提升教师创新创业教育能力、着力开展“青年红色筑梦之旅”活动。

案例 33：多举措举办双创大赛，院校竞赛成果丰富

浙江省积极支持举办各类科技创新、创意设计、创业计划等专题竞赛，组织召开了“浙江省大学生科技竞赛工作会议”，出台了《浙江省大学生科技竞赛项目准入、认定、调整和退出管理办法》《关于开展浙江省大学生科技竞赛巡视工作的通知》和《浙江省大学生科技竞赛赞助管理办法》等 3 个规范性文件。组织完成第三届“互联网 +”大学生创新创业大赛，参加高校与参赛人数达到新的纪录。

湖南省设立“湖南黄炎培职业教育奖创业规划大赛”。大赛由省教育厅主办，湖南中华职业教育社承办，湖南大众传媒职业技术学院协办。大赛坚持“以创业带动就业”为指导方针，以“引导职业院校学生学习创业知识，培养创业意识，树立创业精神，提高创业能力”为目标，形成了政府、企业、投资者、媒体、科研院所等对接创业资源，深度合作，青年创业的竞赛模式。参赛的项目涵盖了节能环保、非物质文化遗产、文化创意、现代农业、电子信息等多个行业领域。

河北省教育厅已连续组织多届“互联网 +”大学生创新创业大赛，参赛项目要求能够将移动互联网、云计算、大数据、物联网等新一代信息技术与经济社会各领域紧密结合，培育基于互联网的新产品、新服务、新业态、新模式。大赛期望利用互联网促进制造业、农业、能源、环保等产业转型升级，促进互联网与教育、医疗、交通、金融、消费生活等深度融合。主要包括：“互联网 +”现代农业、“互联网 +”制造业、“互联网 +”信息技术服务、“互联网 +”商务服务、“互联网 +”公共服务、“互联网 +”公益创业。

扬州工业职业技术学院近三年在“互联网 +”“创青春”等省级以上双创大赛获一等奖 28 项（其中本专科同台竞技 12 项），在江苏高职院校中处于领先地位。在“一带一路”青年创新创业大赛英国总决赛上，该校选手与英国利兹大学等世界一流大学同台竞技，最终获得金奖；参加全国高职“发明杯”大赛获 8 金 3 银 4 铜，居全国第 9，江苏第 3。

2018 年，学校《90 后女孩有点“田”》项目获第四届中国“互联网 +”大学生创新创业大赛金奖和最佳带动就业奖，成为全国仅有的 2 所获两项大奖的高职院校之一。

（五）管理制度更加健全

各地院校在改革创新创业教学和学籍管理制度上进行了多种探索，制度建设逐步完善。《行动计划》管理平台的数据显示，进行创新创业教学和学籍管理制度改革的高职院校数量越来越多，各自出台了创新创业成果转化学分管理办法、创新创业学生转专业管理办法、准许调整学业进程、保留学籍休学创新创业等管理制度，特别是东部地区院校是制度改革的先锋。至 2018 年，28 个承接任务省份有 566 所高职院校制定了创新创业成果转化学分管理办法，排在前 5 位的省份为广东（52 所）、河北（45 所）、山东（45 所）、四川（42 所）和江苏（37 所）。如广东有近半数的高职院校制订了创新创业成果转化学分管理办法，乌鲁木齐职业大学出台了《乌鲁木齐职业大学学生创新创业实践学分实施办法》，青海卫生职业技术学院出台了《青海卫生职业技术学院学分制实施方案》。

为优先支持参与创新创业的学生转入相关专业学习，2018 年有 467 所高职院校制定了创新创业学生转专业管理办法，排在前 5 位的省份依次为河北（43 所）、四川（38 所）、山东（36 所）、广东（34 所）和江苏（31 所）。

2018 年有 555 所高职院校实施弹性学制，放宽学生修业年限，准许调整学业进程，保留学籍休学创新创业，排在前 5 位的省份为广东（51 所）、河北（45 所）、山东（44 所）、四川（42 所）和湖南（39 所），各地详细情况见图 5–4–7 所示。

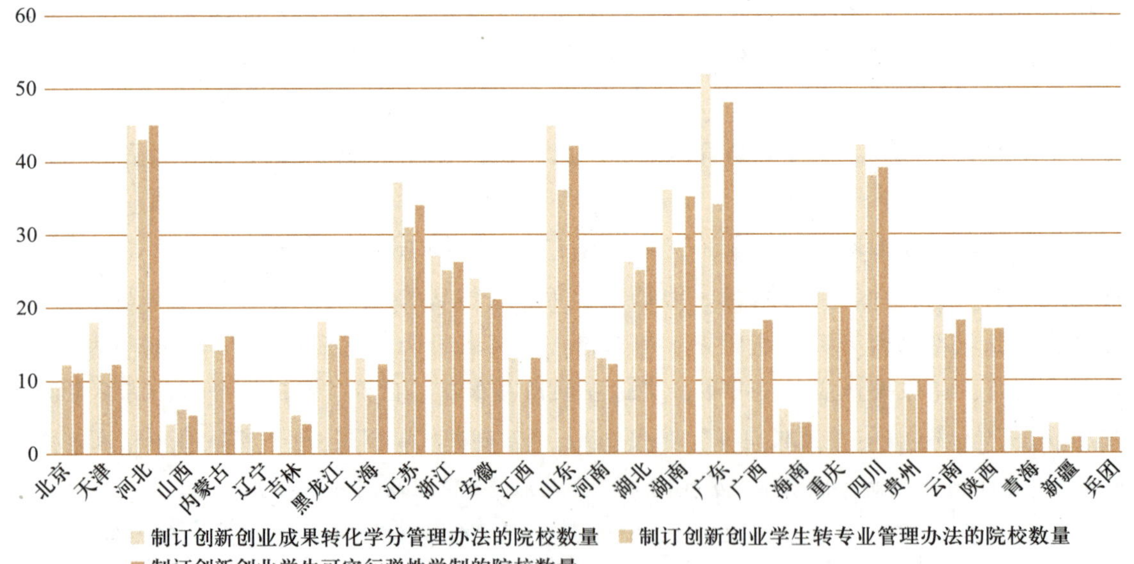

图 5–4–7　2018 年度各地创新创业教学与管理制度执行情况

各地政府主管部门也出台政策，支持高职院校在“创新创业”教学与管理上的创新。如湖南省教育厅根据湖南省人民政府印发的《湖南省发展众创空间推进大众创新创业实施方案》，印发了《关于加强湖南省高校创业孵化基地建设的指导意见》，启动高校创新创业孵化基地建设项目。在此政策指导下，湖南省有 35 所高职院校出台了“允许学生调整学业进程、保留学籍休学创新创业”的制度。河南省人民政府办公厅 2017 年下发了《关于支持大众创业万众创新基地建设的实施意见》，河南省教育厅下发了《河南省教育厅关于印发深化高等学校创新创业教育改革实施方案的通知》等文件，明确提出到 2020 年，建立健全创新驱动、项目推进、政策保障、课堂教学、自主学习、实训实践、指导帮扶、文化引领等多元一体的高校创新创业教育体系。

（六）经费投入持续增加

各地有关部门整合财政和社会资金，支持高校学生创新创业活动。高等职业院校优化经费支出结构，多渠道统筹安排资金，支持创新创业教育教学，资助学生创新创业项目。

《行动计划》管理平台的数据表明，各类创新创业资金投入持续增加。从 2017 年度和 2018 年度各类创新创业资金来源占总金额的比例可以看出，学校专项和政府专项资金是创新创业经费的主要来源，而学生创新创业项目获得资金投入金额也是重要来源之一（表 5–4–5）。

表 5–4–5　2017—2018 年度各地创新创业各类资金来源占总金额的比例

	政府专项资金	政府贷款贴息	企业捐赠	校友捐赠	学校专项	其他	学生创新创业项目获得资金投入金额	合计
2017 年	32.98%	0.33%	9.43%	1.51%	31.14%	7.92%	16.69%	100%
2018 年	23.32%	2.02%	14.85%	1.97%	34.53%	5.36%	17.95%	100%

五、开展现代学徒制

高职院校就现代学徒制展开了积极探索，尝试逐步建立校企协同育人机制，逐步制定和完善招生招工一体化方案和人才培养制度和标准，建立了一批专兼结合、校企互聘共用的师资队伍和体现现代学徒制特点的管理制度，统筹校企教学资源，多路推进产教融合，形成了有效的成果和试点经验。

开展现代学徒制，包括开展现代学徒制试点，校企共建以现代学徒制培养为主的特色学院（编号：XM–15）1 个项目。

（一）任务（项目）执行情况

省级现代学徒制试点院校数超出项目预期。根据《任务（项目）承接通知》和 2016 年、2017 年、2018 年创新发展行动计划执行通报，“开展现代学徒制试点（500 个左右），校企共建以现代学徒制培养为主的特色学院”项目（编号：XM–15）计划建设 500 个现代学徒制试点，31 个项目承接省份申报开展 522 个试点。2016—2018 年，31 个省份开展的试点数分别为 410 个、460 个以及 592 个，已超出了计划数和申报数。

根据《行动计划》管理平台，2018 年，在 31 个项目承接省份的任务承接院校中，共有 592 所省级现代学徒制试点院校，覆盖 2 100 多个专业点，惠及学生 13.6 万人，参与企业 4 700 多家，参与现代学徒制培育的企业师傅近 3 万人，校企共建以现代学徒制培养为主的特色学院 650 个，推动了高职院校与当地企业合作办学、合作育人、合作发展。各地现代学徒制试点开展情况参见图 5–5–1。

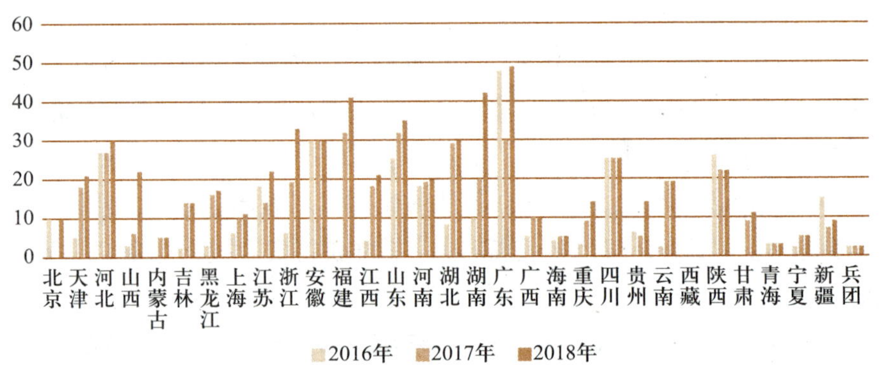

图 5-5-1　2016—2018 年各地现代学徒制试点开展情况

在经费投入方面，现代学徒制的经费投入以学校自筹资金（占比 37.62%）、行业企业专项资金（占比 30.72%）为主，而省级财政专项资金的占比不到 20%，低于前面二者。

教育部分三批在全国范围内布局了 558 个现代学徒制试点。2014 年《教育部关于开展现代学徒制试点工作的意见》实施以来，经各校申报，2015 年《教育部办公厅关于公布首批现代学徒制试点单位的通知》中确定了 165 家首批试点单位。2016 年教育部组织专家对试点单位的任务书进行了审核，最终确定了首批 163 个试点单位。2017 年，《教育部办公厅关于公布第二批现代学徒制试点和第一批试点年度检查结果的通知》中公布了第一批试点年度检查工作和第二批现代学徒制试点遴选情况，“同意中国建筑材料联合会、辽宁职业技术学院中止试点的申请”，并确定第二批 203 个试点单位。2018 年，教育部印发《关于做好 2018 年度现代学徒制试点工作的通知》，启动第三批中国特色现代学徒制试点工作，同年下发的《教育部办公厅关于公布第三批现代学徒制试点单位的通知》中确定了 194 家第三批现代学徒制试点单位。

这三批现代学徒制试点专业的大类布点情况如图 5–5–2 所示，现代学徒制试点专业还是集中在装备制造等一些专业大类中，而能源与新能源类等的专业布点就相对较少。

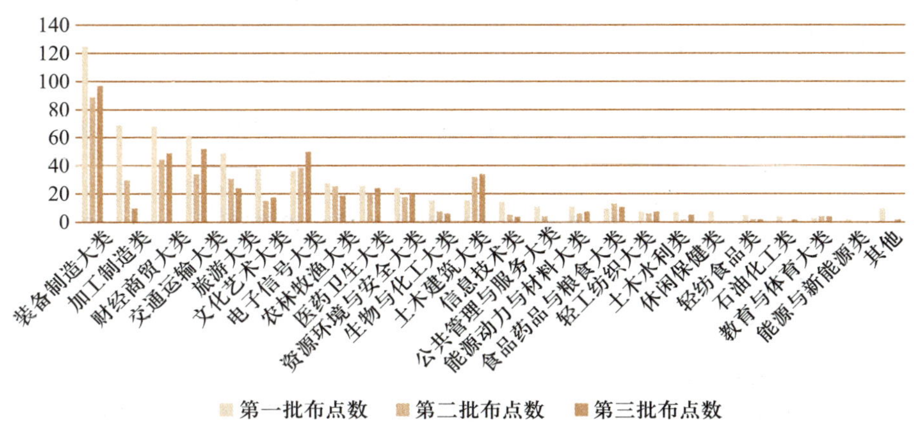

图 5-5-2 2016—2018 年现代学徒制按专业大类布点情况

三批现代学徒制专业布点数的分布（布点数≥ 10 的专业）如图 5-5-3 所示。“机电一体化技术”是布点数最多的专业，比第二位“酒店管理”专业的布点数高出 66.67%。

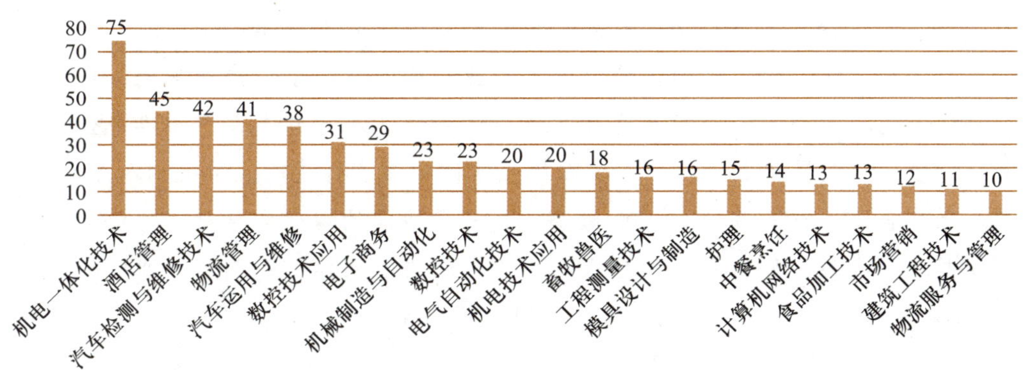

图 5-5-3 2016—2018 年全国现代学徒制专业布点数（≥ 10 的专业）

（二）深化协同育人模式改革

《行动计划》项目实施以来，各试点单位通过建立成本分担机制、创建以现代学徒制培养为主的二级学院等措施，统筹校企教学资源，探索校企协同育人培养模式，多路推进富有特色的现代学徒制人才培养模式探索。省级层面，各省通过打通学历提升通道、组建现代学徒制试点院校联盟、成立现代学徒制工作专家指导委员会、构建人才培养模式等方式积极推进人才培养模式的改革；教育集团层面，积极探索相关行业的特色人才培养模式，逐渐形成诸如“大师名师工作室”“非物质文化遗产”“校企共建特色学院”“大学生创新创业”等成熟的具有鲜明特色的现代学徒制人才培养模式，行业的技艺技术以更加开放更科学的方式得到传承与发展；企业层面，相关试点企业积极牵头与院校开发学徒培养与员工培训相融合的课程体系，校企双方协商确定教学管理模式，制定实施合作框架协议等，在相关专业开展双主体协同育人；院校层面，积极探索实践现代学徒制专业人才培养模式，校企共同制定人才培养方案、共同开发课程、共同建设实训基地、共同培养师资、共同实施教学、共同进行学生评价，切实提升了职业教育人才培养质量，促进了校企良性互动，推进现代学徒制试点工作。

案例 34：各地积极探索实践，呈现多样化人才培养模式

黑龙江林业职业技术学院摄影测量与遥感技术专业与辽宁宏图创展测绘勘察有限公司合作，共同实施现代学徒制项目建设和人才培养。校企共同构建课程体系，学生以学院大学生创新创业孵化基地注册成立的黑龙江领航测绘地理信息有限公司的名义承接企业具体生产任务，在专业指导教师和企业师傅的共同指导下，由学生（学徒）完成项目策划、外业数据采集、内业数据编辑、成果输出与验收、成果交接等全过程工作任务。待项目完成验收后，公司按照正式员工的同等待遇发给学生补助。

金华职业技术学院探索“一对多”现代学徒制人才培养实践。机械制造与自动化专业与区域电动工具骨干企业皇冠集团合作，并联合产业链上多家中小微企业，成立了“皇冠学院”，依托这个平台开展了面向企业集群的“一对多”现代学徒制人才培养。搭建实体化、加盟制的共享平台，组建校企无界化的“讲师团”，建成跨企业教学车间，中小微企业“抱团”合作，聚集企业集群的优势资源，实现“1+1>2”的资源倍增效应。

广州铁路职业技术学院计算机应用技术专业与国家数字家庭产业基地、广州合立正通信息科技有限公司合作，针对基地产业群对技术技能人才需求大、而单个企业却难有大批量、持续性的人员需求的现状，成立行业学徒中心，打造现代学徒制人才培养平台，形成了基于“学校＋行业基地＋中小微企业”三方协同的现代学徒制人才培养模式，取得较好成效。由学校、行业基地、企业三方组成利益共同体，明确各方职责，三方按照“学校定目标、行业定标准、企业定岗位”的分工相互配合，建立校、行、企合作培养新机制。

（三）健全校企共管运行机制

在校企共治的教学管理与运行机制方面，多数学校都积极建立了现代学徒制管理制度或办法，其中包括教学运行与管理制度、导师管理制度、学徒（学生）管理制度、考核评价与督查制度、质量监控制度、权益保障制度等。

具体措施包括，探索运用信息化手段进行学徒制监管工作，研制现代学徒制智慧平台，对学徒的签到、跟岗等生活与学习过程进行监控与管理，签订学徒、学校和企业三方协议，保障学徒意外伤害保险、学生实习责任保险、工伤保险等，落实学徒人身安全权益；成立校企合作教育工作组织机构，沟通学校、企业之间的联系，促进校企紧密合作，确定运作与管理制度，规范管理学徒制运行与管理，确保现代学徒制培养质量。

案例 35：推进制度化建设，明确权利义务

无锡商业职业技术学院推进制度化建设，明确权利义务。校企共建现代学徒制合作企业岗位标准、培训标准和学籍管理办法、教学质量管理办法、实岗育人管理办法等制度，进一步明确与规范企业与学徒权利义务。学校专门出台“现代学徒制学籍管理补充规定”“现代学徒制教学质量管理办法”等，详细规定了学生学分的获取、转专业、转学、休

学等；并与王品集团合作的烹调工艺与营养专业，创新考核评价与督查制度；与创维集团、爱迪尔集团等企业共同制定学徒企业权益保护办法，保障学徒岗位安排、培训教学、薪酬待遇、人身财产安全等。

有色金属行指委在有色金属工业人才中心、试点院校、企业的研究与实践的基础上，制定了有色金属行业现代学徒制试点5个工作规范，分别是：有色金属行业现代学徒制企业资质标准、有色金属行业企业师傅（导师）标准、有色金属行业企业师傅（导师）聘用制度、有色金属行业企业学徒注册备案制度和有色金属行业现代学徒制证书制度，并依托行业人才库搭建了有色金属行业现代学徒制综合管理平台，为学生就业、校企联合育人提供信息支撑。

（四）推进招生与招工一体化

在招生招工一体化方案和程序上，各试点院校积极制定招生招工一体化管理办法、方案，与合作企业共同研制、实施招生（招工）方案，签订招生招工协议，明确招生录取、企业用工程序、培养岗位、权益保障、学徒身份、津贴、补贴等相关事项，规范招生录取行为和企业用工程序，明确学徒的企业员工和职业院校学生双重身份，签署学生与企业、学校与企业两份合同或学生、学校和企业之间的三方协议明确学校、企业、学徒三方责任。

案例 36：各地出台个性化方案，探索招生招工一体化模式

黑龙江生物科技职业学院探索校企联合招生招工。2017年药品生产技术专业采用“高考＋招聘”的模式，学生在高考入学后，由学院药品生产技术专业负责人，葵花药业集团人力资源招聘经理组织多场现代学徒制班宣讲会。在学生明确了现代学徒制试点项目特点后，自愿报名，自主选择葵花药业集团各分公司，由企业组织面试择优录取，学生与学业导师、辅导员、家长征求意见后最终确定名单。

湖南汽车工程职业学院建立健全“五定原则”的招生招工机制，实施“同步进行、一体实施”的现代学徒录用组班模式。学院根据校企合作协议，修订《现代学徒制校企联合招生招工方案》《现代学徒制招生招工工作细则》。由学徒（或监护人）、学校和企业三方（或四方）签订《现代学徒制四方协议书》，明确各方权益，明确学徒在岗培养的具体岗位、教学内容、权益保障等，制定并实施《学徒制学员跟踪检查制度》，落实协议内容。

云南经贸外事职业学院发挥自主招生优势，探索“先徒后生”招生模式。现代学徒制招生招工一体化模式在原有的“生徒同招”模式（招生招工同时进行的一体化模式）和“先生后徒”模式（先招生进校后招工选拔的模式）基础上，试行“先徒后生”模式——先招工进企后参加自主招生的模式，进一步完善了招生招工一体化。学校、企业、学生（家长）签订培养协议，明确三方的权利和义务，明确“岗位学徒”培养模式。

（五）制定人才培养相关标准

各地逐步探索建立现代学徒制人才培养方案、专业课程体系、专业教学内容和教学标

准，学校与企业、职教专家及行业专家、师傅共同制订学校教学标准、企业教学标准、师傅聘用标准、师傅考核标准、学徒选拔标准、学徒出师考试标准等，确保了现代学徒制人才培养质量，建设基于典型工作过程的专业课程体系，开发基于岗位工作内容、融入国家职业资格标准的专业教学内容和教材，把企业岗位任务考核标准的重要指标化为学徒学业考核指标制定人才培养方案及专业授课计划，定期更新和共同审核人才培养方案，引入国际职业资格证书考核要求等，开展课程标准、岗位标准、企业师傅标准、质量监控标准、学徒制教学管理制度等一系列标准的研制，为人才培养确定目标和方向。

案例 37：各地制订人才培养标准，确保现代学徒制人才培养质量

广州番禺职业技术学院实行店长职教集团与行业合作，向社会发布和推进现代学徒制标准。学院构建了“不同专业按类型、企业学院按行业、职教集团按区域”的零售店长人才培养体系。2018 年 5 月发布《连锁经营行业推进现代学徒制指导意见》。阚雅玲团队牵头研制了《连锁经营行业现代学徒制校企合作工作内容指引》《连锁经营行业现代学徒制企业评价标准》《连锁经营行业现代学徒制学徒管理办法》《连锁经营行业现代学徒制校企合作常见问题解答》四个指导性意见，以中连协〔2018〕31 号文件下发，供行业内企业与学校参照执行。

浙江工业职业技术学院建立“教师工作坊 + 企业办事处 + 校外企业”三位一体的校企培养平台。“教师工作坊”培养：分院成立了大工作坊，学徒先进入教师工作坊，由校内导师进行理论与实践技能培养，参与竞赛，提升理论与技能水平。“企业办事处”培养：有了一定理论与技能基础之后，进入企业办事处，如“四正办事处”“中兴办事处”，由企业导师指导学徒进行真账实操训练。“事务所”培养：最后进入校外合作企业进行顶岗训练。

四川城市职业学院建立对接“企业需求和岗位资格标准”的课程体系与“柔性化”的教学管理模式。按照“企业用人需求与岗位资格标准”建成“通识教育课程 + 专业大类课程 + 专业核心课程 + 教学项目”专业课程体系。核心课程可以根据企业需求适当增减，教学项目是完全按照企业需求，课程专家、企业技术骨干和学院专业教师共同开发，并在专业实训环节由企业专家和专业教师共同来承担教学任务。另一方面，学校依据培养过程中学生发展的共性和个性需求选择教学组织方式，实行校企共同参与的“柔性化”的教学管理模式。

（六）打造专兼结合双导师团队

《行动计划》项目实施以来，各地积极组建双导师教学团队，建设“双导师”教学团队，培养校企专业双带头人，建立健全双导师的选拔、培养、考核、激励制度，构建校企互聘共用的管理机制。学校设立兼职教师岗位，聘请企业师傅担任，明确企业师傅的责任，纳入企业员工的考核，探索灵活的人才流动机制，通过合作研发、挂职锻炼等多种形式，鼓励教师深入到生产一线，系统掌握业务技术流程，提高实践技能。开展现代学徒制师资队伍建设，成立专业教学顾问团队，指导“双导师”教学团队，协调教师挂职和技术服务，造就一批基础理论扎实、教学实践能力强的骨干教师保障人才培养质量。

案例 38：各地制订教师培养制度，打造“双师型”专业教师队伍

江西陶瓷工艺美术职业技术学院引培并举，多元平台，打造“双师双能”型专业教师队伍。出台了《柔性引进高层次、高技能人才暂行办法》，为急需引进的专业教师开辟了绿色通道。按照合格—骨干—学科带头人—名师的成长规律制定了“阶梯式”教师队伍建设规划，要求教师 1 年入门、3 年达标、5 年成骨干。入门期《青年教师导师制实施办法》，名师期《“青年杰出人才”奖评选办法》，还有《关于教师培训工作实施办法》《学院双师素质教师认定办法》《技能竞赛管理办法》《教师考评方案》等。

宁夏艺术职业学院舞蹈系与当地艺术剧团共同进行“双师型”教师培养。宁夏艺术职业学院舞蹈系与宁夏演艺集团及银川艺术剧院共建“双师型”培养计划，并在舞蹈系与宁夏演艺集团及银川艺术剧院建立“双师型”培养基地。学校从宁夏演艺集团聘请国家二级演员提升舞蹈系学生的舞台表演能力及专业素养，加强专业动向的感知能力，吸取不同教育理念。

荆州职业技术学院完善双导师制，建立灵活的人才流动机制。学校每年选派一定比例的教师到企业一线参加实践锻炼，每 5 年时间累计不少于 6 个月。校企双方利用试点教师资源、职业技能鉴定培训点、继续教育等资源，主动承接政府、行业、企业、学校的职工培训及继续教育工作。引导学校教师参与企业的研发项目和技术服务工作。在校企双向挂职锻炼、横向联合技术开发、专业建设中取得成绩的教师，在职称评定、职务晋升、评选优秀等方面将获得优势。

（七）完善政策制度配套措施

为促进现代学徒制试点，地方主体责任不断夯实，成本分担机制逐步成型，双主体育人机制逐步健全，各地出台相关政策、相关指导性文件，包括实施意见、实施方案等，规划试点、总结经验、扩大推广。相关部门联合推进试点，出台地方法规引导行业企业参与现代学徒制，以确保试点工作的扎实开展。试点单位立足地方产业与区域特点，先行先试、大胆探索，不断完善政策支持，积极探索校企联合招生、联合培养、双主体育人的长效机制，试点院校与企业共建二级学院，共同开发课程，共同承担培养任务，形成了一批对接产业、可复制、可推广的经验。

案例 39：各地出台相关政策，完善制度配套措施确保试点工作扎实开展

烟台职业学院对接支柱产业，发挥政策合力，构建校企共同体，在推进现代学徒制试点项目中，山东省财政安排 1 500 万元，每个项目支持经费 25 万元。合作企业每接收 1 名学徒并经考核达到培养标准，财政按 5 000 元标准补助企业，其中，3 000 元用于奖励学徒制师傅，2 000 元用于补偿企业水电和耗材。学徒学费的 38% 分配给企业，建立成本共担制度，确保人才培养资金到位。

青岛市出台相关政策，引导现代学徒制试点，先后印发了《青岛市现代学徒制试点工作实施方案》《关于成立青岛市现代学徒制试点工作组织机构的通知》《青岛市现代学徒制试点项目考核评价指导意见（试行）》《青岛市现代学徒制教学管理指导意见（试行）》《青岛市现代学徒制招生与招工管理办法（试行）》《青岛市现代学徒制双导师队伍建设指导意见（试行）》《青岛市现代学徒制试点项目学徒（学生）管理办法（试行）》等文件，从招生、学生管理、教学管理、教师管理、评价等方面提出了指导意见。

中山市出台政策，激发学校和企业积极性，市政府出台文件规定，每培养一个现代学徒制学生，政府分别对培养学校和企业补助 2 000 元，通过利益驱动激发企业和学校试点现代学徒制的积极性。另外，为调动企业的积极性，《中山市职业教育校企合作促进办法（暂行）》规定，将按学校专业群遴选若干个固定的具有较高社会责任感的企业，作为校企合作和开展现代学徒制培养的基地，每年对评估为优秀的基地进行奖励，为企业深度参与技能人才培养提供政策支持。

广东伊丽莎白美容健身有限公司企业制定政策措施，激励现代学徒制的实施。对于现代学徒制的推动和实施，企业制定了一系列的政策措施：一是带薪培养，上班时间如在工作日，则按正常出勤计算；二是优先分红，持有大专学历的分红合伙人每月按出勤情况可获得相应积分；三是优先晋升，在读或大专毕业生可提前一个级别参加晋升岗位的储备；四是垫付学费，公司一次性把学费支付给院校；五是学费返还，自毕业之日起工作满两年，员工可获得学费的全额返还；六是增加底薪，学徒毕业后，工资底薪增加 500 元。

六、培养新型职业农民

培养新型职业农民是事关“三农”发展的重大战略性问题，各涉农高职院校创新招生就业、人才培养模式，采取农学结合、校企合作等办学手段推动农科教统筹，积极与涉农企业共建农业职业职教集团，培养了一批高素质农业农村人才，提高了服务三农的能力，进一步发挥职业教育在脱贫攻坚中的作用。

培育新型职业农民包括新组建一批农业职教集团，省部共建一批国家涉农职业教育改革试验区（编号：XM–19）1 个项目。

（一）任务（项目）执行情况

根据《任务（项目）承接通知》和 2016 年、2017 年、2018 年创新发展行动计划执行通报，项目的 21 个承接省份计划建设 36 个农业职教集团或涉农职业教育改革试验区。从 2016 年到 2018 年三年间，21 个承接省份分别完成了项目布点 13 个、22 个和 24 个，距离申报数还有一定距离。

《国家中长期教育改革与发展规划纲要 (2010—2020)》颁布后，2012 年，黑龙江省率先正式启动省部共建一批国家涉农职业教育改革试验区项目，项目共计持续 9 年时间至 2020 年。各地也陆续建起一批农业职教集团或涉农职业教育改革试验区（表 5–6–1）。

表 5-6-1 部分农业职教集团名单

涉农职教集团目录			
序号	集团名称	序号	集团名称
1	吉林省农业职业教育集团	16	湖南现代农业职业教育集团
2	长春市现代农业职业教育集团	17	广东农业职业教育集团
3	通化农业职业教育集团	18	广东省南亚热带农业职业教育集团
4	吉林省现代农业职教集团	19	广西农业职业教育集团
5	黑龙江省三江农牧职业教育集团	20	重庆市现代农业职教集团
6	黑龙江农业工程职业教育集团	21	四川现代农业职业教育集团
7	黑龙江省现代农业职业教育集团	22	农村电商公益服务职教联盟
8	浙江省现代农业职教集团	23	贵州农业职业教育集团
9	福建省现代农业职业教育集团	24	中国杨凌现代农业职业教育集团
10	山东省农林职业教育集团	25	甘肃省现代农业职教集团
11	衡阳农林教育集团	26	天水农业职业教育集团
12	河北省现代畜牧业职业教育集团	27	河北省现代农业职教集团
13	福建林业职业教育集团	28	湖北省林业职业教育集团
14	中国（南方）现代林业职业教育集团	29	湖南畜牧养殖职业教育集团
15	山东省海洋与渔业职教集团		

（二）开展涉农人才培养培训

根据 2019 年各涉农高职院校拟招生专业目录，共有 340 多所高职院校将开设共计 50 多个涉农专业类，覆盖 1 300 多个涉农专业点，与涉农企业联合建立约 30 个涉农职教集团，初步形成了全面系统的高素质农业农村人才培养体系。其中，2018 年，高职院校开设的涉农专业覆盖近 1 000 个专业点，在校生人数超过 16 万人。高职院校还广泛开展职业农民、农业经营人才、农业专业化服务人员、专业技能型人才、管理经营型人员等的培训，全面培育新型职业农民，不断提升服务“三农”的能力。

案例 40：组建农业职教集团，助力涉农人才培养培训

黑龙江省组织涉农类高职院校，积极服务国家现代农村职业教育改革试验区建设，引领全省农村职教快速发展。创新机制，推进农科教统筹、产学研合作，重点支持 6 个涉农职业教育集团建设，引导优势资源（项目、资金、设备、人才）向涉农高职院校集聚，加强涉农高职院校的发展和专业建设，增强农职教育服务农业产业和新农村建设能力。组织涉农类高职院校与各市县、垦区各农牧场、企业、科研院所广泛合作，实施了“场校共

建”“校地共建”“校社共建”等合作形式，探索出“基地＋园区＋农户”等多种产教助农模式。开展各类社会培训，进行技术服务。

河南农业职业学院以农业职业教育集团建设为依托，打造现代农业职业教育品牌。河南农业职业学院以学校与兰考县开展的校地合作、校企合作为基础，建立了涉农职业教育改革试验区，成立河南省农业职业教育改革试验区领导小组，制订《河南省农业职业教育改革试验区评估标准》。学校建设了10个中高等职业教育涉农品牌特色专业，完成了3万名涉农职业教育技术技能人才、3万名农业技术人员、10万名新型职业农民培养培训的任务，对接滑县、兰考县、嵩县等20家受援单位，开展服务活动约90人次，培训技术人员50人次、培训农民900余人次，切实解决了农民群众生产上的一些难题，提高了农民群众的科技致富本领。

湖北生物科技职业学院牵头成立中国现代渔业职业教育集团，以集团平台为依托，充分发挥行业、企业渠道的优势，积极开展新型职业渔民培训工作。中国现代渔业职教集团承担了荆州市“专业技能型”新型职业农民培育任务，首批成功为湖北省培育了160名新型职业渔民。

（三）推进职业教育精准扶贫

按照国家“五个一批”和全力推进就业扶贫的要求，高职院校积极落实中央确定的东西部扶贫协作要求，东部省份组团援助中西部地区，帮扶覆盖面进一步扩大，“支援中西部地区招生协作计划”覆盖的中西部省份已增至10个，截至2017年合计招收中西部学生19万人。在实践中，各地高职院校积极响应国家号召，结合自身办学特色培养新型职业农民，助力国家精准扶贫工作的推进。

案例41：培育新型职业农民，促进新型农业发展

苏州农业职业技术学院着眼于破解“谁来种地”“怎样种好地”等重大问题，形成了“一主多元”（农业院校为主体、行业企业等社会多元参与）的培育机制，创新了“三线耦合”（高职院校定向委托培养、农民社区学院开放培育、田间课堂专项培训）的培育路径，形成了“校地联动、教产衔接、开放教学、终身教育”的新型职业农民培育的苏南模式，有力带动和引领了现代农业转型升级。2017年，该院建设的苏州市相城区御亭现代农业产业园新型职业农民培育基地跻身首批全国100个“新型职业农民培育示范基地”行列。

北京农业职业学院充分利用校内资源开展新型职业农民培训。北京农业职业学院先后举办了北京市种植业合作社专业技能（蔬菜种植）、草莓立体栽培技术和绿色蔬菜生产与营销研修等培训班；通过下属北京市农业广播电视学校分校、科技分校吸收农民参加初等职业教育和中等职业教育；打通了新型职业农民学历提升的通道，凡具有中专学历的职业农民，且年龄在45周岁以下，经各农广校分校推荐可以通过自主招生接受高等职业教育，采

取半农半读、农学交替方式，学业期满，符合条件可以取得高职毕业证书。

湖南商务职业技术学院依托电商平台，聚焦“精准扶贫”。利用电子商务专业的优势，与湖南省供销合作社共同搭建了供销社电子商务平台——供销电子商务公司（网上供销社），这既是学生实习、实战平台，又是学院为农服务、精准扶贫的平台。学院依托电商平台，为贫困地区推销麻阳冰糖橙、芭蕉溪枇杷、祁东黄花菜、瑶山雪梨、辰溪黄桃、湘西香辣芷江鸭和宁乡味道等特色农产品，参与学生有400多名，带动了2 000多贫困户创收。

七、促进文化传承创新与传播

技术技能积累不仅是工艺技术的传承，也是一种文化的传承和积累。《行动计划》强化和凸显了高职院校在保护、传承和创新工业文化、民族文化和民族工艺方面的地位，以及在培养文化创意人才、基层文化人才和民族文艺人才方面的职责。《行动计划》实施以来，高等职业院校加强了民族文化和民间技艺相关专业的建设和人才培养，建设一批全国职业院校民族文化传承与创新示范专业点；提升了民族地区高等职业院校支持当地特色优势产业、基本公共服务和社会管理的能力，促进了优秀文化的传承创新与传播。

促进文化传承创新与传播包括1个任务和1个项目，分别是：加强文化创意、影视制作、出版发行等重点文化产业技术技能人才的培养，提升民族地区的高等职业院校支持当地特色优势产业、基本公共服务、社会管理的能力（编号：RW–46）；建设一批全国职业院校民族文化传承与创新示范专业点（编号：XM–20）。

（一）任务（项目）执行情况

根据《任务（项目）承接通知》和2016年、2017年、2018年创新发展行动计划执行通报，最初23个省份承接该任务，但在执行过程中增加了甘肃，使得执行省份总数增加到24个省份。“培养重点文化产业技术技能人才”任务（编号：RW–46）的执行情况如表5–7–1所示。

表5–7–1 2016—2018年“培养重点文化产业技术技能人才”任务执行情况

年份	2016年	2017年	2018年
执行省份数量	22	24	24

在“建设一批创新创业教育专门课程（群）”项目（编号：XM–20）上，根据《任务（项目）承接通知》和2016年、2017年、2018年创新发展行动计划执行通报，全国25个省份计划承接项目布点138个，该项目的执行情况如表5–7–2所示。

表 5-7-2 2016—2018 年“全国职业院校民族文化传承与创新示范专业点”项目执行情况

年份	执行省份数量	项目布点数
2016 年	25	101
2017 年	25	103
2018 年	24	141

全国职业院校民族文化传承与创新示范专业点建设经费投入 2017 年为 5 652.3 万元，2018 年为 10 933.2 万元，共计 16 585.5 万元。由表 5–7–3 可知，学校自筹、省级财政专项资金是民族文化传承与创新示范专业点建设的主要经费来源。

表 5-7-3 全国职业院校民族文化传承与创新示范专业点建设经费投入情况

序号	经费来源	2017 年	2018 年	小计
1	省级财政专项资金 / 万元	2 788.1	4 581.3	7 369.4
2	地市级财政专项资金 / 万元	54.8	372.3	427.1
3	行业企业专项资金 / 万元	272.7	917.9	1 190.7
4	学校自筹资金 / 万元	2 536.7	5 040.7	7 577.4
5	其他 / 万元	0.0	21.0	21.0
合计 / 万元		5 652.3	10 933.2	16 585.5

（二）培养重点文化产业技术技能人才

民族地区高等职业院校通过为当地特色优势产业提供技术开发服务、为本地开展技术技能培训、支持学生到本地区就业，以及开设符合地方特色的文化产业专业等方式，支持当地特色优势产业发展，并为基本公共服务和社会服务提供支撑。

2017 年，24 个省份共有 53 930 人到本地区就业；服务当地特色优势产业技术开发 5 674 次，256 757 人 • 天接受技能培训；在为本地开展技能培训人次数量上，共有 9 个省份提供的培训数量超过 10 000 人 • 次，山东最多，超过 50 000 人 • 次。在设有文化产业专业的 24 个省份中，2017 年共招生 64 765 人，就业 51 777 人。

2018 年，24 个省份共有 51 541 人到本地区就业；服务当地特色优势产业技术开发 7 089 次，323 774 人 • 次接受技能培训。在服务当地特色优势产业技术开发次数上，广西最多，超过 3 000 次，其次为山东，近 2 300 次。在为本地开展技能培训人次数量上，共有

9 个省份提供的培训数量超过 10 000 人 • 次，其中，浙江、山东、湖北三省超过人 •50 000 次。在设有文化产业专业的 24 个省份中，2018 年共招生 87 406 人，就业 65 453 人，其中湖南和广东招生及就业均超 10 000 人。

这 24 个省份文化产业专业的设置也为当地培养了文化产业技术技能人才，但各省各专业点的平均招生规模存在较大差异，招生最多的是最少的 8 倍，这也说明了各地文化产业发展的差异性，更需要将文化产业与区域特征相结合。

案例 42：注重学生培养，强化文化传承

福建省高职院校实施优秀传统文化传承工程，发展文化创意产业。广泛开展校园文化建设和学生人文素养教育，深入挖掘本省深厚的历史文化资源和多元文化内涵，鼓励学生加大对闽商文化、船政文化、海洋文化、红土地文化、妈祖文化等多元文化的研究和弘扬。积极融入文化创意产业，搭建文化创意产品转化及人才培养的综合服务平台，广泛运用高新技术特别是数字技术发展的最新成果，继承和改造传统文化创作、开展文化创意、文化博览、动漫游戏、数字传输等新兴产业的创业活动，促进文化产业与现代服务业和高新技术产业的融合，为推进文化强省建设，提升福建文化软实力做出积极贡献。

黑龙江民族职业学院助推龙江文化传承。在利用课堂进行民族文化技艺传承创新的同时，还主动承担起传播推广的责任，创建了非遗文化展示中心、民族博物馆、大师工作室作品展示室三处文博展馆，免费面向社会开放。其中，民族博物馆是黑龙江省高校中第一个民族博物馆，也是黑龙江省 14 所高校博物馆育人联盟单位之一，主要展出黑龙江十个世居少数民族的风俗习惯、文化技艺。非遗文化展示中心已举行以抗联英雄谱为主题剪纸作品专题展，以及以东北十八怪为主题的桦皮、鱼皮、木刻艺术作品专题展等。

（三）建设民族文化传承创新示范专业

民族文化传承创新示范专业点的建设，旨在通过示范点将专业建设经验辐射到其他职业院校，带动全国职业院校民族文化类专业建设水平的提高，推进民族文化传承与创新，培养符合民族文化产业需要的高素质技术技能人才。继 2013 年公布首批 100 个全国职业院校民族文化传承与创新示范专业点之后，2016 年，教育部、文化和旅游部、国家民委共同确定北京戏曲艺术职业学院的戏曲表演（评剧）等 62 个专业点为第二批全国职业院校民族文化传承与创新示范专业点。这些民族文化传承创新示范专业培养了大量文化产业人才，保护和传承了当地优秀民族文化。

各地重视优秀民族文化的传承，加强非物质文化遗产的保护、传承与创新，重视民族文化传承创新示范专业点的建设。在专业设置上，2018 年，21 个省份共设置民族文化传承创新示范专业 103 个，与 2017 年基本持平。在专业数量上，湖北开设的专业数量最多，为 20 个，此外，北京、浙江、山东、湖南、陕西 5 个省份的专业数量均超过了 10 个（图 5–7–1）。

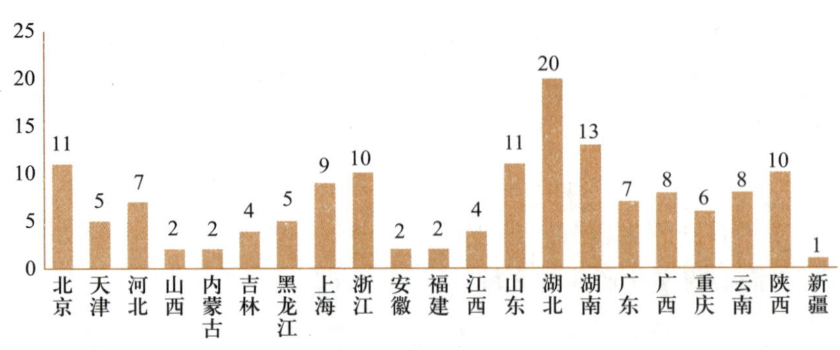

图 5-7-1　2018 年各省开设的民族文化传承创新示范专业数量

从招生人数和在校生人数来看，2018 年各地相关专业共招生 17 040 人，在校生 38 152 人，专业平均就业率（即毕业班就业人数比毕业班人数）为 91.80%。湖北招生 3 388 人、在校 10 104 人，江西招生 1 792 人、在校 7 946 人，广西招生 1 547 人、在校 5 069 人，均比 2017 年有所上升。

在就业率上，有 6 个省份的就业率在 97% 以上，依次为北京、黑龙江、上海、浙江、江苏、重庆，较 2017 年有所下降，仍有一些省份的就业情况则不容乐观 (图 5–7–2)。

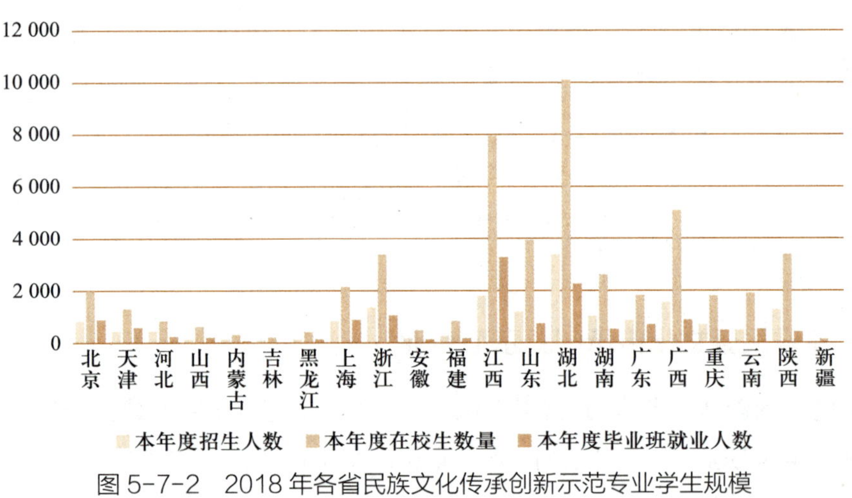

图 5-7-2　2018 年各省民族文化传承创新示范专业学生规模

八、扩大职业教育国际影响

高职院校通过加强与职业教育发达国家的政策对话、探索对发展中国家开展职业教育援助、吸引境外学生来华学习，使得我国职业教育的国际交流与合作频繁，规模逐渐扩大，层次不断提高，国际影响力逐渐提升。

“扩大职业教育国际影响”包括 2 个任务，分别是：加强与职业教育发达国家的政策对话，探索对发展中国家开展职业教育援助的渠道和政策（编号：RW–47）；鼓励示范性和沿边地区高等职业院校利用学校品牌和专业优势，积极吸引境外学生来华学习（编号：RW–48）。

（一）任务（项目）执行情况

根据《任务（项目）承接通知》和2016年、2017年、2018年创新发展行动计划执行通报，“扩大职业教育国际影响”任务的执行情况如表5–8–1所示。在任务执行过程中，RW–47任务承接省份增加了甘肃，减少了河南，总数仍保持18个省份；RW–48则增加了甘肃，使总数增加到23个省份。

表5–8–1　扩大职业教育国际影响任务承接和执行情况

任务	承接省份数量	2016年 执行省份数量	2017年 执行省份数量	2018年 执行省份数量
RW–47	18	13	16	18
RW–48	22	18	21	23

（二）开展与职教发达国家的政策对话

我国高职院校与职业教育发达国家的政策对话日益呈现多边交流的特点，组织召开了多次多边国际会议，国际影响力明显提升。

《行动计划》管理平台数据及相关案例表明，2016—2018年，各省与境外发达国家共开展对话59次；2016年与境外发展中国家对话30次。2017—2018年共有甘肃、江苏、天津、山西、广西和广东等省份与境外发展中国家（地区）开展对话活动。2018年度，各省与境外发达国家共开展对话13次，其中吉林省与韩国、俄罗斯开展师资合作方面的商讨4次；各省份共与境外发展中国家开展对话7次。其中，江苏省教育厅组织了“江苏—东盟高职联盟活动”，与东盟国家签订合作协议；广西壮族自治区组织了“2018年中国—东盟边境职业教育论坛”，不断加强与东盟各国职业教育领域的合作与交流。

案例43：开展政策对话与交流，提升国际影响力

贵州省和江苏省共同主办“中国—东盟职业教育合作对话”活动。2016年8月，贵州省教育厅与江苏省教育厅在第九届中国—东盟教育交流周上共同主办“中国—东盟职业教育合作对话”活动。通过对话会，推动双方政府、学校、企业间的交流合作，提高江苏、贵州以及兄弟省份高职院校在与东盟合作中的话语权，促进双方科研合作、学生交换、教师培训等合作交流的开展，提升中国职业院校服务企业海外发展的能力。对话结束后，双方职业院校签署若干合作协议，并通过“合作倡议书”。

南京工业职业技术学院牵头成立“中国—东盟职教合作联盟”。为加强与东盟国家的交流合作，作为中国教育国际交流协会职教分会理事长单位，南京工业职业技术学院在第十届中国—东盟教育交流周上牵头成立了“中国—东盟职教合作联盟”，举行了主题为“一带一路”倡议下职业教育产教融合发展的论坛。会上开展了中国—东盟产教融合合作案例分享研讨，进行了东盟项目需求发布，与会的中外院校和职教机构代表签署通过并发布了

"中国—东盟职教合作联盟贵阳共识"。

无锡工业职业技术学院建立双边和多边合作机制。江苏省和加拿大安省大学，江苏省和英国高水平大学建立20+20合作机制，江苏省和东盟职业教育建立合作对话等。无锡工艺职业技术学院充分发挥文化教育的桥梁和引领作用，加强对外交流，先后承办了第五届中国国际现代壶艺双年展教育论坛、第四届"宏光紫气"国际陶瓷艺术文化交流周活动。选派陶瓷学院陶艺大师赴阿联酋参加"2016谢赫扎耶德文化遗产节"，以紫砂陶这一独门绝技为突破口，以陶会友，引领学院迈开国际文化交流的步伐。

（三）提供对发展中国家职业教育援助

作为与经济发展联系最为紧密的一种教育类型，职业教育充分发挥了在双边、多边人文交流中的促进作用，为沿线各国"民心相通架设桥梁"，我国对外提供职业教育援助的方式也日益丰富。

《行动计划》管理平台数据显示，三年来，共援助国家93个，援助院校344所。其中2018年，共有130所高职院校对外开展了职业教育援助项目，援助了152所学校。在各地区援助发展中国家的数量上，湖北和吉林最多，有23个；其次是山东（17个）、江苏（16个）。在各地区援助学校的数量上，陕西最多，有25个，其次是山东（24个）、江苏（21个）。

对发展中国家开展职业教育援助的形式呈现出多样化特点。如图5-8-1所示，招收留学生、师资援助和师资培训成为主要的援助方式。

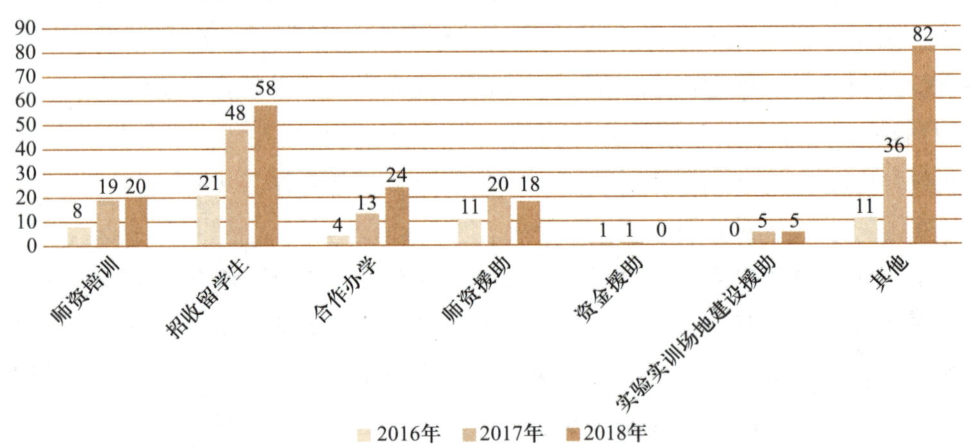

图5-8-1 2016—2018年度高职院校各种方式对外援助的数量分布

案例44：加强南南合作，教育援助发展中国家

河北省加强对话，探索对发展中国家开展职业教育援助。对发展中国家开展职业教育援助分为国家/院校援助、项目援助、具体类型援助三方面。共援助巴基斯坦、泰国等8个发展中国家，共援助发展中国家学校15所，其中开展职业教育援助的院校8所。对发展中国家开展职业教育援助的项目校共计10所，对发展中国家开展职业教育援助的项目包括招收临床医学专业来华留学生、中文教师援助、建立汉语语言中心等10项。

内蒙古机电职业技术学院创建“一院一中心”，服务非洲职业教育。内蒙古机电职业技术学院创建非洲机电职业教育培训中心，在肯尼亚创建内蒙古机电职业技术学院肯尼亚分院，依托“一院一中心”，面向非洲国家开展建设工作。与中国航空技术国际控股有限公司签订了肯尼亚教育部大中专升级改造项目培训合作协议一份，修订了中英文师资培训方案、高技能教师、青年工匠等高技能人才认定标准，制定了教练型名师认定标准。

安徽国际商务职业学院提出授人以鱼不如授人以渔。安徽国际商务职业学院为商务部指定的安徽省唯一的援外培训承办单位。自 2013 年以来共承办了 28 期援外培训项目，共有来自 68 个国家的 650 余名官员与技术人员参加了培训。其中 2017 年顺利承办了 10 期援外培训，包括中国援多哥基础设施维保及管理人才研修班、发展中国家生活污水和饮用水处理研修班、发展中国家蔬菜育种及种植技术培训班等。

武汉城市职业学院持续开展乌干达恩德培职业教育援助培训。从 2016 年开始，借助武汉市和乌干达恩德培市缔结友好城市的平台，积极承担政府项目，为恩德培市开展多个方面的技能援助培训。2017 年携手湖北省地质局第一地质大队，为恩德培市选派的 20 名学员开展为时一个月的互联网实用新技术培训、汽车维修高级技师培训和矿产技术培训。

（四）开发中国职业教育专业课程标准

2018 年，我国各高职院校立足自身特色和优势，共计外开发并被国（境）外采用的专业教学标准近 600 个、课程标准超过 3 300 个。

案例 45：致力专业课程和教学输出，落实中国标准

陕西工业职业技术学院牵头开发了职业教育“走出去”赞比亚教学标准；陕铁职院通过中国路桥工程有限责任公司联合肯尼亚铁路局、肯尼亚铁路培训学院开展铁路建设培训，选派 9 名骨干教师在肯尼亚面向 229 名当地学员开展线路养护、桥隧维护等培训，为马来西亚房建项目提供 BIM 技术支持。

柳州职业技术学院采取“企业主建，院校主教，合作共赢”的模式，服务在海外扎下根的中资企业，与柳工强强联合，共建柳工 – 柳职院全球客户体验中心。目前，已形成柳州职业技术学院为总部，包括印度、波兰、巴西等 8 个分中心的培训体系。近年来，已为柳工集团输送了 300 多名优秀毕业生，其中近 1/3 服务于东盟国家，近 10 人已经走上了区域负责人的岗位。

广东建设职业技术学院依托在赞比亚成立的“鲁班学院”，梳理了系列技术标准和职业标准，组建团队，编写教材，精选设备，并组织赞比亚教师考取建筑架子工、焊工等职业资格证，探索出“技术标准引领职业标准、职业标准引领职业教育标准”的中国标准“走出去”实现路径。

（五）吸引大批学生来华接受职业教育

留学生规模逐渐扩大。2018 年高职院校全日制来华留学生规模达 1.7 万人，是 2016 年

的 2.4 倍；非全日制培训规模比 2016 年增长了 3 倍多。留学生国别范围从集中于周边数个国家，逐步扩展到东盟、中亚、非洲等数十个国家。

在奖学金项目上，各省出台了各类政府奖学金项目，部分奖学金项目将高职留学生纳入在内。从《行动计划》管理平台的数据来看，2016—2018 年有超过 50% 的承接任务院校招收留学生，且招生专业涵盖了除公安与司法大类外的 18 个专业大类。有超过 40% 的承接任务院校设立了留学生奖助学金，三年间奖助学金设立院校具体情况见图 5–8–2。

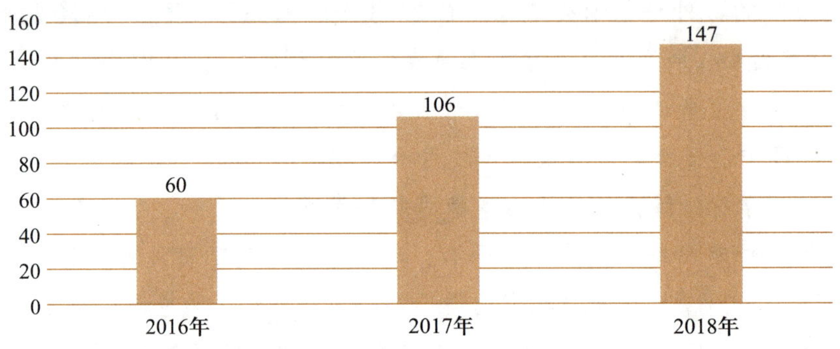

图 5-8-2　2016—2018 年度设立奖助学金的院校数量

第六章　完善质量保障机制

各地自觉履行政府责任，落实生均拨款制度，建立多渠道筹资机制，有力地保障高职院校持续发展；不断深化“放管服”改革，激发院校内生发展动力，推进高职院校人事制度改革，保障学校用人自主权；统筹高职教育研究工作，加强高职教育研究机构和队伍建设，培养了一批成果丰硕的研究人员，取得了一系列高职教育研究成果。高职院校不断完善以院校章程、校级学术委员会、理事会及董事会为基本架构的内部治理体系，逐步建立现代大学制度；积极吸收社会力量参与，推进民主管理，完善依法治校；自觉树立质量意识，巩固国家、省、院校（企业）三级质量年报发布制度，扎实推进内部质量保证体系建设，开展教学诊断与改进工作（以下简称“诊改”)，有效促进学校治理能力和人才培养质量提升。逐步形成了政府依法履职、院校自主保证、社会广泛参与，教育内部保证与教育外部评价协调配套的现代职业教育质量保障机制。

《行动计划》“完善质量保障机制”包含 10 个任务（RW–49 到 RW–58)、1 个项目（XM–21)。

一、提高经费保障水平

各地认真落实生均拨款政策，建立多渠道筹资机制，不断提高经费保障水平，2017 年各地高职高专学校生均公共财政预算教育经费支出均已超 12 000 元。

（一）任务（项目）执行情况

高等职业院校生均财政拨款制度基本建立。根据《行动计划》要求，全国 32 个省份全部承接“落实高职生均经费制度”任务（RW–49)。2016 年，有 25 个省份执行任务，任务执行率 78.13%；2017 年任务执行率为 96.87%；2018 年任务执行率为 100%。具体见表 6–1–1 所示。

表 6–1–1 “落实高职生均经费制度 (RW–49)”任务承接和执行情况

任务承接和执行情况	2016 年	2017 年	2018 年
执行省份数 / 承接省份数	25/32	31/32	32/32
未执行省份	内蒙古、辽宁、河南、湖北、西藏、陕西、新疆	河南	—

续表

任务承接和执行情况	2016 年	2017 年	2018 年
实际执行率	78.13%	96.87%	100.00%

（二）落实生均拨款制度

1. 高职生均财政拨款不低于 12 000 元的政策得到落实 《中国教育经费统计年鉴》显示，全国各地高职高专学校生均公共财政预算教育经费支出的平均水平 2015 年为 12 751.14 元，2016 年为 13 274.17 元，2017 年为 15 455.13 元，年平均增长率超过 15%，总体呈逐年递增趋势（图 6-1-1）。由此可见，财政部、教育部《关于建立完善以改革和绩效为导向的生均拨款制度加快发展现代高等职业教育的意见》有关“2017 年各地高职院校年生均财政拨款水平应当不低于 12 000 元”的政策要求已得到落实，两部文件为保障高职教育经费保障发挥了积极作用，各地财政为保障高职教育经费投入也做出了积极努力。

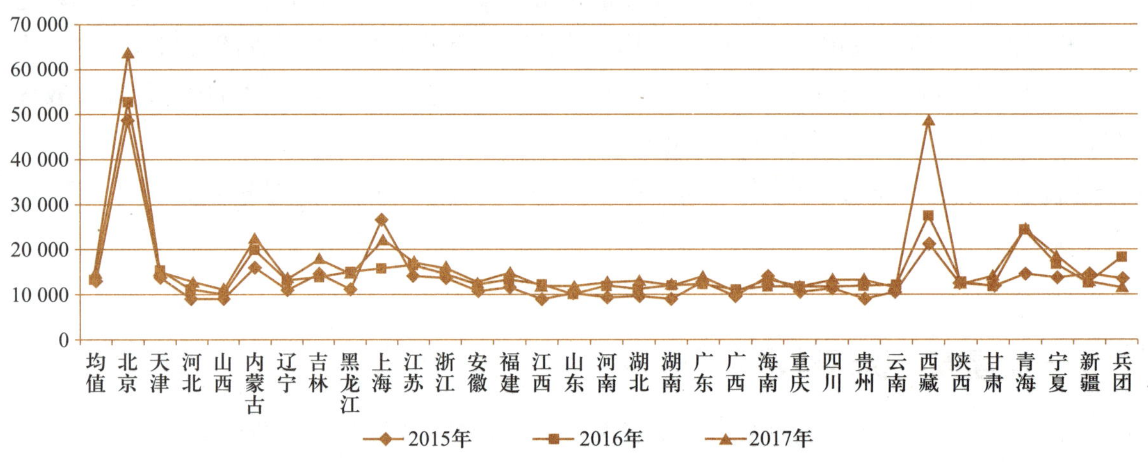

图 6-1-1 2015—2017 年各地高职院校生均公共财政预算教育经费支出水平（单位：元）

2. 生均财政经费保障水平地区间差异仍然很大 2017 年，北京、上海、西藏、青海、甘肃、内蒙古 6 个省份的高职院校生均公共财政预算教育经费支出水平超过 2 万元，全国平均数为 15 455.13 元（图 6–1–2）。

从 2016—2018 年期间全国公办高等职业院校生均财政拨款水平区间分布来看（表 6–1–2），生均财政拨款水平大于等于 9 000 元的学校由 2016 年的 685 所增长到 2018 年的 884 所，三年占比分别为 69%、75%、87%，总体呈大幅度增长趋势；大于等于 6 000 元小于 9 000 元的学校由 2016 年的 171 所降低到 2018 年的 58 所，三年占比分别为 17%、10%、6%，呈逐年递减趋势；小于 6 000 元的学校由 2016 年的 137 所降低到 2018 年的 79 所，三年占比分别为 14%、15%、8%，总体呈递减趋势。

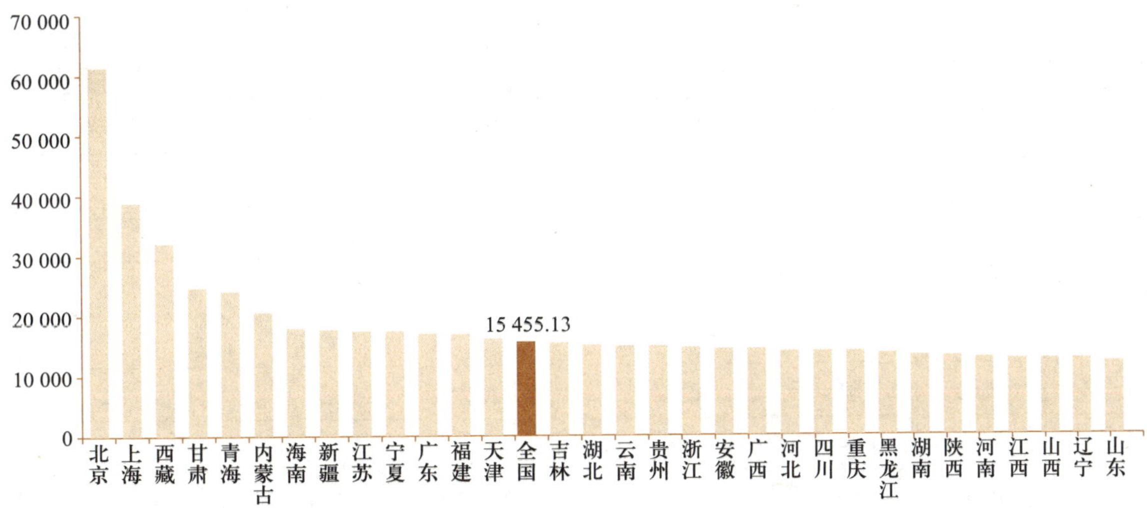

图 6-1-2 2017 年地方普通高职高专学校生均公共财政预算教育经费支出（单位：元）

表 6-1-2 全国公办高等职业院校 2016—2018 年生均财政拨款区间学校数分布

年份	<3000 元 学校数	3000~5999 元 学校数	6000~8999 元 学校数	≥ 9000 元 学校数
2016 年	78	59	171	685
2017 年	129	37	109	811
2018 年	50	29	58	884

2018 年，全国公办高等职业院校生均财政拨款水平低于 3 000 元的有 50 所，占比为 4.90%；处于 3 000~5 999 元的有 29 所，占比为 2.84%；处于 6 000~8 999 元的有 58 所，占比为 5.68%；大于等于 9 000 元的有 884 所，占比为 86.58%。全国 32 个省份公办高等职业院校生均经费拨款额度区间分布具体如表 6-1-3 所示。

表 6-1-3 各地公办院校 2018 年生均财政拨款水平院校区间分布情况

序号	省份	学校个数	<3000 元 学校数	3000~5999 元 学校数	6000~8999 元 学校数	≥ 9000 元 学校数
1	北京	15	0	0	0	15
2	天津	23	3	0	0	20
3	河北	46	3	2	3	38
4	山西	41	2	2	9	28
5	内蒙古	26	1	0	1	24
6	辽宁	35	0	0	0	35
7	吉林	18	0	1	1	16
8	黑龙江	35	1	0	1	33

续表

序号	省份	学校个数	<3000元学校数	3000~5999元学校数	6000~8999元学校数	≥9000元学校数
9	上海	11	0	1	1	9
10	江苏	64	1	0	0	63
11	浙江	40	3	1	1	35
12	安徽	56	3	1	2	50
13	福建	31	3	2	1	25
14	江西	44	3	0	3	38
15	山东	59	2	2	10	45
16	河南	55	2	2	2	49
17	湖北	45	3	3	4	35
18	湖南	60	2	1	2	55
19	广东	59	3	1	4	51
20	广西	25	1	0	3	21
21	海南	8	3	0	0	5
22	重庆	26	3	1	3	19
23	四川	42	3	0	1	38
24	贵州	31		2	1	28
25	云南	32	2	1	0	29
26	西藏	2	0	0	0	2
27	陕西	29	1	1	1	26
28	甘肃	24	1	2	2	19
29	青海	8	0	0	0	8
30	宁夏	10	1	0	0	9
31	新疆	19	0	3	1	15
32	兵团	2	0	0	1	1

从区域分布来看，2018年，公办高等职业院校生均财政拨款水平分布情况，东部地区444所公办院校生均财政拨款水平低于3 000元的有22所，占比为4.95%；处于3 000~5 999元的有10所，占比为2.25%；处于6 000~8 999元的有22所，占比为4.95%；大于等于9 000元的有390所，占比为87.85%。中部地区301所公办院校低于3 000元的有15所，占比为4.98%；处于3 000~5 999元的有9所，占比为2.99%；处于6 000~8 999

元的有 22 所，占比为 7.31%；大于等于 9 000 元的有 255 所，占比为 84.72%。西部地区 276 所公办院校低于 3 000 元的有 13 所，占比为 4.71%；处于 3 000~5 999 元的有 10 所，占比为 3.62%；处于 6 000~8 999 元的有 14 所，占比为 5.07%；大于等于 9 000 元的有 239 所，占比为 86.6%。

2018 年，生均财政拨款水平大于 9 000 元的 884 所公办高等职业院校中，按举办单位属性划分，省级政府和教育部门举办的高等职业院校有 513 所，地市级政府举办的高等职业院校 278 所，行业部门和企业举办的高等职业院校 93 所。生均财政拨款水平低于 3 000 元的 50 所公办高等职业院校中，省级政府和教育部门举办的高等职业院校 8 所，地市级政府举办的高等职业院校 13 所，行业部门和企业举办的高等职业院校 29 所。省级政府和教育部门举办的高等职业院校生均拨款经费较为充裕，相对而言，地市级政府、行业部门和企业举办的高等职业院校办学经费明显不足。

（三）强化省级统筹功能

各地切实落实生均拨款政策，建立多渠道筹资机制，提高经费保障水平。湖北省制定《湖北省高等职业教育质量提升计划奖补资金管理暂行办法》，加强资金规范管理，提高资金使用效率。

加大各级政府履行职业教育法律责任的督查力度，重点对职业教育投入、生均拨款制度等情况开展专业督查。四川省建立公办高职院校生均拨款制度，及时通报三季度预算安排及预算执行情况，对该省各高职院校投入情况进行动态监控，进而要求各高职院校主管部门和财政部门高度重视，落实责任，落实高职院校生均拨款标准。

各地出台政策引导激励行政区域内各地市级政府（单位）建立完善以改革和绩效为导向的专科高等职业院校生均拨款制度，保证学校正常运转、保障基本教学条件、提升内涵建设水平、支撑院校综合改革。重庆市出台《市属公办高等职业院校生均拨款水平绩效拨款资金管理办法（试行）》，对职业院校实行生均差异化拨款，引导高职院校主动转型发展，做大做强优势、特色专业。福建省完善经费稳定投入机制，要求各市区加快制定高职院校生均拨款标准，进一步完善覆盖全省公办高等职业院校的生均定额拨款标准，建立健全以促进改革和提高绩效为导向的生均拨款制度。新疆维吾尔自治区 2018 年共投入职业教育专项经费 2.1 亿元，其中 6 365 万元用于自治区职业教育改革与发展专项工作，实施“现代职业教育质量提升计划”“职业教育产教融合工程”等项目，支持 19 所高等职业院校改善办学条件和加强实训基地建设。

二、完善院校治理结构

高职院校不断完善以章程为核心的现代职业学校制度，健全学校理事会、校级学术委员会、校级专业建设委员会和教材选用委员会等。形成学校自主管理、自我约束的机制，推进了院校治理体系和治理能力现代化。

（一）任务（项目）执行情况

全国29个省份承接“制定高等职业院校章程”任务（RW–50），2016年执行率为96.55%，2017、2018年执行率为100%；全国26个省份承接“设立学术委员会、理（董）事会”任务（RW–51），除新疆维吾尔自治区外，所有承接省份均于2016年执行。任务承接及执行情况如表6–2–1、表6–2–2、表6–2–3、表6–2–4、表6–2–5所示。

表6–2–1 制定高等职业院校章程任务承接和执行情况

2016年执行情况			2017年执行情况		
执行省份数/承接省份数	未执行省份	实际执行率	执行省份数/承接省份数	未执行省份	实际执行率
28/29	内蒙古	96.55%	29/29	—	100%

表6–2–2 各承接省份高职院校章程制定（核准）情况

任务 \ 完成情况	章程制定（核准）率为100%承接省份	章程制定（核准）率在70%~100%承接省份	章程制定（核准）率小于70%承接省份
制定章程	天津、山西、辽宁、吉林、黑龙江、浙江、山东、湖南、广东、广西、重庆、西藏、河南	江西、福建、新疆、河北、海南、安徽、北京、青海、陕西、上海、内蒙古	四川、云南、兵团、湖北、贵州、
核准章程	天津、山西、辽宁、吉林、黑龙江、浙江、山东、重庆、河南	新疆、广东、广西、湖南、江西、河北、海南、福建、北京、陕西	四川、上海、安徽、西藏、云南、湖北、内蒙古、青海、贵州、兵团

表6–2–3 设立学术委员会、理（董）事会任务承接和执行情况

2016年执行情况			2017年执行情况（2018年同2017年）		
执行省份数/承接省份数	未执行省份	实际执行率	执行省份数/承接省份数	未执行省份	实际执行率
25/26	新疆	96.15%	25/26	新疆	96.15%

表6–2–4 各承接省份高职院校设立学术委员会情况

任务 \ 完成情况	学术委员会设立率介于70%~100%承接省份	学术委员会设立率小于70%承接省份
设立学术委员会	天津、贵州、重庆、福建、湖南、广西、海南、广东、河南、江西、上海	四川、江苏、浙江、山东、云南、黑龙江、陕西、吉林、辽宁、湖北、河北、青海、山西、安徽

表 6-2-5　各承接省份高职院校设立理（董）事会情况

任务	理（董）事会设立率大于等于 20% 承接省份	理（董）事会设立率介于 10%~20% 承接省份	理（董）事会设立率小于 10% 省份
设立理事会	海南、山东、江苏、浙江、青海、福建、河南、重庆、广西、黑龙江、四川、湖南、上海、湖北、云南、江西、辽宁、贵州、广东	陕西、天津、河北	山西、吉林、安徽
设立董事会	海南、福建、重庆、上海、广东	云南、江苏、天津、四川、浙江、广西、湖南、山东、黑龙江、河南	吉林、江西、湖北、辽宁、贵州、山西、河北、陕西、安徽、青海

（二）推进高职院校章程制定

各地、各有关高职院校认真落实《高等学校章程制定暂行办法》，加快制定（修订）各具特色的学校章程，省级教育行政部门认真履行核准职责，及时核准发布院校章程，指导各高职院校建立健全依法自主管理、民主监督、社会参与的高等职业院校治理结构，激发高职院校办学活力和自觉加强内涵建设的内生动力，全面提高办学质量和服务经济社会发展能力。

承接“制定高等职业院校章程（RW–50）”任务的 29 个省份中，2018 年底有 1 157 所高职院校制定（修订）章程，1 093 所高职院校章程经省级教育主管部门核准发布。天津、山西、辽宁、吉林、黑龙江、浙江、山东、重庆、河南、湖南、广东、广西、西藏 13 个省份所有高职院校全部完成章程制定，天津、山西、辽宁、吉林、黑龙江、浙江、山东、重庆、河南 9 个省份完成所有高职院校章程核准。各承接省份高职院校章程制定、核准情况如图 6–2–1 所示。

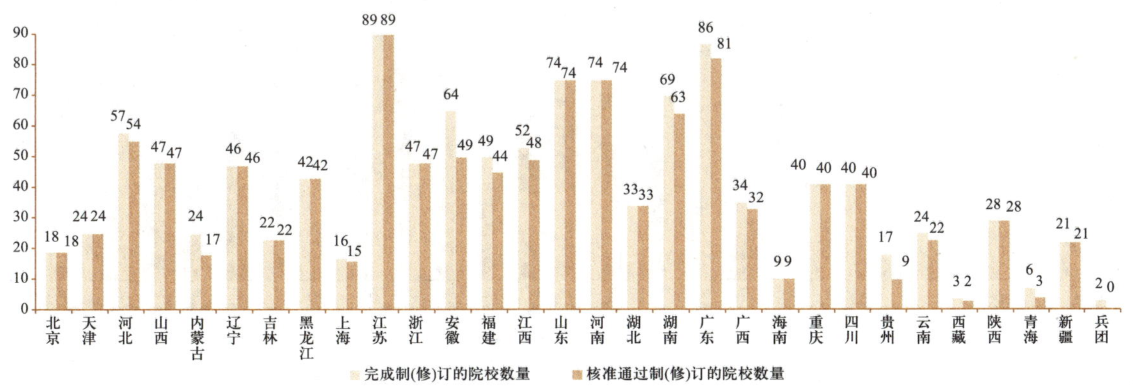

图 6-2-1　各承接省份高职院校章程制定、核准比例情况

案例 46：落实文件精神，推进高职院校章程制定

陕西省各高职院校贯彻落实《高等学校章程制定暂行办法》，积极推进“一章八制”建设（即：制定大学章程和党委领导下的校长负责制、教职工代表大会制度、学术委员会制度、理事会制度、教师申诉制度、学生申诉制度、财经委员会制度、信息公开制度；成立

高等学校章程核准委员会），建立完善现代大学制度，推进治理体系和治理能力现代化。

福建省全面实行高等职业院校“一校一策”章程目标管理，加快现代学校制度建设，出台《福建省教育厅关于贯彻实施〈高等学校章程制定暂行办法〉的指导意见》等系列文件，推进高职院校依法制定和完善具有各自特色的学校章程，实现高职院校“一校一章程”。

（三）落实党委领导下校长负责制

按照党委领导、校长负责、民主管理、教授治学、依法治校的现代职业学校管理模式，高职院校切实承担起办学主体责任，坚持和完善高等职业院校党委领导下的校长负责制，建立健全党委统一领导、党政分工协作的协调运行工作机制，充分发挥党组织在学校的领导核心和政治核心作用，完善党委会和院长办公会议事程序及决策机制，提升学校的资源整合、科学决策和战略规划能力。规范行政、学术和民主管理等权力运行方式，设立校级学术委员会，作为校内最高学术机构，统筹行使学术事务的决策、审议、评定和咨询等职权，发挥学术委员会在专业建设、学术评价、学术发展和学风建设等事项上的重要作用，探索构建教授治学的有效途径，保障学术权力相对独立行使。全面完善和执行教职工代表大会制度和学生代表大会制度，推进事务公开，依法保障广大教职工（学生）参与学校民主管理和监督，落实师生主体地位，保障师生合法权益。

承接“设立学术委员会、理（董）事会（RW–51）”任务的26个省份中，共有828所高职院校成立学术委员会，占承接省份高职院校总数67.3%。各省高职院校成立学术委员会情况如图6–2–2所示，天津、福建、湖南、广西、海南、重庆、贵州7个省份高职院校成立校级学术委员会比例达90%以上，多数承接省份有一半高职院校成立校级学术委员会。

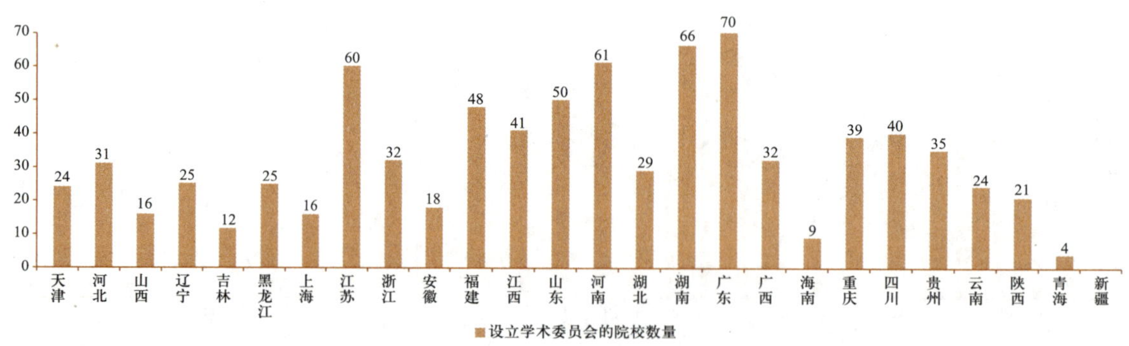

图6–2–2 各省份高职院校成立学术委员会情况

（四）设立高职院校理（董）事会

各高职院校坚持以市场为导向，以服务社会和经济发展为宗旨，从地方经济特点及人才需求出发，积极吸收社会力量参与办学，明确利益相关方的权利和责任，推动高职院校设立有利益相关方（学校、行业、企业、社区等）代表参加的理事会或董事会机构，发挥咨询、协商、审议与监督作用，推动高等职业教育由管理向治理转变，充分发挥校企合作理事会对院校办学重大事项的咨询审议作用。

承接“设立学术委员会、理（董）事会（RW–51）”任务的26个省份中，共有320所高职院校成立理事会，179所高职院校成立董事会，分别占承接省份高职院校总数26.01%、14.6%。其中，海南、山东、江苏、浙江、青海、福建、河南、重庆　广西、黑龙江、四川、湖南、上海、湖北、云南、江西、辽宁、贵州、广东19个省份超过20%高职院校成立了理事会，海南、福建、重庆、上海、广东5个省份超过20%高职院校成立了董事会。各承接省高职院校成立理（董）事会情况如图6–2–3所示。

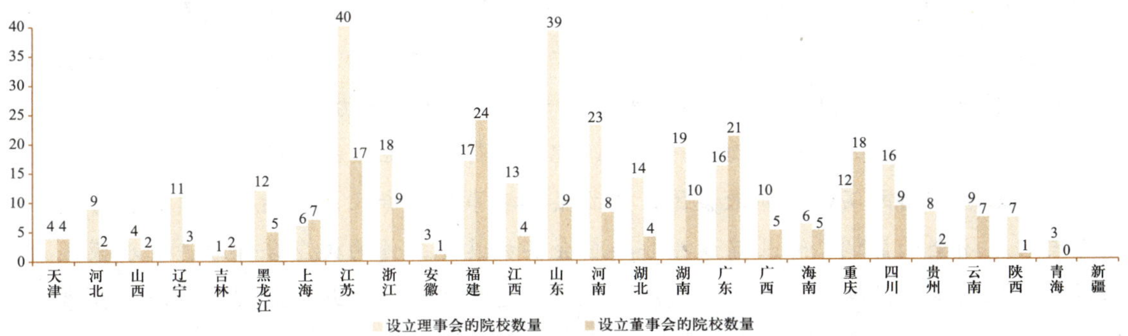

图6-2-3　各承接省份高职院校成立理（董）事会情况

案例47：吸收社会力量办学，激发利益相关方积极性

江苏省高职院校建立健全了以章程为统领的民主管理、民主监督、社会参与的治理结构，提升了高职院校资源整合、科学决策和战略规划的能力。江苏省教育厅委托江苏经贸职业技术学院牵头开展高等职业教育创新发展课题《高职院校内部治理结构研究》，探索政府依法管理、学校依法自主办学、社会广泛参与的高职院校管理体制与运行机制。

黑龙江省积极吸收社会力量参与办学，建立学校、行业、企业、社区等共同参与的高职院校理事会或董事会，该省60%的高职院校实现了院系二级管理。设立校级学术委员会，作为校内最高学术机构，统筹行使学术事务的决策、审议、评定和咨询等职权，在专业建设、学术评价、学术发展和学风建设等事项上发挥重要作用。

重庆市55%的高职院校成立理事会，40所高职院校组建理事会22个，除此以外，该市高职院校另成立董事会18个。

江西交通职业技术学院成立了由江西省交通厅、南昌市人民政府、江西省教育厅等政府部门、行业组织、企事业单位、科研机构和学院五方共计63家成员单位参与组建的“江西交通职业技术学院合作发展理事会”。

（五）优化院校内部治理结构

各地不断深化高等职业教育改革，切实破除束缚高等教育改革发展的体制机制障碍，落实和扩大院校办学自主权，落实院校独立法人地位，奋力推进高职院校治理体系和治理能力现代化。高职院校坚持按章办学，探索建设“混合制”、股份制二级学院与生产性实训基地，引入社会资本和产业元素，开展多主体协同育人；梳理完善学校制度体系，理顺内部治理关系，优化校内组织机构设置、推行院系二级管理体制，实现管理重心下移；优化校内管理服务流程；强化二级机构目标考核，建立教职工聘任和考核制度，完善人事与财务两级管理办法，深化收入分配和人事制度改革，扩大二级院系管理自主权，激发办学活力，提升院校内部治理能力。

案例 48：优化治理结构，激发师生活力

苏州经贸职业技术学院推行机关处室“大部制”改革，校内行政机构由 21 个精简到 14 个；绩效工资突出项目绩效、优劳优酬、一人一薪的激励导向；突出用人主体在职称评审中的主导作用，开展自主评聘工作，对人才培养、科技创新、社会服务、文化传承、管理服务等领域的成果一视同仁，激发了教职工干事和创业的活力。

佳木斯职业学院牵头组建由政府部门、院校、行业企业、科研院所、创业孵化园组成具有独立法人资格的实体性职教集团，建立集团理事会和专业建设指导委员会，形成了企业参与、集团全面协调、专业建设指导委员会实施具体工作的校企合作运行管理模式。浙江旅游职业技术学院实施“最多跑一次”改革，逐步实现师生到行政部门办理服务事项最多跑一次，财务报销最多跑一次，数据填报最多填一次，师生满意度大幅提高。

三、完善质量年报制度

我国高职教育建立了国家、省和院校（企业）三级质量年度报告制度，中国高等职业教育质量年报已成为我国高职教育主动向社会展示人才培养水平、公布教育教学质量、接受群众监督、回应社会关切、推行阳光政务的重要渠道与举措。

（一）任务（项目）执行情况

高职院校质量年报制度基本建立。2016 年，全国 31 个省份承接“巩固质量年报发布制度”任务 (RW–52)，其中有 30 个省份执行了该项任务，任务执行率为 96.77%。从 2017 年起，各省该项任务执行率为 100%，省级层面高等职业教育质量年报制度基本形成（表 6–3–1）。

表 6–3–1 “RW–52：巩固质量年报发布制度”任务承接与执行情况

2016 年任务执行情况			2017 年任务执行情况		
承接 / 执行任务省份数	未执行任务省份	任务执行率	承接 / 执行任务省份数	未执行任务省份	任务执行率
31/30	内蒙古	96.77%	31/31	—	100%

（二）三级质量年报制度进一步巩固

全国高职高专校长联席会议每年发布《中国高等职业教育质量年度报告》，该报告以第三方视角，从学生成长、成才、学校办学实力、发展环境、国际影响力和服务贡献力 5 个方面对高等职业教育质量进行详细分析，质量年报以客观公正的角度、翔实的数据、典型的案例，向全社会公布了近年来我国高等职业教育发展的基本状况，为社会各界了解职业教育提供了一个权威的渠道和重要的窗口。

各省级教育行政部门组织和指导辖区高职院校报送质量年报，撰写并发布省级质量年报。江苏省依托省教育科学研究院及省高职数据中心力量编写省级质量年报并公开出版。浙江省大力推进校企联合发布人才培养质量报告，全面展示企业资源投入、参与高职教育教学的成效与做法，让全社会充分了解职业教育发展状况。湖南省委托省教育科学研究院，每年由省教科院组织对全省高职院校分管副院长和质量年报执笔专家进行质量年报写作培训。

高职院校把发布高等职业教育质量年报，作为展示办学水平、体现校务公开、回应社会关切、主动接受群众监督的重要内容和自觉行动。在年报编制过程中，各高职院校注重与教育教学过程相结合，使质量年报真正"融入"学校内涵建设，成为实施"政府引导""高职教育创新发展"的工具。近年来，发布质量年报的高职院校逐年增加，质量与合规性也不断提高。《行动计划》实施以来，发布质量年报的高职院校从 2016 年的 1 298 所增长到 2018 年的 1 352 所，高职质量年报制度全面落实，高职院校实现了应报尽报（表 6–3–2）。

表 6–3–2 2016—2018 年高职院校报送质量年报分省统计表（单位：份）

省份	2016 年	2017 年	2018 年
北京	21	25	25
天津	24	26	26
河北	60	58	58
山西	47	47	47
内蒙古	34	34	34
辽宁	46	45	45
吉林	22	25	26
黑龙江	42	42	42
上海	24	22	22
江苏	88	89	89
浙江	48	47	47

续表

省份	2016 年	2017 年	2018 年
安徽	73	73	73
福建	52	51	51
江西	53	53	55
山东	73	74	75
河南	72	76	76
湖北	54	58	58
湖南	69	70	70
广东	80	84	86
广西	34	36	36
海南	10	11	12
重庆	40	40	40
四川	58	58	58
贵州	35	41	43
云南	36	43	44
西藏	2	3	3
陕西	38	38	38
甘肃	23	25	27
青海	6	8	8
宁夏	9	10	10
新疆	22	21	25
兵团	3	3	3
合计	1 298	1 336	1 352

（三）发布企业年报的单位不断增加

企业积极参与职业教育办学，从人才培养方案制定、课程体系建立、教学内容选用、实训条件建设、就业安置等方面发挥着不可替代的作用。从 2015 年起，教育部首次在质量年报编制工作中提出鼓励实际参与人才培养的企业发布《企业参与高等职业教育人才培养年度报告》(简称《企业年报》)，其已成为中国高等职业教育质量年度报告的重要组成部分。

2016—2018 年，参与职业院校办学并发布高等职业教育人才培养年度报告的企业由 2016 年的 469 家，发展到 2018 年的 1 158 家，增加了 147%。2018 年，江苏、山东 2 个省份发布人才培养年报的企业超过 100 家，特别是江苏省达 413 家，占 2018 年全国企业人才培养年度报告总数的 35.66%。广东、天津、河北 3 个省份发布人才培养年度报告的企业超过 60 家（表 6–3–3）。

表 6-3-3　2016—2018 年企业报送人才培养年度报告分省统计（单位：份）

省份	2016 年	2017 年	2018 年
北京	5	28	30
天津	33	58	63
河北	31	62	61
山西	2	5	8
内蒙古	4	13	10
辽宁	8	16	19
吉林	1	1	0
黑龙江	9	43	45
上海	12	14	16
江苏	73	185	413
浙江	14	16	13
安徽	5	7	8
福建	10	11	13
江西	2	5	4
山东	75	98	104
河南	0	1	9
湖北	17	22	16
湖南	19	25	37
广东	55	72	66
广西	11	8	7
海南	0	2	1
重庆	15	0	46
四川	11	30	47
贵州	2	21	22

续表

省份	2016 年	2017 年	2018 年
云南	2	14	24
西藏	0	0	1
陕西	11	16	12
甘肃	14	13	18
青海	1	2	3
宁夏	5	13	19
新疆	21	24	19
兵团	1	2	4
合计	469	827	1 158

从企业年报发布内容来看，年度报告涵盖“人才培养、技术创新、就业创业、社会服务、文化传承”。从发布年报的主体来看，既有行政事业单位、职教集团、国有企业、研究院所，也有中小微企业等。绝大部分企业是本行业的佼佼者，具有较高的行业认可度，在业内有较大的影响力，在一定程度上代表着相关产业的发展方向，体现了职业教育政行企校联合办学基本特征。企业年报的发布表明，企业已开始深度参与职业教育办学的各方面，贯穿于人才培养全过程。

（四）年报质量与合规性不断提高

2017 年，随着省级层面高等职业教育质量年报制度在全国建立，高职院校质量年报实现了应报尽报。为提高高职院校和省级质量年报的质量，对省级和校级质量年报进行了合规性检查。2017—2019 年，各地所报送质量年报的质量与合规性逐步提高。其中，高职院校未提供“内容真实性责任声明”的占比逐渐减少。各省通过对本地高职院校质量年报进行合规性评价、公布年报排名、举行质量年报发布会等方式，强化对质量报告发布情况和撰写质量的监督管理。

（五）质量年报和人才培养状态数据的评价功能充分运用

从 2008 年开始，教育部建立了高职院校人才培养工作状态数据采集填报制度，不断优化“高职院校人才培养工作状态数据采集与管理平台”，在全国高职院校中推广应用，为编制质量年报和建立高职院校内部质量保证体系提供强大的数据支持。2018 年，有 1 332 所高职院校在“状态数据平台”上填报了人才培养工作状态数据。

各地强化人才培养状态数据在宏观管理、行政决策、院校治理、教学改革、年度报告中的基础性作用。黑龙江、江苏、安徽、湖南、广东等省在优质校、卓越校、产教融合工程等项目评审中，充分运用人才培养状态数据。特别是在中国特色高水平高职学校和专业建设计划申报过程中，教育部将人才培养工作状态数据作为遴选的重要指标。这进一步强化了高职院校数据采集意识，提高了数据利用效果，也为职业教育定量评价奠定了基础。

四、建立诊断改进制度

高职院校切实履行人才培养工作质量保证主体的责任，不断推进全员全过程全方位的内部质量保证体系建设，逐步建立常态化的职业院校自主保证人才培养质量的机制。

（一）任务（项目）执行情况

2016—2018 年，除青海、宁夏外，全国有 30 个省份承接“加强分类指导，以人才培养工作状态数据为基础，开展高职院校教学诊断和改进工作 (RW–53)”这项任务。三年来，各省相继执行该项任务，成立了省级诊改工作专家委员会，制定了高职院校内部质量保证体系诊断与改进工作实施方案，明确了诊改工作推进时间表和工作步骤，确立了国家和省级诊改试点院校，并接受国家复核工作，具体见表 6–4–1 和表 6–4–2。

表 6-4-1 诊改工作承接与任务执行情况

年度	承接 / 执行任务省份数	任务执行率
2016 年	30/28	93.33%
2017 年	30/30	100%

表 6-4-2 省级诊改专委会设立与试诊改点情况

内容	2016 年	2017 年	2018 年
成立省级诊改工作专家委员会数量	26	31	31
成立诊改工作领导小组院校数量	568	677	787
省级试点院校数量	0	154	252
国家诊改试点院校数量	27	27	27

（二）完善诊改工作机制

从 2015 年开始，教育部先后发布了《关于建立职业院校教学工作诊断与改进制度的通知》《关于全面推进职业院校教学工作诊断与改进制度建设的通知》《高等职业院校内部质量保证体系诊断与改进复核工作指引（试行）》等文件 28 个，从制度上明确职业教育诊改工作推进的时间、路线和相关要求。国家层面成立了由学校、行业、企业等 80 余位专家组成的全国职业院校教学工作诊断与改进专家委员会（以下简称“全国诊改专委会”），制定了全国诊改专委会章程，设立实务专门组、平台组、秘书组等机构，明确各工作组的工作职责和标准，组织专委会成员定期开展培训交流，提高委员的履职能力，考核委员的履职情况。建立国家和省级诊改专委会信息平台，及时发布消息，更新动态，定期给教育行政部门提供工作进展报告。优化完善两级专委会沟通机制，协助开展省级诊改专委会成员培训，指导省级诊改专委会提升能力，发挥诊改专委会组织培训、调研指导、宣传引导等方面的职责与功能。

各地在全国诊改专委会的指导下，成立 31 个省级诊改专委会，指导职业院校开展诊改工作。有 787 所高职院校成立了校级诊改工作领导小组，形成了国家、省和学校三级诊改工作机制。

（三）强化培训，提高认识

为加强对各省教育行政部门和职业院校诊改指导，全面推进诊改工作，全国诊改专委会坚持理念先行，积极开展诊改研究，组织专家围绕“理念、实务、纠偏”主题，在《中国教育报》《中国高等教育》等媒体杂志上发表系列专题文章 56 篇，公开出版汇编理论文章及《高等职业院校内部质量保证体系建立与运行实务》。同时通过承办校长联席会诊改分论坛，加强宣传引导。

全国诊改专委会三年来通过举办校长联席会诊改分论坛、专题培训等，为 31 个省份开办中高职诊改培训班 53 期，内容包括理论讲解、案例交流、互动研讨、数据采集等，指导学员深化诊改理念、掌握工作要领、推进诊改落地。全国 2 000 余所中高职院校近 15 000 人次参加了培训。另外，全国诊改专委会还专门为宁夏民族职业技术学院、安顺职业技术学院等 20 多家单位 1 185 名骨干，进行了诊改操作实务专项定制培训。通过宣传培训与诊改实践，持续提升师生员工的质量意识，树立现代质量文化，促进全员全过程全方位育人，最终实现人才培养质量提升的目标。

（四）开展诊改试点

坚持先行先试，积极开展诊改试点。确定了淄博职业技术学院等 27 所高职院校为国家试点单位和 252 所高职院校为省级试点单位，探索诊改方法路径。三年来，全国诊改专委会组织专家赴 16 个省份，高职 27 所试点院校开展现场调研，把握试点院校诊改工作总体水平和存在问题，指导试点院校开展诊改工作。各高职院校结合各自实际，优化诊改顶层设计，完善诊改运行实施方案，打造特色两链，建立学校、专业、课程、教师、学生五个层面“8”字形质量改进螺旋，开展自主诊改，建立常态化诊改机制，推动内部质量保证体系建设。通过开展教学诊改工作，实现了学校内部治理形态由静态管理向动态治理转变，由粗放型管理向精细化治理转变，由基于经验的管理向基于大数据的科学治理转变，促进了学院治理体系最优化、管理工作标准化、教学秩序正规化、实现手段信息化、质量保障可控化、治理能力现代化。

案例 49：以点带面，稳步推进内部质保体系建设

湖南省结合自身特点，制定了有湖南特色的省级实施方案与推进工作安排，确定按试点院校、省级卓越校、其他学校三种类型学校依次推进省级诊改复核。先后完成长沙民政职业技术学院、湖南铁道职业技术学院、湖南汽车工程职业学院、湖南机电职业技术学院、湘潭医卫职业技术学院、长沙卫生职业技术学院 6 所试点院校和长沙航空职业技术学院、湖南工艺美术职业技术学院、长沙商贸旅游职业技术学院 3 所卓越校的诊改复核工作。

河北工业职业技术学院坚持“全员全过程全方位育人”理念，以构建学院内部质量保证体系为核心，编制了《河北工业职业技术学院内部质量保证体系建设与运行方案》，将自主诊改与推动学院教育教学改革、加快学院建设和发展有机结合起来，构建现代质量意识下全员认可、全力支持的全覆盖、网络化的“一核心，五主体，一平台，五系统”内部质量保证体系，完善系列质量标准和制度，建立了常态化的自主保证人才培养质量机制。

扬州工业职业技术学院以可操作为原则，设计优化《扬州工业职业技术学院内部质量保证体系建设运行与实施方案》，打造校本特色两链，建立运行“8”字螺旋，以智能化信息平台为支撑，营造现代质量文化，扎实推进内部质保体系建设，形成常态化诊改机制，持续提升学校治理水平和人才培养质量。该校运行实施方案得到江苏省和全国诊改委高度认可，在全国诊改委培训会上作为案例介绍。

（五）实施诊改复核

2018 年 11 月—12 月，陕西率先开展省级层面复核工作，邀请全国诊改专委会专家指导复核工作。全国诊改专委会以陕西工业职业技术学院、陕西铁路职业技术学院、陕西交通职业技术学院三所院校为基础，制定并完善了《高等职业院校内部质量保证体系诊断与改进复核工作指引（试行）》（以下简称“复核指引”），进行了国家层面试验性复核。复核采取面上调查、状态考察、深入研讨、数据分析、取样分析、多维建构等复核形式，聚焦学校、专业、课程、教师、学生五个层面，重点考察“两链打造与实施”“螺旋建立与运行”“引擎驱动与成效”“平台建设与应用”实际情况。从试验性复核情况看，各高职院校领导班子高度重视，能够按照学校内部质量保证体系建设运行与实施方案，精心打造校本特色两链，建立和运行“8”字形质量改进螺旋，推进智能化校园建设，营造质量氛围，健全制度机制。

五、改进高职教师管理

实施三年行动计划以来，各地不断优化和完善专业技术职务评聘办法，突出职业教育特点；加强“双师素质”师资队伍建设，大幅提高了“双师素质”专业教师比例；推进分类管理、分类评价人事管理制度改革，推行按岗聘用竞聘上岗；完善教师绩效评价标准，保障学校用人自主权等方面开展工作，取得一系列突出成效。

（一）任务（项目）执行情况

“改进高职教师管理”包含 4 个任务，2016 年除任务“发布实施职称评聘办法”（RW–54）的执行率为 70% 外，其他 3 个任务的执行率均在 90% 以上，具体承接和执行情况见表 6–5–1。

表 6–5–1 改进高职教师管理任务执行情况

序号	工作任务	二级指标	2016 年	2017 年	2018 年
RW–54	一批省份发布实施职业院校教师专业技术职务评聘办法		20 个省份承接任务，14 个省份执行，执行率 70%	20 个省份全部执行，执行率 100%	20 个省份全部执行，执行率 100%
RW–55	一批国家示范（骨干）高等职业院校制定执行反映自身发展水平、不低于国家规定标准的“双师型”教师标准	本年度制定“双师型”教师标准的国家示范（骨干）高等职业院校数量（所）	147	168	185
		本年度“双师型”教师认定总人数（人）	74 564	37 535	39 355
		院校认定标准高于国家标准的院校数量（所）	121	140	158
RW–56	推动教师分类管理、分类评价的人事管理制度改革；全面推行按岗聘用、竞聘上岗	制定教师分类管理办法的院校数量（所）	339	349	407
		制定教师分类评价改革的院校数量（所）	336	343	393
		实施竞聘上岗的院校数量（所）	407	417	454
RW–57	制订体现高等职业教育特点的教师绩效评价标准；55 岁以下的教授、副教授每学期至少讲授一门课程	制定体现职业教育特色的教师绩效评价标准院校数量（所）	360	389	421
		本省规定 55 岁以下的教授、副教授每学期至少讲授一门课程的院校数量（所）	385	434	457

（二）优化专业技术职务评聘

各地扎实推进“管、办、评”分离，深化职称评审制度改革，将教师等系列专业技术职务评审权下放给高校，实行评聘合一，逐步落实高等院校办学自主权。截至 2018 年底，全国有北京、河北等25个省份高职院校高级职称评审权全部下放给学校，内蒙古、山西、福建3个省份部分下放评审权，贵州、宁夏、青海3个省份尚未下放评审权。全面实行高校职务聘任制，将师德表现、教学水平、应用技术研发成果与社会服务成效等作为高等职业院校教师专业技术职务（职称）评聘和工作绩效考核的重要内容。完善学校自主用人、教师自主择岗、政府依法监督的高校用人制度。

江苏省向全省90所高职院校下放高等学校教师职称评审权（包括教学、学生思想政治教育、教育管理研究）。推动教师分类管理、分类评价的人事管理制度改革；鼓励高等职业院校制定和执行反映自身发展水平的“双师双能型”教师标准，新增教师编制主要用于引进具有实践经验的专业教师。全面推行按岗聘用、竞聘上岗。陕西省2016年向全省86所高职院校一次性下放了副教授评审权，2017年再次明确全省高校教师职称评审权直接下放至高校，政府相关部门按规定履行指导和监管职责，切实建立分类评价、分类管理和高等学校自主评审、政府宏观管理相结合的职称评审制度，形成竞争择优、能上能下、让优秀人才脱颖而出的用人机制。安徽省教育厅、省人社厅联合印发了《安徽省高校教师职称评审权下放工作实施方案（试行）》，将高校教师系列职称（助教、讲师、副教授、教授）和实验系列职称（实验员、助理实验师、实验师、高级实验师）的评审权全部下放到高校。

（三）完善“双师型”教师标准

一是出台办法，促进“双师型”队伍建设　部分省份与高职院校积极制定具有区域或校本特色的“双师素质”专任教师认定标准，多途径、多渠道、多方法提升教师的“双师”能力。安徽省通过出台“双师型”教师认定办法和标准，将“双师型”教师分为初、中、高三个等级，不同等级对教学和专业实践能力的要求依次增强，并且将校外兼职教师也纳入认定范围。广东省印发《广东省“强师工程”实施方案（2017—2020年）》，实施高职院校教师能力提升工程，加强高职院校专业带头人培养，加强“双师型”教师培养培训。福建省印发《福建省职业院校“双师型”教师认定指导性标准（试行）》，通过实行分类认定、动态调整、职业导向，加快构建职业院校“双师型”教师队伍建设标准体系，提升理论和实践教学能力，打造高水平“双师型”职业院校教师队伍。2018年，185所国家示范（骨干）高职院校制定了“双师型”教师标准，有158所院校认定标准高于国家标准。

二是完善机制，产教一体培养“双师型”教师　江苏省积极构建“产教互通、校企互聘、专兼协同”机制，打造大师工作室、名师工作室、企业教师工作站等教师发展平台；不断完善“双师型”教师认证制度，落实教师到企业实践的规定；强化激励机制，尝试校企联合建立“双师型”教师培养基地建设，开展双师专兼职教师培养；实行分级管理，积极探索校企互聘互兼、互培共育的“混编教师”队伍建设新模式。天津市积极探索实现双向聘用师资，鼓励企业工艺大师、技能大师到学校建立大师工作室，鼓励企业能工巧匠到高职院校兼职，鼓励高职院校教师到企业兼职，建立校企人才“双栖”制度。

三是加强教师团队建设，打造“双师”能力　重庆市以建设高素质“双师型”教师队伍为重点，强化教师专业技能和实践教学能力培训工作。各高职院校通过培养教学名师、专业带头人和骨干教师，建立名师工作室、创建优秀教学团队等多种方式，充分发挥名师、优秀教师在教学、技能培养等方面的示范带头作用，形成合理的教师梯队。

案例50：建立校企合作机制，培育高水平“双师型”队伍

天津渤海职业技术学院积极推行“双栖制”教师制度，选聘创新拔尖人才作为专业组群领军人物，推动双师素质师资队伍建设。依托校企合作平台，建立了兼职教师资源库，进一步发挥行业企业在师资团队建设上的主导作用，依托职教集团平台校企双方共同组建高水平的“双栖制”师资团队，构建学院多元化用人机制，制订完善学院人才政策，保障了双师素质教师队伍的梯队结构和整体质量。

浙江经济职业技术学院依托与世界500强企业的企业大学——物产中大管理学院的“双轨运作，双轮驱动，双向互哺”协同共生体制机制优势，打造了双师型教师专业成长孵化器，实现双师型教师“在实践中孵化，在孵化中成长”。双师型教师专业成长孵化器至今已运作5年，形成五大类关键成果，具体包括：综合类成果6项（内含国际奖项1个，国家级奖项2个，省部级奖项1个），研发类成果67项，制度类成果6项，孵化形成课程研发小组/中心13个，孵化培育“教师+技师+培训师+企业管理咨询师”四师型教师248人次；孵化器内教师参与教育教改项目112人次，惠及学生21 000人次；参与或负责提供企业学习系统化综合解决方案67个。

（四）核定高职教师编制标准

各地根据职业教育特点、比照本科高等学校核定公办专科高等职业院校教职工编制；各高职院校新增教师编制主要用于引进具有实践经验的专业教师，优化双师教师结构。

山西省改革教师编制管理办法，实行职业院校编制每3至5年核定一次的动态管理机制，并建设符合职业教育特点的教师招聘和管理制度，高职院校可在教师编制总额内自主确定教师岗位设置方案，制定岗位标准和聘用条件，可公开招聘企业人员、社会能工巧匠以及自由职业者担任专职教师，同时扩大职业院校用人自主权，职业院校25%至30%的编制可用于外聘专业课教师和实习指导教师，外聘教师可不纳入编制“实名制”管理范围，外聘兼职教师的薪酬费用从生均拨款内列支或以政府购买服务方式解决，可设立校内特聘专业课教师和实习指导教师职务（职称）岗位。黑龙江省进一步理顺了高职教师的管理机制，学校可自主组织职称评审、自主评价、按岗聘任。进一步落实高职院校用人自主权，学校可根据编制总量设置一定比例的“流动岗”，深化高职院校教师准入、考核和聘用机制改革和教师考核评价制度改革。

（五）推动人事管理制度改革

2016—2018年，任务承接省份高职院校从教师分类管理、分类评价及实施竞聘上岗等方面探索了人事制度改革。

一是推行教师分类管理 宁夏回族自治区将专任教师逐步定位为“教学为主型”“教学科研型”“社会服务推广型”，设定不同的评聘标准，将课堂教学、教学改革、指导学生竞赛等业绩作为教学型教师职称评聘的重要指标，专业技术职务评聘的改革可以引导教师更好地发展，也可以促进教师队伍结构的优化。

二是出台鼓励教师离岗创业的政策 湖南省人社厅出台了《关于支持和鼓励事业单位专业技术人员创新创业的实施意见》，鼓励包含高职院校在内的事业单位专业技术人员离岗创业，为激发教师创新活力和创业热情，促进人才合理流动，打下了坚实的政策基础。

三是健全教职工绩效考核制度 广东省高职院校积极深化人事制度改革，建立健全教职工绩效考核制度，制定并实施以业绩贡献为基础、以目标管理和目标考核为重点、符合高职教育特点的绩效工资制度，将教职工的工资收入与岗位职责、工作业绩、实际贡献等直接挂钩，多劳多得、优绩优酬，避免唯职称、唯学历等倾向。

（六）完善教师绩效评价标准

各地在制定和引导高职院校在完善教师绩效评价标准时，注意体现高等职业教育特点的教师绩效评价标准，绩效工资内部分配向“双师双能型”教师适当倾斜。在绩效工资总量内，鼓励高职学校对业务骨干、特殊人才和关键重点岗位建立特殊薪酬制度。制定体现高职特点的教师绩效评价标准，落实 55 岁以下的教授、副教授原则上每学期至少讲授一门课。

2017 年，河南省的郑州铁路职业技术学院、河南水利与环境职业学院等 20 所院校根据自身实际情况制定了体现职业教育特色的教师绩效评价标准，并已经按照标准进行实施。例如：河南交通职业技术学院在 2017 年制定了《河南交通职业技术学院绩效工资改革方案（试行）》《河南交通职业技术学院落实高职称、高技能人才充实教学和社会服务一线实施方案（试行）》《河南交通职业技术学院专业技术人员离岗创业人事管理细则（试行）》，即“两方案一细则”。

保定电力职业技术学院实施“工作价值量化评价体系”，根据不同的岗位性质和工作任务，进一步明确了行政管理、技能培训、高职教师、学生管理和后勤服务五类人才的划分标准；修订《员工工作价值量化评价管理办法（试行）》，调整通用指标、专业指标类别，细化职业资质、岗位业绩、工作创新和其他贡献四个维度积分标准。

六、加强相关理论研究

高职教育研究机构建设得到加强，形成了国家、省级、市（地）、学院四级研究机构体系，560 所高职院校设立了高等职业教育研究机构，配备了全职工作人员，负责研究课题管理。高职教育研究得到各方支持，课题来源既有国家、省“十三五教育规划”“哲社科”立项课题，又有各行指委、教育协会立项课题，高等职业教育研究课题数量及经费逐年递增。《行动计划》实施以来，各研究机构和高职院校围绕“优质校”“骨干专业”“现代学徒制”“诊断与改进”“工匠精神”“产教融合”等高职教育发展核心、热点问题开展研究。

（一）任务（项目）执行情况

全国有25个省份承担了“加强高职教育理论研究”（RW–58）任务，2016年25个省份全部执行任务，执行率100%。各地逐步形成了以省级研究机构为引领、以院校内的高等职业教育研究机构为主体的高职教育研究架构。

（二）建立健全研究机构

截至2018年，任务承接省份中有19个省份组建了省级高等职业教育研究机构，560所高职院校设立了高等职业教育研究机构，教育专业研究机构全职工作人员数达到2 667人（表6–6–1）。

表6–6–1　分类别年度对比情况表

数据类别	2016年	2017年	2018年
设立省级高等职业教育研究机构数量	19	19	19
设立高等职业教育研究机构的院校数量	502	547	560
教育专业研究机构全职工作人员数	722	2 515	2 667
职教研究成果获省级以上奖励项目数量	793	1 202	1 670

各研究机构围绕建设现代职业教育体系，深入开展职业教育研究。2016年职业教育专门研究机构承担的各类课题共计15 028项，其中：省部级以上4 224项、地市级4 271项、其他6 533项。获得国家课题立项排前三名的省分别是：江苏（39项）、湖北（21项）、湖南（20项），获得省部级项目立项排名前三名的省分别是：湖南（723项）、江苏（574项）、安徽（436项）。2017年度职业教育专门研究机构承担各类课题数量13 310项，其中：省部级以上3 946项，地市级3 681项，其他的5 683项。2018年度职业教育专门研究机构承担各类课题数量13 999项，其中：省部级以上3 844项，地市级3 795项，其他的6 360项。比2017年的课题数量13 310项增加5.18%。

（三）坚持问题导向开展研究

各高职教育研究机构和研究人员坚持问题导向，聚焦“优质校”“骨干专业”“现代学徒制”“诊断与改进”“工匠精神”“产教融合”等高职教育发展核心、热点问题，深入开展研究，形成一批高职教育发展理论成果，引领并指导高职院校创新发展实践。

实施行动计划以来，在国家自然科学基金项目立项方面，2016年共有11所高职高专院校立项14项，其中深圳职业技术学院立项3项，广东食品药品职业学院立项2项；2017年共有7所高职高专院校立项11项，其中深圳信息职业技术学院立项3项，深圳职业技术学院、江苏农牧科技职业学院各立项 2 项；2018 年共有 6 所高职高专院校立项 8 项，其中深圳职业技术学院、浙江医药高等专科学校各立项 2 项。在国家社科基金项目立项方面，2016 年共有 6 所高职高专院校立项 6 项一般项目，2017 年共有 10 所高职高专院校立项 10 项一般项目、青年项目及西部项目，2018 年共有 6 所高职高专院校立项 12 项一般项目、青年项目及西部项目，立项项目数呈逐年增长。

高职院校承担教育部人文社科研究课题数量逐年增加，其中规划基金、青年基金及自筹经费项目增加幅度较大，从 2016 年的 39 项增长到 2018 年的 144 项（表 6–6–2）。

表 6-6-2　2016—2018 年高职院校承担教育部人文专科研究课题立项情况

项目类别	数量		
	2016 年	2017 年	2018 年
规划基金、青年基金、自筹经费项目	39	70	144
西部和边疆地区项目	3	2	3
新疆项目	3	2	1
中国特色社会主义理论体系研究	2	4	5
高校思想政治工作	9	4	7
高校示范马克思主义学院和优秀教学科研团队建设项目	12	9	21
合计	68	91	181

黑龙江省为保障行动计划高水平实施，省教育厅针对行动计划中的重大项目、难点任务和创新任务，按照“受益面广优先、可操作性强优先、预期成果可推广的优先”的思路，择优立项了 64 个与《行动计划》相关密切的重点委托项目，为《行动计划》顺利实施奠定了良好基础。

江苏省针对高等职业教育创新发展中的热点和难点，2016 年教育厅遴选了 20 项系列研究课题。2017 年 9 月，江苏省高等职业教育研究会组织开展了高职创新发展系列研究中期汇报，省教育厅委托 8 个课题组结合课题调研起草《卓越计划》配套文件。高职创新发展系列研究有 2 项列为 2017 年江苏高等教育教学改革重中之重课题，14 项列为省重点课题。通过“学会主导、院校牵头、校际协同”的研究方式，有效指导并促进学校的创新发展。

（四）职教研究成果丰硕

2016—2018 年，高等职业教育研究经费额度达 6 348.20 万元，职教研究成果获省级以上奖励项目数量 3 845 项，其中，2016 年为 973 项，2017 年为 1 202 项，2018 年为 1 670 项，获奖数量逐年增加，进一步提升了职业教育的品牌形象，以及职业教育在国家教育体系中的话语权。

在 2018 年国家级教学成果奖获奖项目中，共有 451 个职业教育项目获奖，其中获特等奖 2 项，一等奖 50 项，二等奖 399 项。在职业教育项目中，高职院校项目获奖 294 项，其中获得特等奖 1 项，一等奖 32 项，二等奖 261 项。对获奖项目的研究主题进行分类统计，2018 年职业教育教学成果奖获奖数排名靠前的主题分别是人才培养模式、协同育人、专业建设、创新创业、产教融合、实践教学、文化育人和国际化。值得关注的是，国际化、三农问题、创新创业和现代学徒制等主题均获得 2 项及以上的一等成果奖，这些均是 2018 年成果奖获奖主题的热点。[①]

2018 年第 12 期《中国高教研究》刊登的《2017 年全国高校高等教育科研论文统计分析——基于 22 家教育类中文核心期刊的发文统计》中指出，公办高职高专院校的科研发文活跃度与贡献度较高，2017 年 359 所公办高职高专院校发表论文 1 167 篇，占同类型院校的 33.61%，占全国高职高专院校的 25.86%，占教育科研论文总量的 45.73%。

① 郑永进，黄海燕，近两届职业教育国家级教学成果奖获奖情况分析，中国高教研究，2019 年第 2 期

第七章 提升思想政治教育质量

各地高职院校深入学习宣传习近平新时代中国特色社会主义思想和党的十八大、十九大精神，认真贯彻落实全国高校思想政治工作会议和全国教育大会精神，对标《高校思想政治工作质量提升工程实施纲要》（以下简称《纲要》）要求，紧紧围绕高校立德树人根本任务，着力构建“十大”育人体系，积极推动全员全过程全方位育人落地落实，切实将以工匠精神为核心的职业精神养成贯穿到人才培养全过程，培养出数以千万计的德智体美劳全面发展的社会主义合格建设者和可靠接班人。

《行动计划》“提高思想政治教育质量”共包含 7 个任务（RW–59 到 RW–65）和 1 个项目（XM–22）。

一、加强和改进学生思想政治教育工作

思想政治工作是学校各项工作的生命线。全国高职院校牢牢把握社会主义办学方向，在全国高校思想政治工作会议精神和《纲要》的指导与推动下，特别是在教育部“高校思想政治理论课（以下简称‘思政课’）教学质量年”（2017 年）的牵引带动下，强化学校党委在思想政治工作中的主体责任和领导作用，将加强党的建设与思想政治工作相结合，大力培育和践行社会主义核心价值观，深入开展“中国梦”宣传教育，扎实推进习近平新时代中国特色社会主义思想“三进”工作，切实加强和改进大学生思想政治教育，教育成效和质量显著提升。

（一）任务（项目）执行情况

《行动计划》“加强和改进学生思想政治教育工作”包含 RW–59、RW–60、RW–61、RW–62 四项任务。承接“贯彻落实《高等学校辅导员职业能力标准（暂行）》”（编号：RW–59）的省份（含兵团）有 29 个；承接“健全学生思想政治教育长效机制；高职院校按师生比 1 ∶ 200 配备辅导员；心理健康教育全覆盖”（编号：RW–60）任务的省份（含兵团）有 28 个；承接“全面推进《全国大学生思想政治教育质量测评体系（试行）》”（编号：RW–61）任务的省份有 28 个；承接“创建平安校园、和谐校园”（编号：RW–62）任务的省份有 30 个。2018 年，各地全部执行了承接任务，执行率为 100%（表 7–1–1）。

表 7-1-1 “加强和改进学生思想政治教育工作”承接和实际执行情况

任务	承接省份数量	2016 年执行省份数量	2017 年执行省份数量	2018 年执行省份数量	执行率
RW-59	29	26	28	29	100%
RW-60	28	24	26	28	100%
RW-61	28	23	27	28	100%
RW-62	30	26	30	30	100%

（二）党建对思政教育的引领作用更加凸显

各地高职院校认真贯彻中央新时代党的建设新的伟大工程和高校思想政治工作的重大部署，大力加强学校党建工作，构筑了基于党建引领的思想政治教育新生态。

1. 基层党建创新发展　教育部党组着眼高校党建创新，大力推进高校党建工作科学化、制度化、规范化。2018 年，教育部党组组织开展全国党建工作示范高校、标杆院系、样板支部培育创建工作，湖南化工职业技术学院党委入选“全国党建工作示范高校”培育创建单位；深圳信息职业技术学院软件学院党总支入选首批“全国党建工作标杆院系”培育创建单位；安徽职业技术学院机电工程学院教工党支部等 76 个单位入选首批“全国党建工作样板支部”培育创建单位。高职院校党委紧紧围绕立德树人根本任务，牢固树立“抓党建就是抓发展”“抓党建是最大政绩”的理念，不断强化党建引领发展的主体责任，全面推进党的建设与学校发展深度融合。广东轻工职业技术学院以党建业务深度融合为导向，整体构建“1+1+1+N”（1 套标准、1 个行动计划、1 套考核体系、N 个支撑制度）党建工作新模式。四川交通职业技术学院构建党建工作质量管理体系，把党支部建在学生社团、学生公寓等，做到党建工作纵向到底、横向到边。

2. 党建引领日益彰显　各地高职院校坚持改革创新，积极对标《高校党建工作重点任务》，以党建促师德、促育人、促发展，党建工作质量明显提升，引领思想政治教育、引领人才培养工作、引领学校改革发展的成效更加彰显。杭州职业技术学院党委聚焦立德树人根本任务，以党的“结合点”建设为载体，积极探索党建引领和服务专业建设、教学改革、社会服务、校企合作、工学结合、师德师风建设、学生教育管理等工作的机制和做法，按年度常态性开展党建“三个一”品牌创建活动。重庆电子工程职业学院着力推进“双带头人培育工程”，积极打造“八双”辅导员队伍，制定出台“三全育人”方案和“党建带团建”任务清单。南京工业职业技术学院遵循党建工作规律，构建“组织驱动、机制驱动、平台驱动、品牌驱动”的“四驱”党建工作体系，将基层党建工作与学院改革中心任务有效融合，将全面从严治党的压力转化为创先争优的动力，不断提升基层党建工作的吸引力、创新力、长效力。

（三）主题宣传教育凝聚改革发展精气神

各地、各高职院校创新形式与路径，丰富内容与载体，深入组织开展社会主义核心价值观和中国梦主题宣传教育活动，凝聚起新时代高职教育发展的强大精气神。

1. 核心价值观入脑入心　教育部组织开展社会主义核心价值观知识教育专项调研，制定《领导干部上讲台宣讲要点》，推动各地各高校把核心价值观培育融入教书育人全过程。组织观看“砥砺奋进的五年”“伟大的变革——庆祝改革开放40周年”等大型成就展，举办“展望十三五”“王家元先进事迹”等23场报告会，覆盖包括高职院校在内的北京高校师生35.8万人。开展话剧《雨花台》高校巡演，组织观看《湄公河行动》《长征》《厉害了，我的国》等爱国主义题材影像作品，通过“全国高校‘名站名栏’征选活动”“高校校园歌曲创作推广计划”“全国大学生网络文化节”“全国高校网络教育优秀作品推选展示活动”，推出了一批广受学生喜爱的网络文化作品。

江西省以“弘扬井冈山精神铸魂育人”为主线，围绕“传承红色基因”和“发扬井冈山精神”，培育和践行社会主义核心价值观，初步形成了井冈山精神融入高职院校思想政治工作的格局。山西省发布《关于开展培育和践行社会主义核心价值观示范校创建工作的通知》，安徽省出台《关于深化高校教学改革加强大学生社会责任教育的意见》，河北印发《关于印发河北省文明校园创建活动推进计划的通知》，福建省印发《福建省高校传承和弘扬中华优秀传统文化行动计划》，广西壮族自治区发布《广西高校大学生思想政治教育推进工程项目管理办法》和《关于在全区教育系统深入开展爱国主义教育的实施意见》，创设了一系列核心价值观宣传教育载体，推动核心价值观教育落到实处。

2. 中国梦教育落实落细　教育部党组先后印发通知，组织师生深入学习贯彻习近平总书记在中国政法大学、北京大学考察时的重要讲话精神。组织开展纪念建党、建国、红军长征胜利80周年、抗战胜利70周年等宣传教育活动，组织5万北京高校师生观看“真理的力量——纪念马克思诞辰200周年主题展览”，编印《习近平总书记关于青年学生成长成才和教师思想政治工作重要思想论述摘编》《高校培育和践行社会主义核心价值观创新案例选编》，与人民出版社联合推出“新时代”系列图书，强化了广大师生的中国梦宣传教育、爱国主义教育、革命传统教育和时代精神教育。

湖南各高职院校组织开展学习贯彻十九大精神专题活动、报告会2 531场次，打造了习近平新时代中国特色社会主义思想“天天见”“天天新”“天天深”活动品牌。河南建立中国特色社会主义实践基地7个，开展主题教育活动90余次。陕西工业职业技术学院组织开展了师生同读“习近平七年知青岁月”“中国梦·工院情”书画摄影艺术展等系列活动。乌鲁木齐职业大学实施“我的梦中国梦”主题演讲活动、“革命精神我弘扬”基地参观小报设计比赛等三大主题实践活动。内蒙古化工职业学院组织开展“我的中国梦”主题教育实践活动。北京电子科技职业学院划拨500万元专项经费，实施“学生综合素质培养”专项计划，通过组织“阅读经典·明德笃行”读书活动等各类富有成效的教育活动。江苏财经职业技术学院精心培育学校精神文化，推动社会主义核心价值观入脑入心，取得明显教育成效。弘扬伟人文化，建设翔宇广场、周恩来文化馆、总理灯箱大道，将恩来精神传承贯穿学生思想政治教育；传承地方文化，打造“淮安商业文化馆”“淮安地方文化长廊”，将“睿智包容，义利兼顾”的淮商文化融入学生文化素质教育；凸显专业文化，建设货币文化馆、会计文化展示厅、物流文化馆、粮食文化长廊等十余个场馆，二级学院（部）均形成了包含院训、院徽、院旗、院歌为内容的专业精神文化标识系统，着力培育学生“知产业、懂企业、精专业、敬事业”的职业素养；注重廉洁文化，建成清风苑、清风亭、廉洁墙，教育学生“讲诚信、知廉洁，重操守”。

（四）思政课程与课程思政协同育人基本形成

各地高职院校认真落实全国高校思想政治工作会议、高校思政课教师座谈会、“高校思政课教学质量年”等工作要求，构建了较为完善的思政课程与课程思政协同育人格局。

1. 思政课程铸魂育人

推进机构建设攻坚。按照教育部《高等学校马克思主义学院建设标准（2017年本）》，切实加强马克思主义学院建设。福建深入实施“1+N”建设马克思主义学院引航计划，开展公办本科高校和高职高专院校结对共建。到2018年年底，全国高职院校建立马克思主义学院267所，其中排前3位省份分别是广东31所、江苏28所、山东20所。

实施师资质量攻坚。北京市建立思政课教师公开遴选机制，以教育教学能力为核心制定教师质量标准。浙江、江苏、河南、吉林等省份组织思政课教师专项培训和教学技能大赛。陕西省连续两年组织思政课教师“大练兵”活动，选树思政名师、思政示范课程、思政示范名师。长沙民政职业技术学院、山东商业职业技术学院、济南职业学院主持的3个思政项目分别荣获2018年全国职业教育教学成果二等奖。山东商业职业技术学院王岳喜思政课教师团队荣膺2017年首批“全国高校黄大年式教师团队”；河南职业技术学院教师马金伟荣获2017年“全国高校思政课教学能手”称号。

深化网络教学攻坚。广东省成立省高校网络思想政治工作中心，实施网络思政项目，通过易班、两微一端等开展线上思政课教学。湖南精选了“自主/探究课堂”“五分钟课堂”“云眼课堂”“在线仿真课堂”“微信课堂”等10种网上教学方法在全省推广。黎明职业大学加强网络教育阵地建设，官方微信单周综合影响力位居全国职业院校第一名。武汉船舶职业技术学院获湖北省高校网络文化建设优秀成果十佳微博奖，学校QQ校园空间综合排名稳居全国高校前十名，2017年10月荣获全国高校（含本科）第一名。

开展教学方法攻坚。广东省制定高等学校思政课教学指导委员会委员联系高校制度，举办“我能我秀——思政课名师工作室教学创新展示”活动。西安航空职业技术学院创新“一体两翼”的思政课教学模式，获评教育部“思政课教学方法改革项目择优推广计划”项目。杭州职业技术学院总结优秀教师先进教法，提炼《思政课程教学“方法八条”》供教师学习应用，优化思政课整体设计和单元设计，充分体现思政课功能目标。新疆农业职业技术学院推行“以案例为导引、以问题为核心”的探究式专题化教学模式。

2. 课程思政相向而行 各地高职院校根据办学特色和专业特点，抓制度建设、抓课程建设、抓教学实施，深入推进课程思政改革，认真梳理各门专业课程所蕴含的思想政治教育元素和所承载的思想政治教育功能，推动思政课程与课程思政同频共振，实现了知识传授、价值引领和能力提升的有机统一。

2014 年起，上海市率先开展“课程思政”试点工作，“中国系列”新课程的开设，推动中华优秀传统文化融入课堂教学，形成了独特的“上海经验”，如上海工艺美术职业学院的《工艺中国》，上海海事职业技术学院的《中国航运文化》，上海农林职业技术学院《大国三农》等。天津市开发 36 门“课程思政”改革精品课，推进“一校一品”思政课品牌建设。抓住推进课程思政改革的契机，积极构建“三全”育人格局。湖北高职院校积极落实“三全育人”理念，系统化推进“学生思政、教师思政、课程思政、学科思政、环境思政”的“五个思政”改革创新。

河北工业职业技术学院把多元化育人平台搭建、全员式育人团队培养、全方位育人基地建设、全过程育人评价体系建设作为提升思政教育质量的重要抓手。芜湖职业技术学院将思想政治教育贯穿学生学习生活全过程，构建了“立足一个中心，融通三维空间”“三全育人”新格局；创建了从“政治上引导，为学生解惑”“学习上辅导，为学生解疑”“思想上疏导，为学生解压”“生活上助导，为学生解困”“实践上指导，为学生解难”“五导”育人新模式。丽水职业技术学院建设“中国特色社会主义理论主题展馆”，将校园打造成为思政教育大课堂。江苏海事职业技术学院按照“人本化、席位制、扁平式”理念建立“三全育人”的内部质量保证体系。河北工业职业技术学院、安徽医学高等专科学校护理学部、南京信息职业技术学院士官学院、江苏农牧科技职业学院动物医学院入选教育部“三全育人”综合改革试点高校和试点院（系）。

（五）思政教育工作队伍能力素质明显提升

各地高职院校越来越重视辅导员队伍、心理健康教育队伍建设，在促进两支队伍专业化、职业化发展和提升思想政治教育质量上持续发力，建设成效显著。

1. 队伍质量明显提高 各地、各高职院校积极落实教育部《高等学校辅导员职业能力标准（暂行）》《普通高等学校辅导员队伍建设规定》《普通高等学校学生心理健康教育工作基本建设标准（试行）》和《高等学校学生心理健康教育指导纲要》，切实加大两支队伍人员配备和素质提升力度。2016 年到 2018 年，高职院校专职辅导员从 34 100 余人增加到 38 600 余人，增幅 13%；任务承接省份中，师生比达到 1∶200 要求的院校从 2016 年的 480 所上升为 2018 年的 560 所。2018 年，全国高职院校专职辅导员有中级职称 10 730 人、高级职称 2 560 人，相对 2016 年增幅分别约为 16% 和 23%，具有博士学历学位的专职辅导员数量也稳步提升。

2016—2018 年，全国高职院校专职心理咨询师从 3 570 余人上升到约 4 110 人，增幅为 15%。专职心理咨询师的职称和学历学位都有提高，2016 年专职心理咨询师中，高级职称和硕士以上学位分别为 1 472 人和 418 人，2018 年分别为 1 729 人和 461 人，增幅分别约为 17% 和 10%。2018 年，全国承接《行动计划》相关任务的高职院校，专兼职心理咨询教师共 8 649 人，其中专职 2 015 人，兼职 6 634 人，获得心理咨询师资格证书的达 8 151 人。

2. 开展工作卓有成效　各地高职院校通过完善制度、加强培训等切实举措推动两支队伍专业化、职业化发展。陕西出台《辅导员培训制度》《辅导员绩效考核办法》《辅导员队伍建设实施细则》等，开展名辅导员工作室建设，从制度上保障辅导员队伍建设。浙江制订辅导员培训和研修计划，举办辅导员职业能力大赛，开展“学习宣传贯彻党的十九大精神——浙江省高校优秀辅导员‘校园巡讲’和‘网络巡礼’活动”。湖南印发《关于进一步加强普通高校辅导员队伍建设的实施意见》，开展高职院校省级辅导员年度人物推荐评选活动，促进辅导员队伍人才形成梯队、骨干形成团队、带头人形成核心。2016—2018 年，全国高职院校在全国性辅导员大赛中共获得国家级奖项 216 个，省级奖项 2 000 多个。

各地高职院校切实加强学生心理健康教育，积极塑造心理活动品牌。2016 年到 2018 年，各承接单位将心理健康课程纳入人才培养方案的院校从 709 所增加到 759 所。天津、福建、湖南、四川等省份高职院校全部将心理健康课程纳入人才培养方案，实现大学生心理健康知识教育全覆盖。推广使用《中国大学生心理健康筛查量表》和“中国大学生心理健康测评系统”，加强心理健康普查，建立心理健康档案，开展心理咨询服务，2018 年师生接受心理咨询的人次比 2017 年上升 13%。常态开展心理健康讲座、“3.20 心理健康周”“5.25 心理健康月”等活动。

（六）思政教育工作长效机制更加完善

各地高职院校认真执行《全国大学生思想政治教育工作测评体系（试行）》（以下简称《测评体系》），切实提高了大学生思想政治教育的科学化、规范化水平，大大促进了思想政治教育质量提升。

1. 落实测评扎实有效　2016—2018 年，承接单位对接“全面推进《测评体系》”任务，以《测评体系》为标准，认真做好测评工作，坚持问题导向，组织开展检查督导，及时发现工作中的问题，努力补足短板。到 2018 年底，各承接单位基本实现了测评工作全覆盖。2016 年，承接单位共有 407 所院校进行了测评，2018 年开展测评的院校数上升到 534 所，增幅 31.2%。其中，2016 年 A 类 264 所，到 2018 年，A 类上升到 379 所，增幅为 43.6%；2016 年 C、D 类共 26 所，占本年测评院校的 6.4%，2018 年 C、D 类共 16 所，占本年测评院校不到 3.0%；兵团、安徽、江苏等测评院校 A 类占比 90% 以上。

2. 以评促建特色鲜明　各地高职院校在推进测评工作的同时，还在制度建设、政策保障、模式创新等方面下功夫，努力构建大学生思想政治教育长效机制。北京市从提高教师待遇和敬业精神入手，出台了《北京高校一线专职思政课教师教学岗位补贴发放管理办法（试行）》《关于印发建立健全市属高校师德建设长效机制实施意见的通知》等制度，组织开展师德先锋评选等活动。吉林从侧重培养思政教育青年教师入手，出台《深入实施“青马工程”扶持办法》，实行青马导师制度，对思政课教师开展“马工程”重点教材全员轮训。青海从各方联动入手，建立健全“班主任负责、领导联点、党员联系、教工参与、学生自律”的“五位一体”思政育人格局。

广东省从学校领导亲自抓入手，健全学生思想政治教育长效机制，推动高校落实意识形态工作责任制，完善高校书记、校长上第一堂思政课等工作机制。重庆市进一步加强对哲学社会科学研讨会、报告会、论坛等审批备案制度。西藏职业技术学院制定《关于加强和改进学风建设的实施细则》，成立学风建设委员会。新疆农业职业技术学院制定《思政课建设与马克思主义学院建设行动方案》《提高思政课教师待遇的实施意见》等落实测评体系的配套文件。

（七）校园和谐稳定护航高职教育新发展

各地高职院校从组织建设、技术防范、创新教育和制度建设等方面着手，在制度化、规范化、长效化上发力，平安校园、和谐校园工作成效显著，为新时代高职教育的新发展保驾护航。

1. 平安稳定护航发展　各地高职院校把安全稳定工作作为学校改革发展的大事要事，不断完善安全稳定工作机制。河北省印发《开展星级平安校园建设工作的意见》《关于改革高校安全稳定工作体制的指导意见》《关于印发〈河北省学校治安安全工作标准（试行）〉的通知》等文件。定期与政府各有关部门进行信息沟通、设立人防物防技防人员及设施配备、制订校园消防、食品、交通等安全管理措施、制定突发事件应急预案、建立网络舆情预警和防控机制、建立平安校园信息员队伍的院校实现全覆盖。四川省坚持“夯基础、抓教育、治隐患、强应急、保平安”的工作思路，不断推进高等职业学院安全工作的科学化、制度化、规范化。福建省印发《关于深入开展“平安校园”等级创建活动的实施意见》，深入推进平安校园创建工作。广西高职院校联合自治区安全厅开展《国家安全法》知识在线竞赛，会同自治区银监局联合开展校园网贷风险防范工作调研和专题宣传教育，建立全区高校舆情信息工作机制，全年编发 11 期《广西高校舆情》。

2. 文明和谐助力发展　江苏省制定《江苏省深入开展文明校园创建活动实施方案》，27 所高职院校获“江苏省文明校园”荣誉称号。湖南省立项建设高职院校省级“平安校园”10 所、文明单位 6 所、文明标兵单位 2 所，3 所高职院校被推荐为“创建全国文明校园先进学校”。福建省印发《福建省高校文明校园测评细则》，20 所高职院校入围福建省第一届省级文明校园。重庆市出台了《关于加强高校宣传舆论阵地管理的规定》，牢牢掌握意识形态工作的领导权、管理权、话语权，维护校园和谐稳定。宁波职业技术学院被浙江省教育厅推荐为第一届全国文明校园评选单位，上线“宁职院文明网”，微信平台主菜单设立“随拍文明”“随拍不文明”栏目。浙江工商职业技术学院出台《关于加强意识形态工作的实施意见》，运用“中青华云舆情数据服务”，有效建立网络舆情预警和防控机制。

二、促进职业技能培养与职业精神养成相融合

全国高职院校认真学习贯彻习近平总书记关于“努力培养数以亿计的高素质劳动者和技术技能人才”的指示精神、全国劳模表彰大会重要讲话精神和李克强总理关于推进职业教育现代化座谈会重要批示精神，着眼高素质技术技能型人才培养的目标定位和人才培养质量提升，在加强职业技能培养的同时，以推进文化育人为引领，以职业精神培育为重点，着力打造文化校园，注重坚守专业精神、职业精神和工匠精神，努力为学生职业生涯可持续发展奠基。

（一）任务（项目）执行情况

《行动计划》“促进职业技能培养与职业精神养成相融合”包含 RW–63、RW–64、RW–65 三项任务。承接“落实《高等学校体育工作基本标准》”（编号：RW–63）的省份有 29 个。承接“加强文化素质教育；加强校园文化建设；支持学生社团活动”（编号：RW–64）的省份 28 个。承接“促进职业技能培养与职业精神养成相融合”的省份（编号：RW–65）27 个。各省份执行进程虽略有不同，但到 2018 年收官之年全部执行了承接任务，3 年执行率为 100%（表 7–2–1）。

表 7–2–1 “促进职业技能培养与职业精神养成相融合”承接和实际执行情况

任务	承接省份数量	2016 年执行省份数量	2017 年执行省份数量	2018 年执行省份数量	执行率
RW–63	29	27	27	29	100%
RW–64	28	25	27	28	100%
RW–65	27	23	26	27	100%
XM–22	国家有关部门、相关行业组织实施				

（二）文化育人浸润学生职业品性

各地高职院校聚焦立德树人根本任务，不断优化文化育人顶层设计并抓好落实，将文化育人工作落细落小落实，滋养学生心灵、涵育学生品行、引领社会风尚等功能更加凸显。

1. 顶层设计落地落实　各地高职院校积极推进产业文化进教育、企业文化进校园、职业文化进课堂，实施优秀传统文化传承工程、职业精神、职业素养引领提升工程，开设人文素养类课程，开展红色文化体验，建立研究传播机构，文化育人工作呈现百花竞放、百舸争流局面。

浙江省高职院校重视文化育人顶层设计和理念创新并抓好落实。杭州职业技术学院完善文化育人顶层设计，把文化育人落脚到学生素养、职业素养、公民素养的培养上，在学生中大力开展“五个文明”教育、职业素养教育和公民素养教育，构建了“三位一体”的

综合素养教育体系。宁波职业技术学院“精于工、匠于心、品于行、塑于表”“四位一体”的特色工匠文化学堂。浙江纺织服装职业技术学院以红帮文化为核心的现代工匠精神，浙江机电职业技术学院建立浙江工匠培训学院，金华职业技术学院提炼不同专业的专业精神内核并有机嵌入教学过程等，都颇具校本特色。

江西省以“弘扬井冈山精神铸魂育人”为主线，围绕“传承红色基因”和“发扬井冈山精神”，培育和践行社会主义核心价值观，初步形成了井冈山精神融入高职思想政治工作的格局。西安航空职业技术学院定期组织思政课教师、辅导员、学生骨干到习仲勋纪念馆、陕甘边革命根据地照金念馆、西安八路军办事处等地开展实践教学，构建了关中红色文化融入高职思政课的实践教学格局。遵义职业技术学院以遵义会议和红军长征精神为主体开展红色文化、长征文化教育，为学生补精神之钙，铸信念之魂，强信念之基。黄冈职业技术学院组织学生开展听长征报告、学长征历史，看长征影视、憾学生心灵，走长征之路、寻红色足迹，讲长征故事、抒爱党情怀，演长征话剧、悟长征精神，践长征精神、促成人成才等系列活动，引导学生传承长征精神，坚定学生理想信念，陶冶学生道德情操。

2. 载体平台功能凸显

湖南省牵头成立全国职业院校职业素养培育联盟，《“芙蓉工匠”新生代职业素养培养研究》获国家职业教育教学成果一等奖，教育部官网以《湖南“芙蓉工匠”新生代职业素养培养效果显著》推介了湖南高职院校加强学生职业精神培养的经验做法。

山东省成立职业院校文化素质教学指导委员会，突出学生文化素质、科学素养、综合职业能力和可持续发展能力培养，系统化设计融职业精神、职业能力和综合素质于一体的培养体系，组织全省高职院校举办“齐鲁工匠进校园”活动和山东省职业院校“弘扬工匠精神，提升学生职业素养”经验交流会。

河北政法职业学院连续十年举办师生同台“中华经典诵读”大赛，邢台职业技术学院打造以军队文化、企业文化、郭守敬文化为主要内容的“邢职文化”品牌。石家庄邮电职业技术学院创新举办以“聚青春力量、育工匠精神、促技能提升、铸基层建功”为主题的职业技能文化节。

安徽省高职院校大力弘扬优秀传统文化。实施中华优秀传统文化传承工程，充分挖掘和阐发老庄文化、桐城派文化、徽文化、新安理学的时代价值，推动融入教育教学，组织开展文化大讲堂、礼敬中华优秀传统文化、徽风皖韵进校园、廉政文化作品展、传统文化专家和非物质文化遗产传承人等进校园进课堂活动，推出一批展现徽风皖韵、彰显安徽地域特色的优秀传统文化在线开放课程。

杭州职业技术学院开展文化素养教育理论与实践研究，出版《文化梯度育人实践》《学生职业素养教程》《党的“结合点”建设案例选》《美丽杭职》等9册文化育人系列丛书，将学校文化育人和职业素养教育的理念、措施有机融合到课程教学中。优化的顶层设计、浓厚的文化氛围、落地的实践举措，确保了高职院校文化育人工作的成效，对于增强学生的文化自觉、文化自信，促进学生成长成才，发挥了重要的引领作用。

西安航空职业技术学院在 60 年的跟进服务国家航空事业、厚积航空报国精神的军工文化传统的基础上，借鉴产业界成功实施的 CIS 战略（corporate indentity system，企业识别系统）的理论和方法，经过项目研究设计、深入推广实施、深化提炼提升三个阶段，从理念（MI）、行为（BI）、视觉（VI）三个维度，在校园精神文化、制度文化、物态文化三个层面，系统构建与实施了立德树人、以文化人的文化育人体系，为培养具有现代产业素养的技术技能人才注入新元素，促进以“航空报国、追求卓越”的航空文化和体现大学精神的校园文化互融共通，促进航空产业与高职教育在文化上的对接融合，探索出一条具有航空特色、体现家国情怀、传承工匠精神的高职教育文化发展的新路子，为国家航空事业、国防军队建设培养了大批“下得去、用得上、留得住、干得好”的高素质技术技能人才。该成果获第一届全国航空工业职业教育教学指导委员会教学成果奖特等奖。

（三）实践育人升华学生职业精神

各地高职院校认真落实教育部等《关于进一步加强高校实践育人工作的若干意见》，把社会实践活动与课堂教学摆在同等重要的位置，引导学生在深入实践中锻炼本领，增长才干，升华职业精神。

1. 长效机制逐步健全　系统设计实践育人教育教学体系，强化实训教学，抓实实习环节，引导学生走出课堂、走出校园，走农村、进企业、入社区，向实践学习、向工农群众学习。

江苏省积极构建暑期实践、志愿服务、技能大赛、创意设计等于一体的实践育人模式，引导学生将专业知识和创新创业、服务社会有机融合，全面提升职业素养；明确提出“四覆盖、四促进”的技能大赛要求，建立“班赛—校赛—省赛—国赛—世赛”层层选拔的技能大赛机制，将技能大赛项目要求融入专业人才培养体系，持续开展亮点纷呈的技能大赛活动，设有 12 个专业大类 39 个比赛项目，每年 3 000 余名学生参加竞赛。学生在参赛中锻炼能力，增长才干，了解行业发展的新技术、新工艺、新趋势，在实践中升华职业精神，增强自我价值感和职业发展自信。

山东省高职院校大力开展职业教育活动周等集职业体验、成果展示、产教融合、志愿服务等为一体的实践体验活动，三年来共举办体验活动 2 500 余项。将职业技能大赛融入高职教育教学过程，2016 年以来，山东省选手在全国职业技能大赛中获奖数量持续增加，2017 年，山东省选手参加全国高职学生技能大赛共获奖项 344 项，其中一等奖 121 项，2018 年获得年全国职业院校技能大赛“突出贡献奖”，获奖总数居全国第一位，金牌数量居全国第二。

湖南省开展“心系湖湘大地，情牵脱贫攻坚”主题实践活动。全省共有 59 所高职院校组织近 6 000 名师生跋山涉水、走家串户，历时 15 天，为全省 4 924 个贫困村完善了精准扶贫档案和脱贫攻坚作战图，既推动了全省的精准帮扶工作，又培养了学生热爱家乡、奉献社会的职业精神和道德素养。

2. 职业文化全面融入

江苏财经职业技术学院全力打造校内文化场馆，精心培育学校核心价值，深入推进文化育人实践。弘扬伟人文化，建设翔宇广场、周恩来文化馆、总理灯箱大道，将恩来精神传承贯穿学生思想政治教育；传承地方文化，打造“淮安商业文化馆”和“淮安地方文化长廊”，将“睿智包容，义利兼顾”的淮商文化融入学生道德文化教育；凸显专业文化，建设货币文化馆、会计文化展示厅、物流文化馆、粮食文化长廊等10余个场馆，二级学院（部）均形成了包含院训、院徽、院旗、院歌为内容的专业精神文化标识系统，着力培育学生“知产业、懂企业、精专业、敬事业”的职业素养；注重廉洁文化，建成清风苑、清风亭、廉洁墙，教育学生“讲诚信、知廉洁，重操守”。

河北政法职业学院连续十年举办师生同台参与的“中华经典诵读”大赛，建立了中华传统文化实践基地，积极组织学生开展法律教育实践活动，聘请河北省人民检察院检察官、法院庭长进课堂，为学生讲述实务中的法理应用，邀请河北世纪方舟律师事务所律师进行“攻防之道”法律实务讲座，邀请马来西亚瑞吉律师事务所合伙人开展“马来西亚法院体系”和“东盟法律业务的拓展与操作”讲座。芜湖职业技术学院在“弘扬非遗文化，锻造工匠精神”理念下，不断深化产教融合、校企合作，与国家级工艺师——芜湖铁画传承人建立“储金霞大师工作室”，结合芜湖铁画地方特色发展具有地方特色的学科专业，培养学生专心致志的敬业精神、尊师重道的职业精神、精益求精的品质精神、敢于实践的创新精神、精诚协作的团队精神，着重培养学生的工匠精神，在产学研一体化中，实现科教兴国、人才强国发展战略的主要策略。铁画作品《立德树人》作为巡展作品在清华大学举行的首届全国高校思政课学生艺术作品巡展开幕式上展出。

（四）社团育人涵养学生职业素养

各地高职院校学生社团数量、学生参与社团活动人数、社团活动经费投入实现大幅度增长，社团活动更加丰富多彩，各类社团的育人平台作用更加突出。

1. 社团建设更加有力　各地高职院校结合专业特点，开展主题鲜明、健康有益的理论研习类、学术科技类、文化艺术类、职业技能类、社会实践类、体育竞技类、志愿服务类等社团活动。截至2018年年底，黑龙江省高职院校共有学生社团1 035个，参加社团活动学生达到5.08万人次，社团活动专项经费9 983万元；河北省高职院校共有学生社团2 332个，参加社团的学生有186 430人次，社团活动专项经费743.073 1万元；甘肃省高职院校共有学生社团498个，参加社团活动学生34 904人次，社团活动专项经费数127.58万元。重庆市切实加大社团活动经费投入，全市高职院校现有学生社团949个，依其性质分为公益实践类、文化艺术类、体育爱好类、学术科技类、政治理论类共五大类，学校社团活动专项经费高达1 341万元，参加社团学生20万人次，校园文化建设成果省级以上奖励890项。倾力打造“一元主导、多元交融”的校园文化，同时以社团文化节的举办为契机，让更多学生参与到丰富多彩的社团活动来。湖北省高职院校积极打造“社团文化节”“社团嘉年华”等社团活动平台，引导学生成长成才，涌现了一批获得全国道德模范、全国五一劳动奖章、中国青年五四奖章、践行工匠精神先进个人等国家级荣誉的学生典型。江苏高度重视学生社团建设，全省高职院校拥有学生社团 5 247 个，涵盖志愿服务、体育运动、科技创新、环保公益、时尚艺术、传统文化等方面。湖南省高职院校学生社团 2 508 个，开展“礼敬中华优秀传统文化”“三下乡”“科普教育”“志愿者服务”等活动 18 993 场次。通过上述切切实实的举措，为发挥各类社团繁荣校园文化、推进素质教育、凝聚青年学生、促进学生成长成才的功能奠定了扎实基础。

2. 社团活动精彩纷呈　上海出版印刷高等专科学校探索社团的专业化运行模式，建立校内社团专用实训室，指导社团实行模拟公司化运行模式，辅以“学长制”形式实现不同年级“专业精神”的传承，确保三年教学过程中社团成员达到从“职业基本能力→单项技术能力→综合职业能力→岗位职业能力”的递进式培养目标，真正实现学生自我管理、自我教育、自我提高的世赛模式全面复制与推广。上海工商职业技术学院开展“六大周节，十大品牌”社团文化活动，“六大周节”即“校园文化节”“体育文化节”“外语文化节”“创新创意科技节”“社团巡礼节”“大学生艺术节”，“十大品牌”即校园好声音、金话筒、微电影、Logo 设计大赛、书画摄影大赛、各种球类比赛、辩论赛、职业规划大赛、中国梦•职业梦演讲赛、创业大赛。扬州工业职业技术学院依托扬州八怪艺术实践基地，设立诗词、绘画、书法、篆刻四个大师工作室，采用学徒制模式将“诗、书、画、印”四种艺术技法传承实践，促进艺术类学生职业素养的形成。武汉职业技术学院创立楚风汉韵汉服社团，通过诵国殇、沐兰汤、点雄黄、射艺、斗百草、射五毒、编五彩、行酒令等方式，让参与者在快乐中轻松感受传统文化的魅力，提高广大学生文化素养和道德素质。黄河水利职业技术学院 CAD 协会以学生素质培养、技能提升为目标，开展技能培训、现代成图技术交流，在全国大学生制图大赛与河南省大学生制图大赛中均取得了优异成绩，荣获全国大学生“高教杯”先进成图技术与产品信息建模创新大赛水利类“九连冠”，荣获河南省大学生“高教杯”先进成图技术与产品信息建模创新大赛建筑类“八连冠”。南通航运职业技术学院现有各类社团 72 个，覆盖各专业学生，社团教育与服务功能日益突出，有力促进学生全面发展，启航杂志社团在“江苏省移动嘉年华”2017 年江苏省大学生《青年之声•助力梦想启航》晚会中贡献突出，被评为优秀组织奖；舞蹈社团在南通市第二届大学生才艺大赛中荣获特等奖以及在江苏省第五届大学生艺术展演舞蹈大赛荣获特等奖；航海系国旗护卫队社团，在全国大中专学生最具影响力评选活动，被评为“全国大中专学生最具影响力体育社团”；龙舟社团在南通市濠河国际龙舟邀请赛勇夺“500 米直道竞速赛”和“5 公里绕圈计时追逐赛”双第一，实现四连冠。

（五）体育育人历练学生职业品格

各地高职院校牢固树立健康第一思想，高度重视体育运动在培养学生团队合作意识、坚强意志品质等方面的重要作用，切实加大《高等学校体育工作基本标准》落实力度，促进了学校体育运动发展和学生体质健康水平提升。

1. 体育教育更加规范　四川省依据《高等学校体育工作基本标准》，出台《四川省高等职业教育学校贯彻落实教育部〈高等学校体育工作基本标准〉实施意见》和《检查指标体系》，改善高职院校体育办学条件，切实加强体育教育教学管理。河南制定一系列关于加强“学校阳光体育活动”和大力开展具有河南省大学特色的“华光”体育活动有关文件，广泛开展“阳光”体育活动，确保大学生每天一小时课外体育活动。浙江建立和完善《国家学生体质健康标准》测试结果记录体系，建立《国家学生体质健康标准》通报制度，定期通报《国家学生体质健康标准》的实施情况和测试结果；制定高职院校年度体育竞赛计划，组织高职院校开展各类体育竞技比赛，严格实行领队教练员联席会议领队缺席则体育道德风尚奖“一票否决制”，体育竞技比赛更加制度化、规范化。四川工程职业技术学院先后获2016—2017赛季全国高职高专院校足球联赛男子组总决赛亚军，2017—2018赛季男子组全国总冠军。

2. 标准指标基本落实　浙江、河北、广东、四川、河南、上海、甘肃等地切实加强对学校体育工作的领导，在落实《高等学校体育工作基本标准》《国家学生体质健康标准（2014年修订）》等方面走在了全国高职院校前列。浙江省高职院校设置体育工作专门机构、制定阳光体育运动方案、体育必修课总学时不少于108学时、将体质测试成绩作为毕业条件的院校均46所，占比均为95.83%；将课外体育活动纳入人才培养方案的院校40所，占比83.33%。河北省高职院校设立专门的体育工作机构、制定阳光体育运动方案的院校57所，占比均为95%；体育必修课总学时不少于108学时、将体质测试成绩作为毕业条件的院校47所，占比78.33%；将课外体育活动纳入人才培养方案的院校有52所，占比86.67%。

第八章　项目管理评价

为面向“十三五”布局高等职业教育改革任务，引导和推动高职院校制定和执行好“十三五”规划，继国家示范性高等职业院校建设计划、高等职业教育专业教学资源库建设项目之后，《行动计划》是教育部研究出台的首个专门针对高职教育的规划改革发展指导文件。《行动计划》是以提升高等职业教育发展质量为主线，其既是“十三五”高职教育改革发展的主攻目标和时间表、路线图，也是推动高等职业教育创新发展的行动指南。

回顾三年行动计划实施历程，从项目设计到全面推进，从具体实施到成果认定，“地方统筹、院校选择、过程监控、考核认定”已成为贯穿项目管理始终的主线。在教育部职业教育与成人教育司主导下，引入第三方专家和专业团队对各省行动方案实行事前充分论证、事中监控指导、事后考核认定的全过程监控和管理，并建立起政行联合监督、地方统筹监管和项目院校自我监测的三级监控考核体系，成为保障三年创新发展行动计划取得成效的创新亮点。同时依托《行动计划》，优质校建设、骨干专业建设、现代学徒制、教学诊断与改进等一系列职业教育改革重点项目也次第推出，《行动计划》与相关项目相辅相成，共同成为中国特色高水平高等职业学校和专业建设计划开启的重要铺垫和依据。

《行动计划》项目管理创新是对职业教育改革项目形式的又一重大贡献，其探索出的“教育部规划管理、省级统筹保障、院校自主实施”的高等职业教育治理新模式，既是顺应政府职能“放、管、服”转变、国家财税体制预算绩效管理改革要求、创新高职教育治理方式的新尝试，也是扩大高职院校办学自主权和激发办学活力、积累基层创新经验的重要举措，在建设过程中探索出的改革举措和创新理念在全国各地有效推广，实践探索转化为惠及高职战线发展的新一轮制度供给。《行动计划》发挥社会资源举全域之力参与办学，实现人才共育共享，是壮大职业教育发展格局、促进教育均衡发展的重要规律。

一、任务（项目）依据

（一）政策依据

《行动计划》作为2014年《国务院关于加快发展现代职业教育的决定》（简称《决定》）的配套文件和对全国人大职教法执法检查的积极回应，重在落实《决定》和教育部等六部门联合印发的《现代职业教育体系建设规划（2014—2020年）》（简称《体系规划》），以2010年以来教育部已经出台和即将出台的涉及高等职业教育内容的重要文件为基础，在任务设计中贯彻创新发展的要求，努力描绘一幅完整的高等职业教育发展路线图。

1.《教育部等六部门关于印发〈现代职业教育体系建设规划（2014—2020年）〉的通知》（教发〔2014〕6号）“2020年，基本建成中国特色现代职业教育体系。现代职业教育理念深入人心，行业企业和职业院校同推进的技术技能积累创新机制基本形成，职业教育体系的层次、结构更加科学，院校布局和专业设置适应经济社会需求，现代职业教育的基本制度、运行机制、重大政策更加完善，社会力量广泛参与，建成一批高水平职业院校，各类职业人才培养水平大幅提升”“发挥政府在职业教育体系建设中的引导、规范和督导作用，深化重要领域和关键环节的改革。中央政府加强职业教育体系的顶层设计，完善体系建设、管理、运行的法律法规和基本制度。扩大省级政府统筹权，鼓励各地根据区域经济社会发展需要，探索体系建设模式，推动职业教育多样化、多形式发展”“充分发挥市场在资源配置中的决定性作用，扩大职业院校办学自主权，推动学校面向社会需求办学，增强职业教育体系适应市场经济的能力。充分调动社会力量，吸引更多资源向职业教育汇聚，促进政府办学、企业办学和社会办学共同发展。进一步发挥行业、企业、学校和社会各方面的积极作用，激发职业教育办学活力，最大限度释放改革红利”。

2.《国务院关于加快发展现代职业教育的决定》（国发〔2014〕19号）“到2020年，形成适应发展需求、产教深度融合、中职高职衔接、职普相互沟通，体现终身教育理念，具有中国特色、世界水平的现代职业教育体系”“健全‘分级管理、地方为主、政府统筹、社会参与’的管理体制，完善‘政府主导、行业指导、企业参与’的办学机制”。

3.《关于进一步落实和扩大高校办学自主权完善高校内部治理结构的意见》（教改办〔2014〕2号）“以构建政府、高校、社会新型关系为导向，积极简政放权，加快转变政府职能，进一步明确政府高等教育的管理职责和权限，进一步明确高校的办学权利和义务，更好地落实高校的办学主体地位，更好地发挥社会的支持和监督作用，加快完善中国特色现代大学制度，加快推进高等教育治理体系和治理能力现代化，形成政府宏观管理、学校依法自主办学、社会广泛参与支持的格局，促进高校办出特色、争创一流”。

4.《教育部关于深化职业教育教学改革全面提高人才培养质量的若干意见》（教职成〔2015〕6号）“适应经济发展新常态和技术技能人才成长成才需要，完善产教融合、协同育人机制，创新人才培养模式，构建教学标准体系，健全教学质量管理和保障制度，以增强学生就业创业能力为核心，加强思想道德、人文素养教育和技术技能培养，全面提高人才培养质量”。

（二）内容依据

《行动计划》是《决定》的配套文件、落地文件，重点在于政策的可执行、可监测、可评价，按照今后一个时期教育部发展高职教育的工作思路进行内容安排，具体表现在《行动计划》最核心的5个内容，按照教育部推进高职教育下一步改革发展的5个方向和各自目标展开：

扩大优质教育资源，以专业建设为核心，提高优质资源的覆盖面，提高省域内高职教育发展的协调性。增强高职院校办学活力，尊重和激发基层的首创精神，提高院校对市场的适应能力和自主发展能力。加强技术技能积累，培养杰出人才和加强教师队伍建设，提高高职院校技术服务的附加值。完善质量保障机制，形成教育内部保证和教育外部评价协调配套的共同质量保障局面。提升思想政治教育质量，落实李克强总理关于“把提高职业技能和培养职业精神高度融合”的要求，培养合格的社会主义事业接班人。

同时为进一步明确主攻方向，突出建设重心，特别强调五个方面的重点落实内容。①

一是更加强调发展质量，提出“发展质量持续提升”的系统质量、大质量的概念。重点安排了构建结构完整、运行顺畅的现代职教体系、支持建设一批优质学校、提升专业办学质量优化区域内专业结构、促进区域高职教育协调发展、强化服务国家战略的意识和能力五个方面内容。

二是更加强调综合改革，保证教育领域各项改革方向一致，相互配合产生叠加效应。重点安排了推进分类考试招生改革、推动建立学分积累转换制度、推动高职教育更好地“走出去”、重视和推动应用技术研发、重视学生的人文素养和职业精神培育五个方面内容。

三是更加强调创新发展，激发改革活力，发挥基层首创作用。重点安排了丰富集团化办学的实现形式、鼓励开展现代学徒制培养、推动具有混合所有制特征的办学实践、深化高职院校创新创业教育改革、推进职业教育信息化五个方面内容。

四是更加强调保障体系，包括制度、标准、措施等全方位保障而不限于教学质量保障。重点安排了保障专兼职教师队伍质量、有质量地落实高职生均经费政策、明确院校治理的途径和要求、提高高职质量年度报告的质量、建立高职教学工作诊断与改进制度五个方面内容。

五是更加强调省级统筹，贯彻落实职业教育“在国务院领导下，分级管理、地方为主、政府统筹、社会参与”的管理体制和《规划纲要》关于“加强省级政府教育统筹”的规定。重点安排了增强省级统筹能力和责任、落实《行动计划》工作以省为主两个方面内容。

二、任务（项目）设计

《行动计划》以“高等职业教育整体实力显著增强，人才培养的结构更加合理、质量持续提高”为主要目标，坚持“政府推动与引导社会力量参与相结合、顶层设计与支持地方先行先试相结合、扶优扶强与提升整体保障水平相结合、教学改革与提升院校治理能力相结合”为基本原则，注重问题导向，直面发展难题，总结各地实践经验，将难以量化执行的归类为任务，将可以量化执行的细化为项目，共发布了65项任务和22个项目，分解到不同部门、地方政府、行业协会、行指委和高职院校，明确了各方的职责和时限要求，旨

① 林宇.准确把握和落实高等职业教育创新发展行动计划[J].中国职业技术教育,2016年4期.

在从整体上提升高职教育发展质量。

为保障各项任务（项目）有序推动落地，《行动计划》精心设计驱动链条，创新推进机制。建立以中央引导为方向、地方统筹为主干、院校治理为基础的“国家级—省级—校级”三级推进机制，既强化目标达成质量，也特别强调布点广度、创新力度和参与深度。在国家层面，按照“进一步强化管理监督”“做好事中监督管理”要求，搭建《行动计划》管理平台强化过程监控，建立年度绩效评价机制，发布绩效报告，督促各地推进落实，确保建设进度和实效；在省级层面，建立“竞争择优、动态管理”的管理机制，加强省级统筹和监督；在院校层面，采用“项目招标－签订合同”的任务（项目）承接方式，促使承接院校与地方政府形成“契约”关系，充分激活院校参与的积极性，推动任务（项目）落地到学校。通过“竞争机制有效、微观主体有活力、宏观调控有度”的总体设计，为新时代高等职业教育多元主体治理体系建设发展指明新方向。①

（一）顶层规划带动，以任务催化创新发展

《行动计划》启动之际，恰逢各地编制“十三五”规划之时，国家层面设计了量化的改革任务(项目)，鼓励各地（行指委）主动对接国家战略和区域经济发展，将《行动计划》作为制定“十三五”规划的行动指南，推进《行动计划》与“十三五”规划相融合。在执行内容方面，地方以加快发展现代职业教育体系为出发点，主动对接新时期区域经济发展和产业转型升级对职业教育的需求，院校将各项任务（项目）有效融入学校发展规划，形成校本创新发展方案，《行动计划》已成为推动区域高等职业教育发展的重要载体。在实施形式方面，32个省份（含兵团）全部制定了省级实施方案并提交教育部备案，其中广东、湖南、浙江等省份研制了一流校、卓越校、优质校等专项建设方案，河北省制定项目实施管理办法，并启动了第二轮的创新发展行动计划。通过顶层设计将宏观政策具体化为“任务仓”和“项目库”，鼓励各地各校采用自选“套餐”的形式参与《行动计划》，这一方式极大地释放了高等职业教育改革活力，有力推动了新时代高等职业教育的新一轮创新发展。

（二）契约公示管理，以平台强化主体意识

《行动计划》所列任务（项目）由各地（行指委）根据实际条件和发展需要，自主提出承担意愿、自行落实保障措施，凡教育部同意安排的任务（项目）每年都须在规定的时间、按照《行动计划》管理平台的要求报告进度，形成基于双方自愿的契约管理关系。通过平台化实时监管、层层审核、年年评价，使各单位提交的《行动计划》实施方案，切实成为激发活力的“责任书”。同时每年公示完成进度，以文件通报的形式对社会公开，并分送各省教育主管部门和相关行指委。通过在全国高职高专校长联席会等大会现场解读等形式，通过媒体宣传，不断扩大《行动计划》的社会影响力。以上管理形式有效强化了地方

① 任占营.新时代高职院校强化内涵建设的关键问题探析[J].中国职业技术教育,2018年19期.

政府与高职院校的主体责任和契约意识，提高其资源整合与管理能力。有效促进高职院校由“等政策、要经费”转为“抢政策、筹经费”，重置了竞争机制、协同机制和信任机制，引导其从被动到主动、由消极到积极地投入高职创新发展大潮中。

（三）引导统筹并举，以绩效优化治理水平

《行动计划》特别强调地方和行指委引导统筹作用，要求建立多部门组成的协同推进机制，共同研究解决承接任务（项目）落实中遇到的困难和问题，推进承接任务（项目）落实。通过建立并不断完善管理制度、监督制度、协调工作机制，促进高等职业教育整体发展，加快推进现代职业教育体系构建；协调好发改、财政等部门的关系，按照不低于承诺资金的省级专项经费进行投入，引导高职院校配套经费，鼓励行业企业积极投入经费，确保承接任务（项目）落实；承担督促落实责任，加强督促检查，全程跟踪问效，及时解决问题，确保落实成效。教育部对照实施方案检验承接地区和行指委执行绩效情况，以因素法给予拨款标准奖补和改革绩效奖，由地方统筹用于高职教育改革发展，从而让《行动计划》既是高职事业改革发展的路线图，也成为引导中央财政一般性转移支付下达到地方后资金投向的指南针。三年行动计划完成后，教育部根据各地完成数量、质量、带动发展等情况，分配推荐名额，予以认定。以上管理形式，提高了地方政府和高职院校的发展规划能力、创新发展能力和质量改进能力。促进高职院校主动修正办学定位和调整人才培育方向，积极融入区域经济和产业发展。高职院校的办学水平和管理能力在任务（项目）建设的主动需求、自我治理中得到明显增强。

三、任务（项目）实施

（一）任务（项目）申报

教育部明确改革发展任务，引导各地和行指委结合自身需要，正确认识、积极承担相关任务、参与相关项目，并与各地方及各部门沟通协调，部署启动各地和行指委的任务项目确认工作，研制相关实施方案，安排相应支持经费；同时汇总整理各地申请承担的任务及量化指标、统筹梳理各地自主申请的项目及建设方案予以发布；各地（行指委）根据实际条件和情况自主提出承担意愿、自行落实保障措施，在此基础上编制总体落实方案，纳入教育部统一管理后实施。

如各省遴选优质校建设就充分结合了省情需要，开展了多种形式建设（表 8–3–1）。第一种是将优质校建设项目作为本省高职教育质量提升专项进行遴选确认，如湖南是“卓越高职”、广东是“一流院校”、辽宁是“高水平现代化高职院校”；第二种是将优质校同骨干专业（高水平特色专业群）等项目共同遴选确认，如北京市优质校与特色高水平骨干专业（群）和实训基地一同遴选申报，辽宁省优质校与高水平特色专业群一并遴选；第三种是将

优质校申报同全省行动计划所有任务（项目）申报、评审、确认放在一起，如河北、陕西等省份。优质校项目建设呈现出“百花齐放”“百家争鸣”之势。

表 8-3-1　各省份优质校遴选形式与建设类型分类

序号	省份	遴选形式	类型
1	吉林	专项	现代职业教育示范校
2	黑龙江	专项	高水平高职院校
3	江苏	专项	高水平高等职业院校
4	浙江	专项	高职重点暨优质建设校
5	福建	专项	示范性现代职业院校
6	湖南	专项	卓越高等职业技术学院
7	广东	专项	一流高职院校
8	甘肃	专项	一流高职院校和优质高职院校
9	天津、山东、河南、重庆、四川、贵州、海南、云南、新疆、宁夏、青海	专项	优质高职院校
10	北京	与特色高水平骨干专业（群）和实训基地（工程师学院、技术技能大师工作室）一并遴选	特色高水平职业院校
11	辽宁	与高水平特色专业群一并遴选	高水平现代化高职院校
12	河北、陕西、江西、广西、山西、上海、安徽、湖北、内蒙古、兵团、西藏	同全省行动计划所有任务（项目）申报、评审放在一起	优质高职院校

（二）任务（项目）推进

借助全国高职高专校长联席会议（简称“校联会”）平台，每年召开建设推进会两次以上，以专题形式由专家、各地主管领导对项目建设进行指导和分享。借助校联会年会，发布《行动计划》年度绩效报告，设置成果展环节，为参建院校展示成果、做法、成绩、亮点，促进参建院校间的互相交流。教育部在中国高职高专教育网开设“高等职业教育创新发展行动计划（2015—2018年）”专栏，定期发布有关于《行动计划》的政策文件、专家解读、地方动态和典型案例（图 8-3-1）。

2018年5月31日至6月2日，全国高职高专校长联席会议在广东深圳召开了“高职创新发展行动计划实施工作暨骨干专业（群）建设研讨会”（图 8–3–2）。全国340余所高职院校，教育部，广东省教育厅、山东省教育厅、湖南省教育厅、浙江省教育厅等12个省级教育行政部门，人民政协报、中国教育报、中国青年报、中国职业技术教育杂志社、南方都市报、深圳卫视等中央和地方媒体，共计1 200余人参加了会议。会议总结了改革开放40年来职业教育的发展历程、主要成绩和基本经验，明确了职业教育落实党中央重大战略部署的主攻方向、顶层设计和系统安排，肯定了《行动计划》实施以来取得的成绩，并对《行动计划》收官工作进行了部署，鼓励高职院校聚焦内涵，奋发作为，推进新时代高等职业教育高质量发展。会议指出，2018 年是《行动计划》收官之年，2019 年将全面启动国家项目的认定工作，《行动计划》任务及项目的完成情况将作为中央财政改革绩效奖补、国家职业教育改革发展试验区和国家教育体制改革试点布局和验收的重要依据。要求各地要提高思想认识，主动作为，切实履行承诺，强化省级统筹，协调好发改、财政等部门的关系，形成合力，确保政策落地、经费到位、任务完成。要求高职院校要瞄准桩基项目，以优质高职院校、骨干专业、生产性实训基地等重点项目建设为“支柱”实施重点突破，以“双师型”教师队伍、优质教育资源等核心能力建设为“栋梁”建立横向支撑，从服务地方出发，整体提升办学实力和水平。

图 8-3-1　在中国高职高职教育网开设《行动计划》专栏

图 8-3-2　由全国高职高职校长联席会议举办的专题会议

（三）任务（项目）评价与认定

《行动计划》在启动之初就制定并公布详细评价指标，从干与不干（最终执行率）、干早干晚（每年执行率）、干多干少（比例值）、干好干坏（组织专家评出ABCDE等级）上区分，采取整体绩效（省级执行绩效）与单个项目执行绩效（项目执行绩效）相互叠加的方式得出分值，作为各省项目认定数量分配的主要依据，并综合考虑各地高职发展基础、经费投入、区域分布等情况，确定各地（行指委）推荐限额。

《行动计划》评价从两个层面进行：教育部对省级（行指委）执行情况检查评价；省级（行指委）对院校执行情况检查评价。两个层面的检查评价同步进行、互为补充。

1. 教育部对省级（行指委）执行情况检查评价　分三步实施，由各地省厅（行指委）、教育部共同完成。

一是省级（行指委）执行绩效报告，各省厅（行指委）梳理各学校上报数据，同时汇总省级层面的相关数据和政策，填写上报省级层面数据，撰写省级《行动计划》（2015—2018年）总体绩效报告、典型案例等材料，提供相应佐证材料，上报教育部。

二是教育部开展省级（行指委）绩效评价，教育部组织专家对省级（行指委）的《行动计划》执行情况进行评价。其中，对各省份办学基础条件增量、办学绩效、项目绩效三个方面进行综合评价。根据综合评价结果，对各省份绩效执行情况排序。

（1）办学基础条件增量：主要考虑院校数量、在校生规模等方面。数据来源：《行动计划》管理平台、高等职业院校人才培养工作状态数据采集与管理平台、高等职业教育质量年度报告等。

（2）省级办学总体绩效：主要参考省级生均拨款水平、国家级教学成果奖、国家级职业教育专业教学资源库、现代学徒制试点、全国职业院校技能大赛获奖等情况，以及财政部转移支付绩效情况。

（3）项目执行绩效情况：主要参考《行动计划》的任务（项目）执行率、布点率、经费到位情况以及各项目的绩效考核结果。数据来源：《行动计划》管理平台、高等职业院校人才培养工作状态数据采集与管理平台。

三是教育部分配各省项目认定名额，面向承接并启动任务（项目）的省份（行指委），教育部根据各省份执行绩效对上述优质校、骨干专业等7个项目进行分省、分项目配额，并印发文件，确定下发省级教育行政部门项目遴选核心指标。

2. 省级教育行政部门对院校执行情况检查评议　分为“院校执行绩效报告、省级（行指委）检查评价、省级项目遴选推荐、教育部发文确认”四个步骤，由各院校、省厅、教育部共同完成。

一是院校执行绩效报告，学校根据要求如实采集绩效数据，撰写行动计划（2015—2018年）绩效执行报告、典型案例等材料，提供相应佐证材料，通过绩效数据平台上报省级部门。

二是省级组织检查评议，省级教育行政部门组成专家组，通过听取汇报，查阅管理平台，依据绩效报告、绩效数据、典型案例等材料和院校项目管理情况，全面审核各校承接的任务（项目）建设质量、效果等情况，对各校《行动计划》执行情况进行检查评价，给出省级检查评议意见。

三是国家项目遴选推荐，参考教育部印发的项目遴选核心指标（不限于国家遴选指标）制定国家项目遴选工作方案，组织国家项目遴选推荐工作。根据省级检查评议结果，按照教育部配额，按序向教育部推荐项目单位并提交有关材料。

四是教育部确认发文，教育部组织专家，对各省厅推荐的国家项目遴选结论进行复核，复核查阅材料包括：省级项目遴选指标、省级项目评议意见；院校项目绩效数据、绩效执行总报告（含年度执行绩效报告）、典型案例。在复核基础上，根据各省（行指委）项目配额数，正式发文公布确认结果。

《行动计划》以优质学校、骨干专业、生产性实训基地等重点项目建设为“支柱”实施重点突破，以“双师型”教师队伍、优质教育资源等核心任务推进为“栋梁”建立横向支撑，其中“开展现代学徒制试点”等 4 个项目于 2016 年启动认定，“新建一批国家级职业教育专业教学资源库和国家精品在线开放课程”等 11 个项目正持续推进，“优质专科高等职业院校建设”等 7 个项目于 2019 年 6 月 14 日完成认定并公示。

四、任务（项目）经费

《行动计划》三年省级财政预估投入经费 205.90 亿元，实际投入 270.30 亿元（中央财政投入归入到省级财政中统计），是预估投入的 1.31 倍以上。有 21 个省份实际财政经费投入超过预估经费投入，其中辽宁实际财政投入达到预估投入 6.07 倍，吉林超过预估投入 4.49 倍、湖北超过预估投入 3.44 倍、超过预估投入 2 倍以上的有江苏、浙江、河北、黑龙江、内蒙古，超过预估投入数的还有青海、河南、湖南、上海、天津、宁夏、云南、甘肃、福建、广西、贵州。显示各省份对《行动计划》的重视情况（图 8–4–1）。

实际财政经费投入不足预估经费的省份有山东、陕西、重庆、北京、新疆、山西、四川、安徽、海南、江西、西藏、兵团 12 个省份，其中实际财政经费投入不足预估经费一半的有安徽、海南、江西、西藏、兵团 5 个省份。

《行动计划》有效促进了各地探索建立多渠道筹资机制，拉动省级财政对高等职业教育投入，如四川省通报三季度预算安排及预算执行情况，对该省各高职院校投入情况进行动态监控，湖北省制定《湖北省高等职业教育质量提升计划奖补资金管理暂行办法》，加强资金规范管理，提高资金使用效率等，有效保证了学校正常运转、保障基本教学条件、提升内涵建设水平、支撑院校综合改革。2017 年全国高职高专学校生均公共财政预算教育经费支出为 15 455.13 元[①]，有关“2017 年各地高职院校年生均财政拨款水平应当不低于 12 000 元”的政策要求已得到落实。

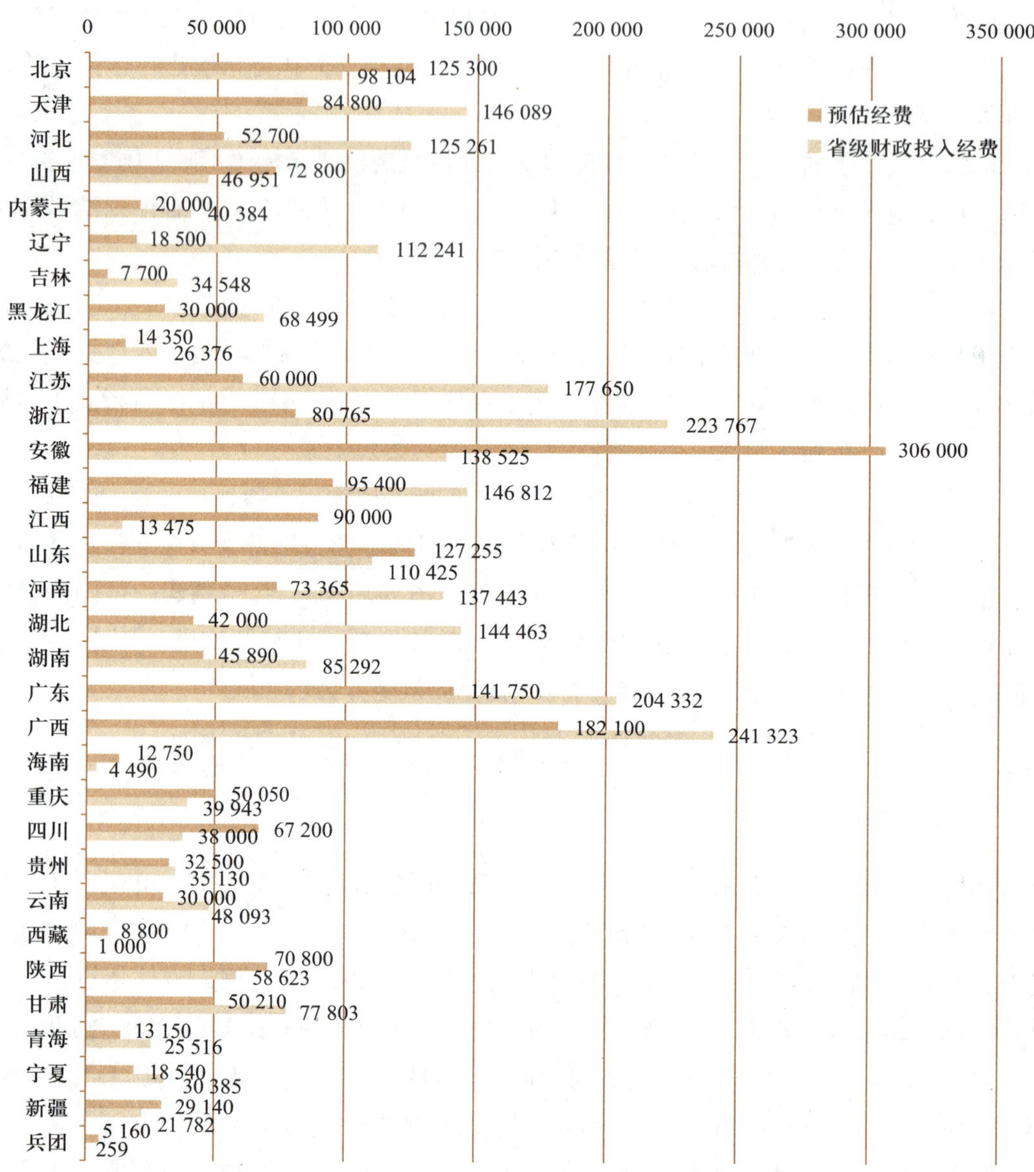

图 8-4-1 《行动计划》各省财政投入情况（单位：万元）

《行动计划》三年行指委预估投入经费 23.41 亿元，62 个行指委共完成实际经费投入 42.53 亿元，超额完成预估经费投入的 1.82 倍以上。其中三年预估经费、三年实际投入经费数据采集完整的行指委有 40 个，占 62 个行指委总数的 64.52%，财政职业教育教学指导委员会等 22 个行指委未申报项目（任务）、未填报数据或未公开相关数据，占行指委总数的 35.47%，说明行指委在经费筹措和使用等方面还有待加强（表 8–4–1）。

① 数据来源《中国教育经费统计年鉴 2018》

表 8-4-1《行动计划》各行指委经费投入一览表（单位：万元）

序号	单位	三年预估经费	2016年投入经费	2017年投入经费	2018年投入经费	三年实际投入经费	实际投入比例
1	安全职业教育教学指导委员会	30 626	3 364	3 483	7 379	14 226	0.46
2	报关职业教育教学指导委员会	110	45	未填报	145	190	1.73
3	包装职业教育教学指导委员会	675	50	365	0	415	0.61
4	财政职业教育教学指导委员会	未申报	—	—	—	—	—
5	餐饮职业教育教学指导委员会	960	0	未填报	未填报	—	—
6	测绘地理信息职业教育教学指导委员会	1 070	647	271	1 129	2 047	1.91
7	船舶工业职业教育教学指导委员会	4 535	0	3 553	8 807	12 360	2.73
8	电力职业教育教学指导委员会	未申报	—	—	—	—	—
9	电子商务职业教育教学指导委员会	176	0	224	810	1 034	5.88
10	纺织服装职业教育教学指导委员会	3 322	1 030	1 089	1 171	3 290	0.99
11	工业和信息化职业教育教学指导委员会	15 460	0	6 312	7 750	14 062	0.91
12	公安职业教育教学指导委员会	9 800	未填报	未填报	未填报	—	—
13	供销合作职业教育教学指导委员会	4 495	2 059	1 949	1 268	5 276	1.17
14	广播影视职业教育教学指导委员会	2 960	0	3 141	1 071	4 212	1.42
15	国土资源职业教育教学指导委员会	未申报	—	—	—	—	—
16	航空工业职业教育教学指导委员会	85	20	未填报	320	340	4.00
17	环境保护职业教育教学指导委员会	2 903	0	399	未填报	399	0.14
18	机械职业教育教学指导委员会	715	765	7 771	54 956	63 492	88.80
19	建材职业教育教学指导委员会	500	128	219	1 167	1 514	3.03
20	交通运输职业教育教学指导委员会	18 370	3 049	24 617	38 067	65 733	3.58
21	金融职业教育教学指导委员会	未申报	—	—	—	—	—
22	粮食职业教育教学指导委员会	692	0	3 530	2 325	5 855	8.46
23	林业职业教育教学指导委员会	未申报	—	128	14 718	14 846	—
24	旅游职业教育教学指导委员会	530	209	4 249	5 748	10 206	19.26
25	煤炭职业教育教学指导委员会	312	0	587	未填报	587	1.88
26	美发美容职业教育教学指导委员会	160	500	56	146	702	4.39
27	民航职业教育教学指导委员会	8	25	0	0	25	3.13

续表

序号	单位	三年预估经费	2016年投入经费	2017年投入经费	2018年投入经费	三年实际投入经费	实际投入比例
28	民政职业教育教学指导委员会	3 465	167	1 735	1 121	3 023	0.87
29	民族技艺职业教育教学指导委员会	未申报	—	—	—	—	—
30	农业职业教育教学指导委员会	330	0	0	594	594	1.80
31	气象职业教育教学指导委员会	0	0	—	—	—	—
32	轻工职业教育教学指导委员会	5 446	0	12	—	12	0.00
33	人口和计划生育职业教育教学指导委员会	未申报	—	—	—	—	—
34	人力资源和社会保障职业教育教学指导委员会	未申报	—	—	—	—	—
35	商业职业教育教学指导委员会	550	95	95	95	285	0.52
36	生物技术职业教育教学指导委员会	未申报	—	—	—	—	—
37	石油和化工职业教育教学指导委员会	25 670	91	27 120	44 690	71 901	2.80
38	食品工业职业教育教学指导委员会	4 000	0	未填报	5 942	5 942	1.49
39	食品药品职业教育教学指导委员会	12 229	未填报	2 445	7 760	10 205	0.83
40	水利职业教育教学指导委员会	2 970	0	1 659	2 579	4 238	1.43
41	司法职业教育教学指导委员会	未申报	—	—	—	—	—
42	体育职业教育教学指导委员会	未申报	—	—	—	—	—
43	铁道职业教育教学指导委员会	17	5 272	0	234	5 506	323.88
44	统计职业教育教学指导委员会	未申报	—	—	—	—	—
45	外经贸职业教育教学指导委员会	3 802	未填报	775	670	1 445	0.38
46	卫生职业教育教学指导委员会	8 000	100	1 403	1 610	3 113	0.39
47	文化艺术职业教育教学指导委员会	30	0	5 548	7 660	13 208	440.27
48	文物保护职业教育教学指导委员会	45	19	0	0	19	0.42
49	物流职业教育教学指导委员会	294	8	1 455	1 283	2 746	9.34
50	新闻出版职业教育教学指导委员会	100	0	—	—	—	—
51	验光与配镜职业教育教学指导委员会	619	0	303	200	503	0.81
52	冶金职业教育教学指导委员会	340	344	4 418	3 281	8 043	23.66
53	邮政职业教育教学指导委员会	0	0	—	—	—	—
54	有色金属职业教育教学指导委员会	10	30	1 530	13 697	15 257	1 525.70

续表

序号	单位	三年预估经费	2016年投入经费	2017年投入经费	2018年投入经费	三年实际投入经费	实际投入比例
55	中医药职业教育教学指导委员会	0	0	未填报	5 560	5 560	—
56	住房和城乡建设职业教育教学指导委员会	58 400	201	15 699	26 189	42 089	0.72
57	职业院校外语类专业教学指导委员会	655	0	1 399	1 575	2 974	4.54
58	职业院校文秘类专业教学指导委员会	未申报	—	—	—	—	—
59	职业院校教育类专业教学指导委员会	未申报	—	—	—	—	—
60	职业院校艺术设计类专业教学指导委员会	8 692	185	3 558	3 930	7 673	0.88
61	职业院校信息化教学指导委员会	0	176	未填报	未填报	176	—
62	职业院校文化素质教育指导委员会	未申报	—	—	—	—	—
合计		234 128	18 579	131 097	275 193	425 323	1.82

五、任务（项目）监控

“高等职业教育创新发展行动计划（2015—2018年）管理平台”（简称“《行动计划》管理平台”）2015年底上线运行，包含65个任务，22个项目，几乎全部涵盖了2015—2018年期间教育部高等职业教育的主要推动工作。

《行动计划》管理平台采用项目管理方式，将所有任务（项目）以项目形式进行细化分解，对项目全过程进行跟踪管理，涉及项目申报、立项、跟踪执行、验收全过程（图8–5–1）。另一方面，平台突出绩效管理模式，为加强过程管理和成果量化，工作成果凡能用数据说明的一律设置数字指标；凡以文件或政策作为成果的，均分条目列出政策点、创新点。通过充分利用信息平台技术，保证监控时效和大数据分析的客观性。

《行动计划》管理平台为省级教育行政部门提供省级项目管理服务。管理平台接收各地提交的任务（项目）申请及实施方案内容，并对确定的任务（项目）实施全过程网络化管理。平台内开通省级项目管理专区，维护管理功能、接受省级项目申请、管理省级项目，对省内各申报项目的院校进行项目申报、立项、跟踪执行、验收全过程的管理。省厅和行指委可以汇总下辖院校数据，或者自行填报指标执行数据，调整确认后上报教育部。

教育部依托《行动计划》管理平台对各地执行情况进行年度绩效评价。每年年底向各申报单位以绩效指标形式采集各年度的执行数据，形成全国高职院校当年的行动计划执行数据，作为评价考核项目（进度）完成进度及完成质量的基础。

《行动计划》管理平台根据实施过程系统化、数据化的方式，提炼各种过程性管理数据，对项目实施过程进行跟踪记录，专家根据上传过程性资料进行大数据统计分析，对项目单位建设绩效进行类比分析，给出地方或相关产业的职业教育发展状况，成为教育主管部门决策的有效信息支撑平台。

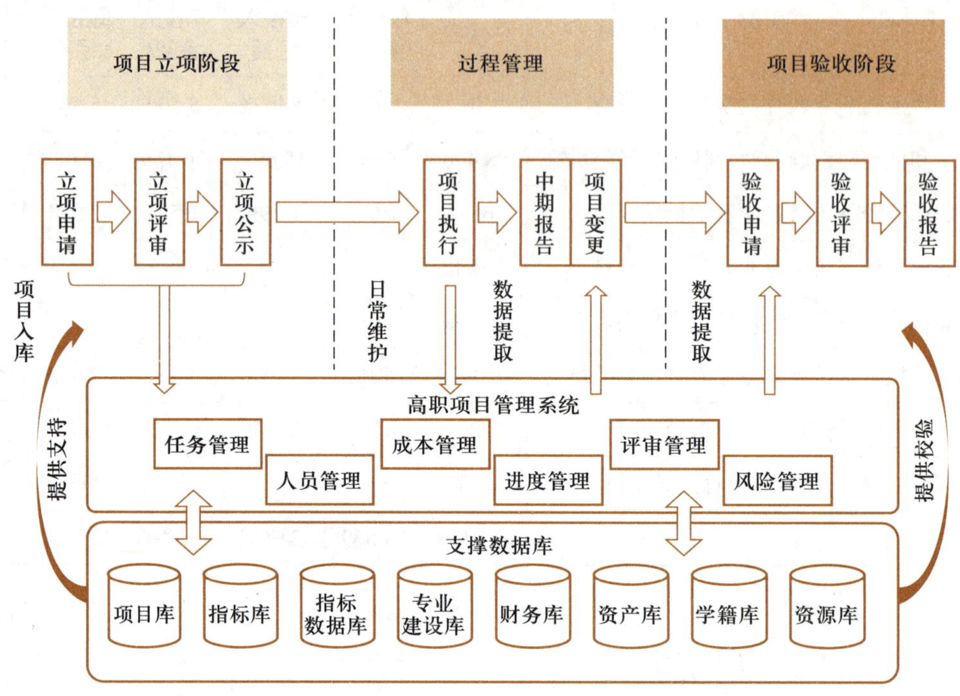

图 8-5-1 《行动计划》管理平台运行结构图

在三年行动计划执行中，《行动计划》管理平台支撑了 32 个省、62 个行指委、1 338 所高职院校以及教育部用户的使用（图 8–5–2）。从 2015 年开发上线至今，为各省监测管理项目 397 个、任务 1 310 项，项目布点 22 806 个，为行指委监测管理任务 286 项、项目 277 个，项目布点 1 553 个。记录了新时期高职改革创新举措落地于地方到院校、专业到课程等海量信息，为教育部提供了大量行业发展的基础性数据，为后续项目跟进与指导提供了有力支撑。

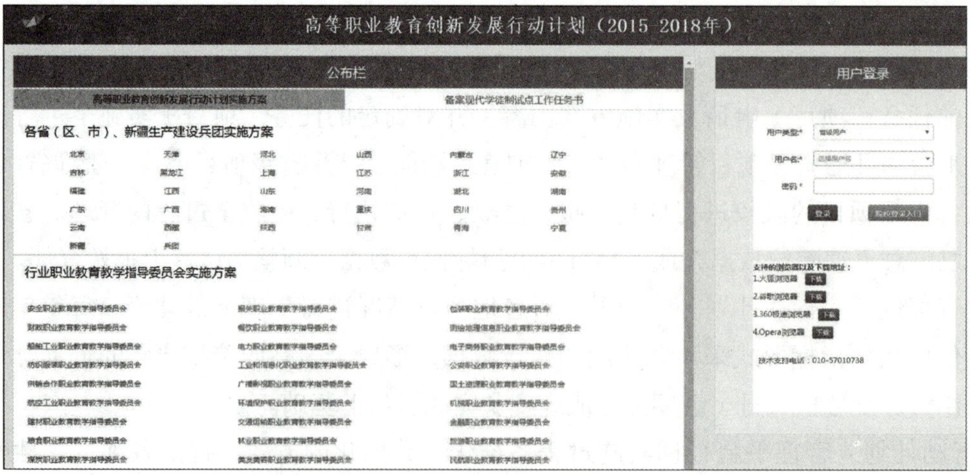

图 8-5-2 《行动计划》管理平台登录入口

第九章　思考与展望

《行动计划》推动全国高等职业教育取得了全方位的进步，突破了众多职业教育发展瓶颈，实现了一系列政策预期和改革成效，为新时代高等职业教育创新发展打下了坚实的基础。在《行动计划》完美收官之时，回首三年建设历程，其事业波澜壮阔，其进程千帆竞发，其故事荡气回肠。面对百年未有之大变局，高等职业教育尤须写好奋进之笔，在政策合力上需要加强，在省级统筹上仍需改善，在职教使命中呼唤担当，从政策实施、经费保障、治理创新、理念变革和重大项目等方面持续加强，在新时代高等职业教育发展征程中实现新的突破。

一、创新发展行动计划之得

1. 度过空档期，保持推动力　从国家层面看，在中央财政加大一般性转移支付、减少专项资金的情况下，《行动计划》承上启下、接续改革非常明显，对保持改革压力、动力起到了重要作用。设计的项目（任务）与“职教 20 条”高度一致，更显前瞻性，推动了更多有含金量的配套政策出台，在提高技术技能人才地位待遇、激发企业和社会力量参与职业教育内生动力、强化职业教育条件保障等方面取得实效，突破职业教育的体制机制难题，塑造全社会对技术技能人才的认同和尊重，将奋力办好新时代职业教育的澎湃动能汇入到高职“再出发”。

2. 对接项目库，用好改革包　从省级层面看，《行动计划》推出 65 项任务和 22 个项目，将难以量化执行的归类为任务，将可以量化执行的细化为项目，方便各地结合实际情况自主承接任务（项目）。地方教育行政主管部和行指委发挥统筹作用，建立多部门协同推进机制，共同研究解决承接任务（项目）落实中遇到的困难和问题，建立了完善的管理制度、监督制度和协调工作机制。各地对标《行动计划》要求，结合自身教育发展实际和产业发展，纷纷出台促进高等职业教育发展的专门性地方层面政策法规，28 个省份出台了省级层面促进职业教育产教融合、推进校企合作的政策法规 41 份；全国共组建职教集团 1 400 余个，覆盖 90% 以上的高职院校、100 多个行业部门，吸引近 3 万家企业参与。各地和院校按照“紧贴产业发展、校企深度合作、社会认可度高”的要求，打造了一批特色鲜明的骨干专业，提升了专业服务产业发展水平。一系列关于职业教育政策的密集出台，为深入推进高职改革营造了良好的氛围。

3. 改革有方向，鼓动新干劲　从院校层面看，建设了 490 所省级“优质院校”“一流院校”“卓越院校”，其中有 80 所非示范（骨干）高职院校入选建设名单，但也有 14 所国家示范（骨干）高职院校未进入建设名单，这充分说明“示范”“骨干”不是衡量学校优劣的永久标签，在实行存量改革、打破身份固化、激发建设活力的政策引导下，推动了高职院校重新洗牌，传递高等职业教育不进则退的压力，整体调动了高职院校力争上游的发展干劲。同时，各院校在建设期间加强研究，敢于突破，不断创新，形成了良好的契约精神、质量意识、开放态度等，为《国家职业教育改革实施方案》高标准地执行推进，做好了充分的思想上、组织上和人员上的准备。

二、创新发展行动计划之憾

1. 单独发文，未能形成合力　在国家层面，高等职业教育发展到今天，教育内部的突破举措和利好政策已经逐步出台到位，急需在系统环境上形成政策合力，在协同机制、统筹落地方面实现突破，但由于《行动计划》是教育部单独发文，未能形成改革合力。一是“关键”政策推动困难，改革活力未充分释放，普遍热衷“戴帽子”，畏惧“啃骨头”，一些见效快、涉及面窄的改革措施容易推进；一些深层次、冲击较大的创新任务推进困难，导致不能深入改革，创新体系失于分散，对整体改革进程的推动力度不够。二是“急需”政策进展缓慢，配套支持政策不充分，如高校办学自主权已有相关的法律、制度、规定明确赋予，但是由于缺少可操作性的实施办法，相当多的改革停留在制度层面。

2. 认识局限，统筹存在缺失　在省级层面，新一轮职教改革强化了地方政府统筹高等职业教育发展的责任，《行动计划》强调省级政府是实施的责任主体，省级教育行政部门要主动协调发改、财政、人社、农业、扶贫等有关部门，出台政策、配套条件，保证方案的顺利实施。但从执行效果来看，一些地方在统筹规划、宏观管理方面还不够细致。一是部分省份（行指委）谋划不够，将《行动计划》仅作为承接的一个项目推动，未能与本地区的经济发展和行业发展需求相结合，承接的任务（项目）在一定程度上存在内涵认识不清、定位不明，影响和制约了《行动计划》建设效果。二是对自主申报统筹管理不够，有些省级部门没有有效审核管理，导致校级方案的项目任务申报跟风雷同、重复建设，存在跑项目、抢试点现象；部分省份（行指委）绩效总报告未能体现地方特色和行业特色，有的省份绩效总报告只有 2 000 多字，未能涵盖绩效采集要点，少数地区和行指委的绩效总报告相关指标数据和绩效采集数据不一致。三是支持项目（任务）改革实践投入不足，部分省份存在重项目、轻任务的现象，重视承接项目的落实和资金投入，对于承接任务重视程度不够，投入不足，如有的地方优质校到 2018 年才立项启动建设，滞后于行动计划的实施进度。

3. 力度不一，分化继续加大　在院校层面，各校落实行动计划差异很大，因没有财政直接投入而不重视的现象比较普遍，但不少学校依然改革变化很大，校校之间分化在扩大。一是抓机遇锐意改革担当不够，部分中西部地区院校改革争先责任缺位，变轨超车意识不强，学校配套政策出台晚、力度小，试点工作相对保守，承接的任务梯次推进效果不够明显。二是高水平特色发展不够，部分院校对《行动计划》研究深度不够，编制的实施方案地方特色不够鲜明，没有按照校地特色、产业结构、区域规划突出方案的引导、管理作用，使《行动计划》内容与区域经济快速发展和产业结构调整的需求还不相适应。

三、创新发展行动计划之望

1. 呼吁更高的保障水平 《行动计划》推动高等职业院校自我保障机制不断完善，但经费保障差异较大，生均拨款水平不平衡问题制约了发展潜力。纵向看高等职业教育经费一直在增长，但是横向比较，高等职业教育经费在全国整个教育支出中占比不增反降。中央财政转移支付实施后，中央本级财政增加，省级统筹的作用进一步凸显，各地高等职业教育投入不平衡、不充分问题更为明显。在高职扩招 100 万，承担更多社会责任情况下，如何完善经费保障极为重要。

未来需要继续完善顶层设计与地方实践协同推进的工作机制，将统筹高等职业院校发展能力作为中央财政改革绩效奖补、国家职业教育改革发展试验区和国家教育体制改革试点布局的重要依据。推动分省签订部省落实“职教 20 条”备忘录，对职业教育领域真抓实干明显的省份进行重点奖励，优先纳入国家职业教育改革试验区建设，在中国特色高水平高职学校和专业建设计划、现代职业教育质量提升计划等重大项目中予以倾斜支持。协调好发改、财政等部门关系，确保生均拨款水平真正落实到位，同时改善高职院校办学环境，吸引多方资源参与办学，鼓励行业企业积极投入，健全多元投入机制，畅通社会资源参与办学渠道，形成行业、企业、学校“命运共同体”。

2. 期待更新的发展平台 《行动计划》中优质高职院校、骨干专业、现代学徒制等一批项目的成功实施，取得了显著的投入拉动效应，一大批职教成果通过项目带动呈现，体现了强大的项目建设辐射效益。但同时“项目情结”也在阻碍院校的发展。一是部分地方院校遇到发展瓶颈，缺少项目抓手，经费投入面临陡降风险。二是一些高水平院校在重大专项任务完成后升本冲动强烈，需要国家明确引导下一步发展、奋进方向，坚定职业类型教育的使命和追求。

未来需要着力支持重点地区、重点院校和重点专业群加快发展，依托基础较好的特色院校和优质教育资源，推动高职整体发展，带动战线提高质量。尽快启动中国特色高水平高等职业学校和特色专业学校计划，建设一批引领改革、支撑发展、中国特色、世界水平的高等职业学校和骨干专业（群），发挥中国特色的文化教育辐射带动作用，实现高等职业教育率先“走出去”。

3. 迎接更大的发展挑战 《行动计划》结束后，面对扩招对高职供给越来越多的需求，面对社会对高职质量越来越高的期待，迫切需要从资源配置、教学改革、经费保障等全方位主动应对。新时代的职教改革，使高职教育站上了新起点，基本步入实现现代化的冲刺阶段，能否应对挑战，实现高职人才培养的不可替代性，将是每一所高职院校必须面对的问题。

未来需要进一步提高高等职业教育战线思想认识，从职业教育服务国家重大战略和部署的角度，从促进产业升级转型和经济发展角度，从提升高职院校办学整体实力角度，将办学主体责任转化为推动职业教育发展的原生动力，细化高职改革任务分工，打造校本“职教20条”，积极主动承担国家职业教育改革实施方案落地的“最后一公里”。

时代在呼唤职业教育，人民在期待技术强国。高等职业教育改革的任务依然繁重，改革的步伐永不停歇，《行动计划》收官为推动高职战线的创新发展打下了良好基础，我们有理由相信，只要紧紧围绕习近平新时代中国特色社会主义思想，牢牢把握全国职业教育大会精神，认真落实《国家职业教育改革实施方案》，充分发挥省级教育统筹作用，不断完善保障措施，就一定能够推动高等职业教育创新发展，一定能够推动中国产业迈向世界中高端，扩大就业和带动脱贫攻坚，为不断提升发展质量、服务能力和现代化水平，为实现“两个一百年”奋斗目标和中华民族伟大复兴的中国梦提供坚实的技术技能人才保障。

郑重声明